大夏书系·全国幼儿教师培训用书

AN LI SHI
JIE DU

管旅华 崔利玲 主编

《幼儿园园长专业标准》

案例式解读

华东师范大学出版社
ECNUP
全国百佳图书出版单位

说　明

为贯彻党的十八届三中、四中全会精神，落实教育规划纲要和《国务院关于加强教师队伍建设的意见》（国发〔2012〕41号），构建教师队伍建设标准体系，建设高素质普通幼儿园园长队伍，教育部研究制定了《幼儿园园长专业标准》，并于2015年1月10日印发。

《幼儿园园长专业标准》适用于国家和社会力量举办的幼儿园的正、副职园长，是对幼儿园合格园长专业素质的基本要求，是引领幼儿园园长专业发展的基本准则，是制定幼儿园园长任职资格标准、培训课程标准、考核评价标准的重要依据。各省、自治区、直辖市教育行政部门可以依据本标准制定符合本地区实际情况的实施意见。各级教育行政部门要将本标准作为幼儿园园长队伍建设和管理的重要依据。幼儿园园长培训机构要将本标准作为园长培训的主要依据。

幼儿园园长只有正确理解了《幼儿园园长专业标准》，才能真正将其贯彻落实到教育教学实践中。本书采用案例式解读方式，为幼儿园园长提供问题发现、问题分析和问题解决的具体场景。希望通过对幼儿园园长实践中遇到的现实问题和典型案例的分析，帮助幼儿园园长透彻了解、把握《幼儿园园长专业标准》的理念和要求，切实增强幼儿园园长专业发展的自觉性，把《幼儿园园长专业标准》作为履行幼儿园领导与管理工作职责、提升专业发展水平的行为准则；将《幼儿园园长专业标准》与实际工作有机结合，与幼儿园园长的经验、体会、摸索融会贯通，学会应对真实的危机与困境，从而使幼儿园园长更有效地制订出自我专业发展规划，不断提升专业发展水平，成为学前教育和幼儿园管理专家。

《幼儿园园长专业标准》由办学理念、专业要求、实施意见三部分内容构成。其中，专业要求的专业职责分为六项，每项专业职责下又有十条专业要求，包括专业理解与认识（三条）、专业知识与方法（三条）和专业能力与行为（四条）三个方面。本书对《幼儿园园长专业标准》中的60条专业要求进行解读。每条要求下有三个栏目：政策视线、典型案例、案例评析。政策视线注意对应、实用，案例选择强调典型、生动，案例评析力求到位、有指导性。

典型案例与案例评析由江苏省南京市鼓楼幼儿园、浙江省浙江师范大学杭州幼儿师范学院附属幼儿园、河北省保定市青年路幼儿园、陕西省西安交通大学幼儿园、江苏省徐州市公园巷幼儿园、吉林省机关第一幼儿园、江苏省南京市第二幼儿园、辽宁省大连市金州区第一幼儿园、广东省深圳市南山区机关幼儿园、湖北省武汉市实验幼儿园、浙江省宁波市第一幼儿园、江苏省扬州市机关第三幼儿园、天津市河西区第一幼儿园、福建省厦门市实验幼儿园、河北省张家口市宣化区幼儿园、新疆乌鲁木齐市妇联幼儿园、广东省深圳市彩田幼儿园、四川省成都市第三幼儿园、四川省成都市第十六幼儿园、江苏省金坛市实验幼儿园文萃分园、北京市棉花胡同幼儿园、山东省济南市槐荫区实验幼儿园等幼儿园的园长和老师，在多年实践经验的基础上完成，付出了辛勤的劳动，贡献了自己的智慧。

2015 年 7 月

目　录

第二章　解读专业职责 "营造育人文化"/ 043

第一章
解读专业职责 "规划幼儿园发展"

（一）专业理解与认识

（二）专业知识与方法

（三）专业能力与行为

（一）专业理解与认识

1

坚持学前教育的公益性、普惠性，充分认识学前教育对幼儿身心健康、习惯养成、智力发展具有重要意义。

『 政策视线 』

《幼儿园管理条例》："幼儿园的保育和教育工作应当促进幼儿在体、智、德、美诸方面和谐发展。"

《幼儿园教育指导纲要（试行）》："幼儿园的教育是为所有在园幼儿的健康成长服务的，要为每一个儿童，包括有特殊需要的儿童提供积极的支持和帮助。"

《国家中长期教育改革和发展规划纲要（2010—2020年）》："坚持教育的公益性和普惠性，保障公民依法享有接受良好教育的机会。"

《国务院关于当前发展学前教育的若干意见》："学前教育是终身学习的开端，是国民教育体系的重要组成部分，是重要的社会公益事业。""发展学前教育，必须坚持公益性和普惠性，努力构建覆盖城乡、布局合理的学前教育公共服务体系，保障适龄儿童接受基本的、有质量的学前教育。"

《幼儿园工作规程（修订稿）》："幼儿园教育是基础教育的重要组成部分，属于公益性事业，是学校教育制度的基础阶段。""幼儿园实行保育与教育相结合的原则，对幼儿实施体、智、德、美诸方面全面发展的教育，促进其身心和谐发展。"

澳大利亚《早期儿童教育与保育全国质量标准体系》中提出："教育者对所有儿童取得成功的能力抱有同等的期望，努力寻找公平、有效的途径来确保所有儿童都有机会达到学习目标。"

从1到5，破解入园难

"入园难、入园贵"是一个社会敏感话题，为什么会出现入园难、入园贵？一是因为家长信任高质量的幼儿教育资源，都希望自己的孩子可以享受优质的幼儿教育资源；二是现有的优质幼儿教育资源分布不均衡，加剧了幼儿入园难。

如何扩大幼儿园的优质资源的影响力，成为我园不断探寻的管理话题。

《国家中长期教育改革和发展规划纲要（2010—2020年）》指出："建立政府主导、社会参与、公办民办并举的办园体制。大力发展公办幼儿园，积极扶持民办幼儿园。"《南京市中长期教育改革和发展规划纲要（2010—2020年）》提出："鼓励优质示范幼儿园通过'集团化'等途径，帮助和扶持薄弱幼儿园不断改进管理，提升办园的质量和水平。"在幼儿园"十一五"教育发展规划中，我们提出了构建教育集团的设想，在幼儿园"十二五"教育发展规划中，我们便明确提出了今后教育发展的指导思想："全面贯彻党的教育方针，深入贯彻落实国家及省市教育中长期发展规划纲要，以面向现代化、面向世界、面向未来为目标，以多元办学、扩大开放为着眼点，以提高教育质量为核心，着力办好人民满意的幼儿教育。"

我园通过具体实践，先后运用了以下策略，以探索及构建符合时代特点的多元办学模式为目标，以实现资源优化为宗旨，以专业引领和社会化为保障，增加和完善鼓楼幼儿园教育资源覆盖的广度与深度，加快本地区幼儿教育事业的发展，为实现教育资源均衡作贡献。

一、扩大办学空间

陈鹤琴先生创办鼓楼幼儿园是对实现大众化、科学化中国幼儿教育道路的探索，90多年来，一代代鼓幼人在陈老教育思想的引领下积极探索，把鼓楼幼儿园从历史名园办成了现代名园。但是，鼓楼幼儿园由于地理位置特殊，又受南京市文物保护单位的制约，难以扩大发展空间。如何让更多的市民享受优质教育的资源，成为我园在新的历史时期需要解决的问题之一。为此，我园运用了以下策略来解决这一问题。

策略一：举办公办分园。

在城区区划战略调整中，教育资源的布点决定市民对新区的接纳程度。聚福园部幼儿园作为公办幼儿园是河西地区的第一所幼儿园，我们凭借丰厚的底蕴与扎实的管理，在河西树立了教育的新品牌，为城市发展提供了教育保障。2011年5月，我园新办瑞园幼儿园，河西地区又有了一个优质教育资源点。

策略二：联办亲子园。

当我们得知幼儿园附近的中山北路幼儿园因为生源匮乏即将关闭并将园所对外租赁时，我们立即与之洽商，进行调查和风险评估，并通过六届三次教工大会确定了《成立鼓楼幼儿园亲子园》的联办合作方案。亲子园的建立，帮助我们实现了托幼一体化的梦想，为我们探寻亲子教育、社区教育提供了场所。

策略三：与名校联办民办分园。

2008年，我园与南京外国语学校合作，开办了民办性质的南京外国语学校附属幼儿园。将南京外国语学校"胸怀世界、放眼全球"和鼓楼幼儿园"做现代国际人"的教育目标结合后作为该园办园特色的理论支持，形成了"一主三翼"的课程模式，设立了既传承鼓楼幼儿园课程特色又富有个性的新课程。南外附属幼儿园的开办，标志着鼓楼幼儿园从中国化、大众化、科学化的教育拓展到国际化的教育，课程的目标也从"做人，做中国人，做现代中国人"扩大到"做世界人"。

二、增添办学类型

优质教育资源不仅包括高质量的3—6岁的幼儿教育，还应包括0—3岁的教育。在对幼儿园教育发展规划进行讨论时，幼儿园的老师们一致期望增加办学类型，尝试举办托班、亲子班。

策略一：实现托幼一体化。

为了办出亲子教育的特色和品牌，我们从幼儿园最优秀的教师中选择了一位市优秀青年教师、一位区学科带头人担任亲子教师，全园教师先后参加育婴师培训和亲子教育培训，保证亲子教育在科学化的同时富有特色和教育性。我们还让单元教育课程主创人员集中编制一年的托班课程，保证了托班课程的园本特色。

策略二：成立社区教育中心。

为了更好地传播陈鹤琴先生的教育思想，我们与湖南路街道联系，将亲子园打造成"全国社区教育示范基地——湖南路街道社区教育中心"，与社区干部一道做好散居儿童和驻区居民的教育辅导工作。教育中心成立以来，我们已成功为周围居民举办十多次全免费的科学育儿培训班、七场亲子游戏节，受到社区居民的热烈欢迎，将亲子教育的理念和陈鹤琴的教育思想很好地进行了实践。

三、巧用现有资源

促进我园教育发展的四条指导原则中的"多元办学"原则提出："明确走适合中国国情的幼教道路的办学宗旨，树立教育公平、资源共享的意识，增强教育服务经济社会发展的能力，把幼儿教育均衡、高位发展作为普惠政策落实的成果。"

策略一：运用"母鸡生蛋"原理。

"母鸡生蛋"原理是幼儿园扩大规模、实现多元办学管理模式的重要参照依据。当幼儿园有了扩大规模需求的时候，我们首先想到的不是资金和场所，而是队伍。幼儿园在举办新园所的前2～3年，都要储备足够的教师与管理人员，同时储备相关的教学与管理资料，保证新园建成后能在最短的时间内正常运转。

策略二：起点的高瞻性。

新的园所按照本部成功的管理方式来办园，一开始就能站在高起点，缩短了摸索探寻阶段，办学成效能很快显现。如开办民办南外附属幼儿园时，我们将富有教学管理和后勤管理经验的副园长委派到分园任园长，特别园长是南京市优秀青年教师，有中学高级教师的职称，这为南外幼儿园增添了管理分量和社会的可信度。

策略三：管理的全纳性。

我们在公办园中尝试了"四个一"（一个法人、一本账、一支队伍、一种管理方式）的管理模式，教师在园所间流动教学，有力地促进了园所的协同提高。"四个一"还在后勤管理上进行了有益的尝试，不仅打破了幼儿园普遍存在的后勤岗位人人争抢的局面，提高了工作效率，也为新办园在短期内正常运作奠定了基础，更为协同性管理提供了保障。在管理民办分园中，我们采用分合相间的管理方式，利用鼓楼幼儿园的原有资源，促进民办园所教育质量迅速提高。（崔利玲：江苏省南京市鼓楼幼儿园园长）

『 案例评析 』

"入园难、入园贵"一度成为敏感词，由此引发了人们对学前教育"公益性""普惠性"的思考。南京市鼓楼幼儿园作为中国现代科学幼儿教育的发源地，其办学宗旨是"探索适合中国国情的、科学化、大众化的幼儿教育道路"，"公益""普惠"正是"适合中国国情""大众化"的具体体现。鼓楼幼儿园以举办分园的方式，扩大优质教育资源，通过"四个一"的管理方式，让老百姓在家门口享受原汁原味的名园教育，发挥了公办园示范引领的作用。在学前教育亟待数量与内涵同时发展的今天，公办园利用自身办学经验，发挥管理优势，以举办分园（分部）、联合办园的方式，帮助新园所在短时间内快速步入正轨，在科学管理、科学教育的方向上快速前进。（崔利玲：江苏省南京市鼓楼幼儿园园长）

2 重视幼儿园发展规划的制定和实施，凝聚教职工智慧，建立共同发展愿景，明确发展目标，形成办园合力。

『政策视线』

《幼儿园教育指导纲要（试行）》："教育活动的组织与实施过程是教师创造性地开展工作的过程。教师要根据本《纲要》，从本地、本园的条件出发，结合本班幼儿的实际情况，制定切实可行的工作计划并灵活地执行。"

《国家中长期教育改革和发展规划纲要（2010—2020年）》："以学生为主体，以教师为主导，充分发挥学生的主动性，把促进学生健康成长作为学校一切工作的出发点和落脚点。"

《国务院关于当前发展学前教育的若干意见》："必须坚持科学育儿，遵循幼儿身心发展规律，促进幼儿健康快乐成长。"

英国学前教育课程的目标是为全体儿童提供能发挥其最大潜能的环境，培养儿童的语言能力、独立性及社会性能，发展儿童聆听、观察、讨论、实验的能力，为全体幼儿提供广泛的、平衡的、连贯的和相关的课程，以促进每个幼儿的发展。

法国国民教育部1986年发布《母育学校：作用与任务》，指出：法国母育学校的总目标在于使儿童的各种可能性得以发展，以便使他们能够形成自己的人格，并且为他们提供最佳机会，使他们能在学校学习和社会生活中取得成功。母育学校的具体目标有三个：使儿童接受学校教育；使儿童社会化；使儿童进行学习和练习。

1996年，国际21世纪教育委员会向联合国教科文组织提交的报告《学习——财富蕴藏其中》指出："教育应围绕四种基本学习来加以安排。这四种学习是人一生中的知识支柱：学会认知，即获取理解的手段；学会做事，以便能够对自己所处的环境产生影响；学会共处，以便与他人一道参加人的所有活动并在这些活动中进行合作；学会生存，以便更充分地发展自己的人格，并能以不断增强的自主性、判断力和个人责任感来行动。"

『典型案例』

<h3 style="text-align:center">拓展优质资源，实现跨越发展</h3>

我园在制订发展规划时，根据"和谐发展、科学发展、跨越发展"的总体目标，先后创办了几所不同体制的分园，满足政府主导、社会参与、公办民办并举的办园体制要求，实现了跨越发展。

一、创办不同体制分园

我们认为不管是办什么性质的幼儿园，都是为了促进幼教事业的发展、促进幼儿园的发展、促进教师的发展。我们将创办民办分园的指导思想定为"五个有利于"：一是有利于促进学前教育事业的和谐发展，让更多的优质教育资源发挥作用；二是有利于解决部分幼儿入园难的问题，让更多的幼儿有园入；三是有利于创造专业发展平台，让更多的教师有施展才华的机会；四是有利于降低总园经费压力，增加经济效益；五是有利于进一步扩大总园的社会影响力，形成品牌竞争力。

既然公办园新办民办分园，就既要发挥公办园的优势，又要突出民办园的特点，我们将民办分园管理模式设计为"四同步四分开"。"四同步"，即管理同步、要求同步、课程同步、安排同步；"四分开"，即财务分开、物资分开、招生分开、人员分开。幼儿园实行总园长下的执行园长负责制，总园长身兼公办园和民办园园长两职。执行园长主要负责民办园的管理、招生、家长工作等工作。

二、总园、分园共同成长

通过十多年的努力，几所幼儿园都步入快速发展的轨道，都形成了各自的特色与优势。

1. 品牌化辐射。在创办分园过程中，社会和家长的热情反应，充分说明品牌幼儿园的影响力以及其对家长和社会的吸引力。

几所幼儿园共同研究，根据各自的优势与特色，共同设计了各具特色的网站，只要打开其中的一个，另外两所幼儿园的信息也能一览无余，起到互相宣传、互相借鉴的作用。特别是在家长工作、活动宣传方面，无论哪个园的家长都可以得到其他几所幼儿园的网络信息，为家长科学育儿提供指导和帮助，教师们也可以学习其他幼儿园的做法，互相学习，互相促进，取长补短。

2. 合理化安排。教师是办好幼儿园的关键。在民办园开园之初，幼儿园就挑选了一批思想品德好、专业素质强、管理水平高的骨干教师到分园工作。她们不仅要高质量地组织幼儿一日生活，还要开展特色活动以提高幼儿园知名度；不仅要团结带领年经教师管理好班级，还要协助园长管理好幼儿园，她们工作质量的高低，直接影响幼儿园的社会声誉。师资培训是幼儿园管理工作的重要内容，每年的寒暑假、学期中都有不同形式、不同内容的教师培训，集中所有的教师共同培训，大家出一份力，收几份果。我们还根据幼儿园的需求、教师的个人特长、家庭的远近，对教师作出合理的分配，做到人尽其才，安排得当。

3. 特色化课程。与众不同方能驻足长久，分园要想可持续发展，必须走特色办园之路。课程是幼儿园实施先进教育理念的手段，一所优质的幼儿园，必须要有"拳头产品"，即特色课程。总园的生态课程经过十几年的打磨已日渐成熟，吸引了来自全国各地同行的学习与观摩。先进的教育理念，科学的教育方法，特色的课程设计等，为各所分园开发特色化课程提供了参考，对教育质量的提升起到了促进作用。目前绿杨的生态数学课程、泰安的儿童戏剧课程也崭露头角，得到专业部门的认可。

4. 活动化宣传。"酒香也怕巷子深"，宣传作为重要的发展战略，已越来越受重视。我园的各个分园在创办过程中，多次与电视台、报纸、网络等媒体合作，从不同方面宣传幼儿园，使幼儿园的知名度越来越高，总园知名度当然也随之快速提升。大型集体活动是幼儿园管理水平的体现，是教师专业能力的体现，是全园综合实力的体现。我们多次策划和组织了分园共同参与的大型集体活动，如：三园同庆、毕业典礼、戏灯乐、亲子运动会等。几所幼儿园共同活动，既节省了时间，又节约了经费，既丰富了活动，又整合了资源。

三、发挥制度文化的作用

1. 制度化管理。我们始终把规范管理、科学管理作为工作重点。总园规范科学的管理，为分园快速发展提供了保障，总园多年的管理模式，为分园在师资管理、制度管理、目标管理、日常管理、经费管理、安全管理、卫生管理等各方面提供了样本，分园不再需要自己探索，可以直接拿来借鉴实施，能收到事半功倍的效果。我们坚持用智慧管理的理念引领教师、激发教师、带领教师，以共同愿景引领人、以科学管理激发人、以务实作风带动人，构建和谐团队。充分发挥园务委员会的作用，做任何事都集体研究、集体讨论，加强制度建设，坚持制度管人，完善幼儿园各项规章制度，并严格按规章制度办事，注重过程管理，树立"以人为本、以法治园、民主决策、科学发展"的管理思想，不断完善评价标准，强化制度的执行、监督和考核。提高管理效能，提升管理水平。

2. 专业化队伍。我们始终把师资队伍建设、教研科研作为工作的中心。面对新时期教师的特点，我们强化师德建设，广泛深入地开展向师德模范学习活动，大力弘扬新时期人民教师的高尚师德和无私奉献精神。开展"爱心天使""师德标兵""模范教师"等活动，激励教师爱岗敬业、勤业奉献。抓好园本培训，通过"理论与实践培训相结合""学历提升与实践提高相结合""教研与科研相结合""园内培训与园外培训相结合"四结合的培训方式，切实提高教师的专业水平，促进教师专业化成长。落实好教师"五个一"工程，即每学期读一本教育专著、上一节优质课、写一篇成功的教育教学经验文章、参加一个小课题研究、交一份典型案例分析。搞好名师工程，以培养教学能手、教学骨干、学科带头人为抓手，积极发挥名师效应。

3. 优质化服务。我们始终将教育质量、服务质量作为工作的核心。教师们已经形成了规范的工作意识、合理的工作流程。执行园长负责常规工作管理，每天对每个班级、每个教师的工作进行指导、检查、督促，使各项计划落到实处，切实提高保育质量。认真检查教育教学计划执行、一日教学常规等情况。

4. 安全化保障。我们始终将安全工作、安全教育放在首位。规范安全管理，加强安全教育，强化安全责任意识，增加安全设施投入，排查和整治安全隐患，努力做到安全管理精细化、安全设施专业化、安全教育长效化。由于重视安全与卫生，开园以来，幼儿园从未发生过任何安全责任事故，连续多年被评为安全生产、综合治理先进单位，市和谐校园和省平安校园。（沐文扬：江苏省扬州市机关第三幼儿园园长）

『 案例评析 』

园长肩负着追求理想、探索实践、优化教育的重任。一个胸怀理想的园长，可以将其教育思想和教育理念与幼儿园的发展有机结合、完美统一，引领幼儿园发展。和众多的幼儿园一样，扬州机关三幼在学前教育资源匮乏的环境中，也创办了多所分园，他们将创办分园的指导思想定为"五个有利于"，形成品牌竞争力；将"四同步四公开"作为管理模式，使其在品牌形成的过程中，既保留名园的内涵优势，又促进分园的特色发展。扬州机关三幼凝聚全体教职工智慧和力量，使全体教职工厘清了幼儿园发展思路，在与幼儿园同呼吸、共命运中，增强自豪感、使命感。（崔利玲：江苏省南京市鼓楼幼儿园园长）

尊重幼儿教育规律，继承优良办园传统，立足幼儿园实际，因地制宜办好幼儿园。

『 政策视线 』

《幼儿园管理条例》："幼儿园可以根据本园的实际，安排和选择教育内容与方法，但不得进行违背幼儿教育规律，有损于幼儿身心健康的活动。"

《幼儿园教育指导纲要（试行）》："城乡各类幼儿园都应从实际出发，因地制宜地实施素质教育，为幼儿一生的发展打好基础。""教育活动的组织形式应根据需要合理安排，因时、因地、因内容、因材料灵活地运用。"

《国务院关于当前发展学前教育的若干意见》："必须坚持因地制宜，从实际出发，为幼儿和家长提供方便就近、灵活多样、多种层次的学前教育服务。"

《幼儿园工作规程（修订稿）》："幼儿园应当将游戏作为对幼儿进行全面发展教育的重要形式。幼儿园应当因地制宜创设游戏条件，提供丰富、适宜、多功能的游戏材料，保证充足的游戏时间，开展多种游戏。"

『 典型案例 』

张雪门行为课程的新构建

宁波市第一幼儿园首任园长是张雪门，他致力于幼稚教育 60 余年，在当时的幼教界，他和陈鹤琴被誉为"南陈北张"。张雪门多年幼儿教育实践探索的结晶是行为课程。

在张雪门行为课程教育理念的基础上，结合当代教育教学观，宁波一幼在构建新行为课程时，着眼于满足幼儿身心发展的需要，发现、引导、提升幼儿的外显行为和内隐行为。

一、课程目标更加具体，更贴近现代儿童的生活

课程目标的设计坚持生活化、师幼（家园）同构、整合性原则，从总目标到活动目标层层递进，以总目标为导向，叙写不同层次的目标。总目标包括：在生活中获得有益于身心发展的经验，促进每个幼儿富有个性的发展；具备良好的行为习惯与初步适应生活和创造生活的能力；形成热爱生活、热爱家乡、热爱祖国的情感。力谋幼儿应有的快乐与幸福，促进幼儿体、智、德、美、劳各方面的和谐发展，为幼儿一生的发展打好基础。

二、课程组织更加灵活，增加了大量的小组和个人活动

我们的课程组织有以工作室方式开设的全园混龄儿童工作室、班级儿童工作室、年级组儿童工作室，以调查实践方式开设的蜗牛考察队活动、假日小分队活动、青青生态园种植活动，还增设了蛤蟆剧团、心理辅导站、我是小当家等活动，通过集体教学、小组合作和个人探究等方式来实施新行为课程。

全园性的儿童工作室

我们设立了 12 间专用工作室，每个工作室以宁波地方特色命名，工作室有自己的内容指向和目标指向。例如"小小天一阁"名字来源于全国闻名的藏书楼——天一阁，内容指向阅读，以及相关的图书制作、汉字启蒙等，目标指向语言智能。工作室每周开放 2 次，每次 40 分钟，12 个工作室同时开放，全体幼儿自主选择进入，因此它是一种混龄游戏模式。每个工作室内有固定教师负责指导，提供材料。工作室中有适合不同层次幼儿操作的材料，每月教师会根据幼儿情况调整活动材料，真正满足每个儿童游戏、发展的需要，尊重每个孩子的不同发展情况，促进每个儿童工作室的混龄交往，这也为纠正我国独生子女普遍存在的自私、独立性差、任性等不良行为提供了机会。在儿童工作室中，大孩子有教小孩子的机会，这使他们产生责任感和自信心，而小孩子的问题又在大孩子那里得到解答，让他们感到满足。

班级工作室

一入园孩子就可以自主选择角落游戏玩耍，大大减少了消极等待和无意义过度环节。课程减弱集体教学的比重，但减弱并不代表减质，每个平行班组的同一个主题会有不同的走向。例如，传统主题有中国武术、中药、穴位按摩，每周五孩子们可以根据自己的兴趣自主选修集体活动，这样既满足了孩子的不同兴趣，也进一步实现了课程资源的有效共享。

心理辅导站之心情角

幼儿的表达能力、自控能力很低，他们有了各种情绪时，常常不会控制或正当地宣泄，有了消极的情绪时更不能理智地去处理，心理变化极不稳定。而对于老师来说，一个班级30名小朋友，他很难时刻都关注每一个孩子的心理变化，及时发现和处理一些不良情绪。因此，我们在每个班级创设了心情角，就是将"快乐、平静、愤怒、伤心"四种基本情绪分别用红、绿、黑、灰四种颜色制成的图案来表示。幼儿可以随时根据自己不同的心情将带有自己照片的标志贴在相应的图案中，这个过程简单且有趣，幼儿非常愿意去操作。心情角，让老师及时了解每个孩子的心理变化并及时处理。同时，幼儿之间也可以借此互相了解，增进友谊，为形成良好的班级氛围创造条件。

三、课程评价将形成性评价和总结性评价相结合

课程评价在策略上运用即时评价、阶段评价、终端评价、追踪评价，在指向幼儿发展的形成性评价的同时，也强调对课程本身和幼儿生长状况的总结性评估。将两者相结合拓展了评价来源，增加了评价主体，注重对孩子的"赋权评价"，也就是根据孩子的评价来调整一定的教学策略和方法，让孩子成为幼儿园的主人，增强他们的自信。当然，评价的目的在指向幼儿发展的同时，也指向课程的适宜性。

有一个孩子给班级老师写了一封信，信上画着一只耳朵，耳朵边有着大大小小的圈，配有文字：老师声音小点。其实这孩子想表达的是：老师，我很喜欢听你讲故事，但是有时你的声音太大，可以轻一点吗？于是，收到信的老师马上调整了孩子们听故事时的座位，这样孩子们离老师的距离相对就近些，老师的声音也可以轻点。同时，该老师也马上回信说："你这个建议不错哦，你也是一个小小老师，我试试看，你帮我听听这样的音量好不好？"

我们的"赋权评价"强调幼儿在评价中认识自我、实现自我，获取个人自由发展的经验，这种评价的重点是满足幼儿成长和个性整合需要的自由解放的过程，把评价的自主权交给幼儿，建立起关注个体、班际互动、全园融合的系统评价体系，让幼儿在自主评价的过程中各方面能力得到发展，实现"做一个有独立思考能力的人"的目标。交往能力是幼儿综合素质中一种重要的能力，从小培养幼儿良好的交往能力，对其一生都有积极的影响。我们发现，"信"的方式让孩子身上有了一些我们期望的变化，他们遇到事情和别人交流探讨的现象增加了，开始在观点碰撞后尝试调整自己固有的观点，愿意接纳不同的意见和声

音。（沈清　娄丹娜：浙江省宁波市第一幼儿园）

『 **案例评析** 』

宁波市第一幼儿园在张雪门行为课程的基础上，立足幼儿园实际，构建了新行为课程。新行为课程整个的设置、实施和评价都是为了实现每个孩子的全面发展，同时该课程根据每个孩子的特点，扬长但不避短，形成斜木桶的状态，让每个幼儿获得全面、快乐而有个性的发展。（沈清　娄丹娜：浙江省宁波市第一幼儿园）

（二）专业知识与方法

4

掌握国家的教育方针和相关的法律法规，熟悉《幼儿园工作规程》《幼儿园教育指导纲要（试行）》《3—6岁儿童学习与发展指南》等学前教育的相关政策。

『政策视线』

《中华人民共和国宪法》（1982年通过，1988年、1993年、1999年和2004年四次修订）

《幼儿园管理条例》（中华人民共和国国家教育委员会令第4号）

《中华人民共和国教师法》（中华人民共和国主席令第十五号）

《中华人民共和国教育法》（中华人民共和国主席令第四十五号）

《教师资格条例》（中华人民共和国国务院令第188号）

《幼儿园工作规程》（中华人民共和国国家教育委员会令第25号）

《幼儿园教育指导纲要（试行）》（教基〔2001〕20号）

《关于加强职业培训教师队伍建设的意见》（劳社部函〔2002〕12号）

《中华人民共和国民办教育促进法》（中华人民共和国主席令第八十号）

《关于幼儿教育改革与发展指导意见》（国办发〔2003〕13号）

《中小学幼儿园安全管理办法》（中华人民共和国教育部令第23号）

《中华人民共和国未成年人保护法》（中华人民共和国主席令第六十号）（中华人民共和国主席令第六十五号）

《教育部关于加强民办学前教育机构管理工作的通知》（教基〔2007〕16号）

《中小学教师职业道德规范》（教师〔2008〕2号）

《国家中长期教育改革和发展规划纲要（2010—2020年）》（中共中央、国务院印发）

《国务院关于当前发展学前教育的若干意见》（国发〔2010〕41号）

《托儿所、幼儿园卫生保健管理办法》（中华人民共和国卫生部　中华人民共和国教育部令第76号）

《中小学和幼儿园教师资格考试标准》（教育部师范教育司、教育部考试中心发布）

《教师教育课程标准》（教师〔2011〕6号）

《教育部关于规范幼儿园保育教育工作防止和纠正"小学化"现象的通知》（教基二〔2011〕8号）

《幼儿园收费管理暂行办法》（发改价格〔2011〕3207号）

《教育部关于建立中小学幼儿园家长委员会的指导意见》（教基一〔2012〕2号）

《学前教育督导评估暂行办法》（教督〔2012〕5号）

《国务院关于加强教师队伍建设的意见》（国发〔2012〕41号）

《幼儿园教师专业标准》（教师〔2012〕1号）

《3—6岁儿童学习与发展指南》（教基二〔2012〕4号）

《教育重大突发事件专项督导暂行办法》（国教督办〔2014〕4号）

《教育部　国家发展改革委　财政部关于实施第二期学前教育三年行动计划的意见》（教基二〔2014〕9号）

『典型案例』

用法制营造爱的乐园

人们都说"教师是人类灵魂的工程师"，也有人说"爱是教师的天职"，但是在生活中，我们经常会通过媒体看到或听到与这些说法相悖的负面消息。作为一线管理者，让每位教师熟知法律，了解不同行为可能给自身带来的后果；为教师创设符合法律规定的工作条件，让其走上思想与专业的成熟之路，充实内心，实现自我价值；用法律的武器保护教师应有的权利，维护教师的人格与职业尊严，这些才是杜绝这些负面行为的最根本的路径。

一、用学习点亮教师心中的灯

在与我园一线教师广泛接触后，我发现她们还未完全明白自己的状态，如有些教师思想单纯，容易受到社会上一些不良风气的影响；有些教师自身就是一个孩子，情绪很容易被环境左右；有些教师注重对艺术技能的掌握，对法律的知识却了解甚少等。

我们通过邀请大学法律专业教授、我园法律顾问及法制校长入园讲座，带领全体教师开展法制学习和宣传活动，引领教师知法、懂法和自觉守法，并知道如何维护自己的合法权利；我们邀请专家、教授深入浅出地解读《幼儿园教育指导纲要》《幼儿园教师专业标准》《3—6岁儿童学习与发展指南》，不但让教师懂得尊重幼儿的意义，更清楚如何去做；我们根据本园的工作实际，通过教代会的形式，向全园征集幼儿教师在工作中需要遵守的规章制度，经过幼儿园全体员工共同参与讨论，提出相应的惩罚措施与标准，用制度约束教师的言行；我们带领全园教师参与国际合作项目课题"儿童的社会行为发展与家庭教养方式的研究"，并将陈会昌教授提出的"尊重平等30条"作为全园教师应该遵守的准则与信条，让教师们在工作中熟悉，在应用中理解，为教师的内心点亮一盏明亮的灯，让教师光明磊落地成长。

二、用制度护航教师前进的路

马斯洛的价值体系理论告诉我们，"实现自我价值是成功的必备条件"。为了让每位教师都用充实的内心去应对烦琐的工作，我觉得作为管理者，如何让教师们感受到自己是被需要的、被认可的、被重视的，体验到自身的价值才是关键。

为此，我们在《劳动法》和《教师法》的指导下，制定了一系列的制度，以保护教师的工作积极性和进取心，为教师的茁壮成长保驾护航。如根据《教师法》中有关教师应"参加进修或者其他方式的培训"的规定，制定了《教师培训制度》，为全园教师提供不同的外出学习与交流机会，提升教师的专业素养；根据《教师法》中教师有权"按时获取工资报酬，享受国家规定的福利待遇以及寒暑假期的带薪休假"的规定，针对没有编制的人才教师实行了同工同酬的政策，制定了《人才教师工资发放办法》，为她们提供应有的劳动保障，减轻其生活压力，免去其后顾之忧；设立了幼儿园教师代表大会制度，凡是涉及幼儿园发展决策、规章制度、奖惩细则等切实关系到幼儿园利益、教师利益的问题，我们都会广泛征集全园教师的意见，并通过代表大会的形式进行深入研讨，让教师充分感受到幼儿园管理者对她们的理解、尊重和信任，感受到自己是幼儿园的主人，在这里，她们能够充分发表自己的见解与意见，真正为幼儿园的发展献计献策。

三、用温情呵护教师付出的爱

随着时代的进步，我们看到幼儿教师的社会地位是在逐步提高的。但是，作为幼儿园管理者，我也不得不承认，在社会上仍有一些家长把幼儿园教师当成保姆，认为教师无非是看孩子的，而对于教师的专业和付出缺乏了解，每当孩子在园遇到矛盾或问题时，往往第一时间将矛头对准班级教师，让教师在辛劳之余还备感委屈。在这个时候，管理者最需要做的事情就是给予教师更多的关心与呵护，肯定教师在工作中的辛苦，并拿起法律的武器来帮助教师捍卫尊严，让幼儿园成为教师坚强的后盾。

为此，我们在全园的教室及主要通道都安装了高清摄像头，用录像保留幼儿在园的第一手资料，以作为证据进行存档；我们聘请了专业的法律顾问，当教师与家长有纠纷时，为教师提供保障。

我园的办园宗旨是"清雅润泽、奠基幸福"，我们希望教育就像清清的水，慢慢地润泽幼儿，为幼儿一生的幸福和发展奠定基础；同时，我们希望幼儿园的管理也像静静的水，慢慢滋润教师的心灵，为每位教师的职业之路奠定基础。（李芳：河北省保定市青年路幼儿园）

『 案例评析 』

众所周知，现代社会是法制社会，从事各行各业的人们都应该做到"知法、懂法、守法"。作为幼儿园的管理者，我们也必须树立法制意识，做到"依法治园"，通过法律手段维护幼儿、家长、教师以及幼儿园的合法权益，让幼儿园成为大家共同的爱的港湾。作为幼儿园的负责人，我们一方面要用法律的准则规范自己的行为；另一方面也要用法律作为武器，指导自己的工作，因此平时要坚持学法，要让自己知法、懂法，用法律来维护自己和组织的合法权益，从而做到"坚持依法治园，依法治教"。（李芳：河北省保定市青年路幼儿园）

5 了解国内外学前教育改革发展的基本趋势，学习优质幼儿园的成功经验。

《关于幼儿教育改革与发展的指导意见》："幼儿园要认真贯彻原国家教委《幼儿园工作规程》和教育部《幼儿园教育指导纲要（试行）》，积极推进幼儿教育改革。""要充分发挥示范性幼儿园在贯彻幼儿教育法规、传播科学教育理念、开展教育科学研究、培训师资和指导家庭、社区早期教育等方面的示范、辐射作用。"

《国家中长期教育改革和发展规划纲要（2010—2020 年）》："把改革创新作为教育发展的强大动力。教育要发展，根本靠改革。要以体制机制改革为重点，鼓励地方和学校大胆探索和试验，加快重要领域和关键环节改革步伐。创新人才培养体制、办学体制、教育管理体制，改革质量评价和考试招生制度，改革教学内容、方法、手段，建设现代学校制度。"

《国务院关于当前发展学前教育的若干意见》："必须坚持改革创新，着力破除制约学前教育科学发展的体制机制障碍。"

《中小学和幼儿园师资格考试标准》："熟悉《幼儿园教育指导纲要（试行）》，了解幼教改革动态。"

《幼儿园教师专业标准（试行）》："学习先进学前教育理论，了解国内外学前教育改革与发展的经验和做法。""根据学前教育改革发展的需要，充分发挥《专业标准》引领和导向作用，深化教师教育改革，建立教师教育质量保障体系，不断提高幼儿园教师培养培训质量。"

◉『典型案例』

建孩子喜欢的幼儿园

2001 年，我随中国福利会教育考察团到德国学习。第一次走出国门的我，对德国幼儿教育充满好奇。在去幼儿园的路上，眼睛就在搜寻红红绿绿的卡通式或城堡式的房屋，没想到在一座灰墙灰顶的、貌似工厂车间的房屋前，领队告诉我们，这就是我们要参观的柏林瑞茨夫幼儿园。

幼儿园的房屋与周边房屋很相似，只是幼儿园房前多了十余个画了标记的停车位。从外表看，你根本想不到这是一所幼儿园。

瑞茨夫幼儿园实行混龄编组，每组有 5 ～ 7 位老师，50 ～ 70 个孩子，其中有近一半的孩子是 6～10 岁的小学生，他们白天在邻近的小学上课，中午回园吃饭，下午再回到幼儿园等待父母来接。所以白天在幼儿园的孩子也就 30 人左右，与我们一个班的孩子差不多。这些孩子共同拥有 5～7 间相互连通的活动室，每个活动室的面积在 20～40 平方米，室内均有一个娃娃家之类的场所（一块地垫或地毯、一辆婴儿车、一个娃娃、一组厨具等），再就是 4～6 组开放式的柜子。在教室里，孩子可以把玩具、材料放在任何一个地方进行游戏。

幼儿园里的内部装饰也很普通，墙壁除了少部分的墙纸，几乎都是白色的乳胶漆墙面。如果把房子里的东西腾空，说它是一家公司，也毫不夸张。教室里到处都是植物，或在地上，或在橱柜上，或在窗台上，数一数，一个班里竟有 20 多盆。室内的桌椅、宣传栏均为清水漆的原木色，室内的色彩主要来自空中的悬挂物与墙面上孩子的作品。

能够体现幼儿园风格的，一是教室被橱柜分割成若干区域，橱柜里有各种各样的操作材料。桌椅都在区域中，桌椅的数量远远超过班级孩子的人数，孩子更换区域活动时，无需搬椅子，便可以随意进入其中游戏。二是从大厅到班级，满眼都是儿童的作品，墙面上有、大门上有、窗户上有，甚至屋顶横梁上也有。从进入幼儿园的大门起，头顶上方各种各样的悬挂装饰物就伴随我们走过幼儿园的任何地方，包括厕所。悬挂物一般是教师与孩子共同制作的，如涂了颜色的叶子、美工作品的小人、粘贴的纸圈等，老师用绳子、回形针将作品连接并固定在天花板上。站在教室门口或从走廊放眼望去，上方有儿童的作品，下面是众多的橱柜、游戏材料，两者互相映衬，如插花一般上轻下重，鲜艳而不失稳重。

虽然作品很多，但简单清晰。如表现一年中孩子们在哪个月过生日的墙饰，就是以黄、黑两种颜色剪绘出的 12 个娃娃，每个娃娃的身上，用黑笔写出这个月过生日的孩子的名字。有的娃娃身上有 4 个名字，有的娃娃身上只有一个名字。我第一次感受到，简单的色彩也能制造出和谐的美。

我们去的时候即将过万圣节，幼儿园的门厅里堆放着大大小小的南瓜，南瓜旁是一对用稻草和色布制作的人偶，映衬人偶的是用色纸制作的七八棵向日葵。数数整个小景的色彩，仅有黄、绿、黑、褐四种。我又一次感受到什么叫雅致。

看着孩子们置身在清新、雅致、童趣的环境中怡然自得、快乐自主活动的场景，我立刻想到陈鹤琴所言："怎样的环境，就得到怎样的刺激，怎样的印象！从所得的印象中，常常发生与印象有关系的动作。所以从前孟母要三迁其居，是深深明了小孩子到了哪种环境，他就会做出哪种动作来的。"想想当时国内的大多数幼儿园，都是中规中矩的大面积教室，孩子主要在自己的活动室内活动，室内大部分地方都被桌椅占据。幼儿园建筑物上都是色块、图案或文字，活动室的桌椅橱柜五颜六色，有些幼儿园甚至将活动室的四面墙与屋顶，都用彩喷的方式画满了各种图案，让人眼花缭乱。本来孩子就多，色彩再繁杂，孩子自然容易激动、喧闹。老师在这样的环境里不要说观察孩子，就连快速找到所有的孩子都很难。单一的、花哨的环境，考验着老师的视觉辨别力。

瑞茨夫幼儿园还有一个给我留下深刻印象的地方，就是为孩子着想的设施。幼儿园所有转角的地方，墙角处都安装了一米五高的弧形转角实木线条。因为混龄编班，大大小小的孩子在一起，室内的设施针对不同年龄的孩子进行了考虑，如桌椅高度不一样，马桶的大小也不一样，每个班级盥洗间的洗手池，都是由三个高矮不一的台盆组合在一起的。

我又想到了陈鹤琴先生说的"注意环境、利用环境"，以及"环境不但对于成人发生关系，发生影响，对于我们的小孩子也会发生更大的关系，发生更大的影响。我们诚不可不为小孩子创造优良的环境啊"。大家都知道环境的重要，但却把这种重要简单理解为杂乱无章的材料堆砌。我们要创设环境，还要创设好环境。

我心里暗想：有机会，我也要建一所孩子喜欢的幼儿园。

从德国回来后不久，我园的第一所分园——聚福园部开始规划建设，设计单位是给聚福园小区做整体设计的民用建筑设计院。开发商对他们的设计要求是：幼儿园的建筑设计要与聚福园小区的整体风格一致。我们的要求是：满足小组教学、区域游戏的需要。我借鉴瑞茨夫幼儿园的风格，给出了四个指标：

第一，教室里至少有两处相同的、可以实施小组活动的空间，且两个空间视觉上不交叉。第二，有专门的、可供八个区域同时活动的空间。第三，寝室要保证孩子一人一床的面积。第四，室内所有空间自然通风。

聚福园部的室内设计强调了突出儿童的原则，如果需要使用木材，以原木色为主；如果是墙面，以白色为主；如果需要颜色，以建筑物外立面的绿色和米色为主。在建筑设计定稿的同时，我们开始规划班级的游戏区域及相关设施。我根据立柱宽度、转角位置、跃层投影空间，自己画图设计了与活动室各处尺寸相匹配的、造型各异的橱柜、玩具柜，既体现了与环境交融的审美理念，又体现了开放、可移动、可变的特点。瑞茨夫幼儿园墙角的弧形转角实木线条，也被我用在聚福园部的室内。

虽然我们不能像瑞茨夫幼儿园一样拥有平房式的建筑，还不能实现小班教学，还需要专门的午睡室，但聚福园部家庭一般的单元式小集合活动室，实现了大空间中的小空间相互关联，为后续游戏环境的打造提供了保障。（崔利玲：江苏省南京市鼓楼幼儿园园长）

📖 『 案例评析 』

幼儿园发展规划有多种方式，参照其他幼儿园的成功案例"依葫芦画瓢"是简单模仿，参照成功经验、结合园情有所创新，是上佳策略。经常说房舍设备是幼儿园教育改革的硬件，教师团队、课程建设是幼儿园教育改革的软件。但很多园长都将硬件建设交给他人完成，自己只管软件建设，岂不知没有硬件的支撑，软件就会成为空中楼阁。在建设幼儿园的过程中，园长们囿于设计师搬出的规范教条，无法坚持自己的想法，更不要说改变。其实改变房舍，大家会辛苦一阵子，但不改变，大家就会痛苦一辈子。陈鹤琴创办鼓楼幼稚园，就是因为对有"外国病""富贵病"的幼稚园不满，才用行动去改变。在课程实验的过程中，他也是不断研究，不断改变，才使"活教育"的思想成为后人取之不竭的智慧宝库。国外的很多园舍，基于儿童，基于自然，基于课程需求，值得我们学习、借鉴。（崔利玲：江苏省南京市鼓楼幼儿园园长）

6 掌握幼儿园发展规划制定、实施与测评的理论、方法与技术。

📷 『 政策视线 』

《关于幼儿教育改革与发展的指导意见》："教育部门要建立社区和家长参与幼儿园管理和监督的机制，建立科学的评价体系，加强对幼儿园教育实验和科研的管理和指导。"

《幼儿园教育指导纲要（试行）》："管理人员、教师、幼儿及其家长均是幼儿园教育评价工作的参与者。评价过程是各方共同参与、相互支持与合作的过程。""评价的过程，是教师运用专业知识审视教育实践，发现、分析、研究、解决问题的过程，也是其自我成长的重要途径。""幼儿园教育工作评价实行以教师自评为主，园长以及有关管理人员、其他教师和家长等参与评价的制度。"

《国务院关于当前发展学前教育的若干意见》："建立幼儿园保教质量评估监管体系。"

《幼儿园工作规程（修订稿）》："幼儿园应当为幼儿提供丰富多样的教育活动。教育活动内容应当根据教育目标、幼儿的实际水平和兴趣确定，以循序渐进为原则，有计划地选择和组织。""教育活动的组织应当灵活地运用集体、小组和个别活动等形式，为每个幼儿提供充分参与的机会，满足幼儿多方面发展的需要。""教育活动的过程应注重幼儿的主动探索、操作实践、合作交流和表达表现。"

《新加坡学前教育评估框架》提出，在促使各方同心协力方面，幼儿园领导者发挥着至关重要的作用。在这一领域取得良好成效的幼儿园，其所有相关人士都明确并共享指导幼儿园制定计划、进行活动的目标及其中各方面的职能，并理解幼儿园的教育价值观，目的与方向、政策和程序、专业发展与进展等。该标准包含三个维度：目的与方向；专业发展与领导；与家长和社区的伙伴关系。

『 典型案例 』

名师工作室的SWOT分析法运用

如何制定契合现状的发展规划、如何让员工参与规划制定的全过程、如何让员工的畅所欲言、如何提升幼儿园的团队凝聚力，是园长们普遍关心并且头疼的问题。2009年由我领衔的名师工作室成立，当时正值幼儿园制定"十二五"规划，我们工作室就重点学习了SWOT分析法，帮助大家分析幼儿园发展的优势、劣势、机会和挑战。

我们主要从两个方面帮助大家理清思路：一是可以依据哪些法律、法规来制定幼儿园发展规划；二是如何科学制定幼儿园发展规划。

首先，工作室为大家提供了国家关于幼儿教育的法律、法规条目，如《幼儿园管理条例》《幼儿园工作规程》《托儿所、幼儿园建筑设计规范》《幼儿园教育指导纲要》等等，以及拟定中的《3—6岁儿童学习与发展指南》和最新的《国家中长期教育改革和发展规划纲要（2010—2020年）》。在政策法规的学习中，大家明晰了国家对幼儿教育的要求，明确了自己的责任与义务，朝什么方向做、为什么要这样做有了依据。

之后我们借鉴企业管理的做法，拟定了幼儿园发展规划制定的六个步骤：

第一步，确定参与制定的人员。一类为规划意见征集对象（如上级领导、社区资源单位、对幼儿园关注的社会人员、合作研究的指导者、家长、退休人员、在职教师等），一类为规划草拟者（规划核心组成员），一类为规划讨论、决策者（园务委员会成员、全体教师）。这三类人员对幼儿园的"过去""现在"都比较了解，有利于据此谋划幼儿园的"未来"。

第二步，通过座谈会、访谈等方式，倾听第一类人员对幼儿园未来发展的意见和建议。以问卷的方式，向全体教职工征求规划意见，主要包括：幼儿园发展有哪些优势？存在哪些缺憾？用什么方式可以解决？这种问卷的最大好处是：不仅将问题与愿景呈现出来，也为规划制定者提供了有益的实施途径，大家共同思考能够真正解决问题的途径，而不是"发牢骚""扔炸弹"。

第三步，规划核心组成员对收集到的对幼儿园存在的问题、发展的意见和建议进行必要的归纳，形成共性建议与个性建议、可实现建议与愿景建议。

第四步，规划核心组成员对整理好的意见和建议进行讨论，结合国家、省、市区学前教育发展的战略与规划，梳理出幼儿园未来发展的优势、劣势、机遇、挑战，形成 SWOT 分析图表。再以 SWOT 分析为依据，对幼儿园规划制定作现状分析。如了解幼儿园的基础、问题，在行业或区域中的地位与特色；梳理幼儿园发展近期愿景与远期愿景；确定规划呈现的发展要素；设计人、财、物等资源及制度设置等保障系统。最后以指导思想、基本原则、目标任务、行动计划、保障措施等为框架，形成规划的第一稿。

第五步，分批组织第一类人员座谈会，讨论规划的初稿，征集修改意见，核心组成员据此完成第二稿。再次征集全体教职工对第二稿的意见和建议，核心组成员据此完成第三稿。最后将第三稿交园务委员会审议，形成发展规划的第四稿。

第六步，召开教职工代表大会，园长说明发展规划制定的过程，全体教职工代表再次讨论，最后以表决的方式通过发展规划。

以上六个步骤帮助工作室的园长们知道了制定规划的基本程序，并且让大家了解了发展规划的具体内容、包含要素和应融入的管理理念，如实现科学的幼儿教育、以儿童为本等等。

工作室还让成员们各自对自己的幼儿园作 SWOT 分析，通过对实例的思考分析，提升了大家的理论基础，帮助处于管理岗位的园长在梳理工作经验的基础上，生成自己的发展愿景，为幼儿园和教师的可持续发展奠定了坚实的基础。

之后，园长们回到幼儿园，参照此方法拟定发展规划。最后，工作室再组织各园所间进行发展规划交流。从查找问题、献计献策、归纳整理、草拟规划、讨论修改，到如何召开教工大会，一一帮助指点，让众多幼儿园在规划制定中既能尊重民意，又能体现党和国家的教育规划思想。（崔利玲：江苏省南京市鼓楼幼儿园园长）

『 案例评析 』

幼儿园的发展规划反映了幼儿园战略管理思想，透过园长对研究的态度，看出其管理思维的成熟度。制定规划的过程，就是让幼儿园成为一个发展共同体，落实"规划园所发展、营造育人文化、领导园本课程、引领教师成长、优化内部管理、调适外部环境"的六大使命，让幼儿园有可持续发展的动力。制定幼儿园发展规划，可以借助 SWOT 分析、PEST 分析、社区资源图、发展线、问题树、查找问题、发展展望等技术手段，发现幼儿园管理中的主要困惑与问题，明确未来一段时期内管理工作的目标、重点，罗列需要优先解决的问题，以及人财物等资源保障，并在园内外各种力量的出谋献策和支持下，不断完善规划。本案例中幼儿园借助 SWOT 分析法，集聚园内外各类人员的专业力量和智慧，让各方人员拥有最大的话语权，并以六个步骤，"自下而上"地发现问题、分析问题，以科学的步骤帮助园长摸清幼儿园的现状，了解发展规划的起点与终点，通过拟定适宜的发展之路，做到既不好高骛远，也不原地踏步。最值得提倡的是，规划的制定以全体教职工为主体，将规划的评判权交给教工大会，既满足了来自基层、服务基层的民主要求，让所有员工将自己与幼儿园紧紧相连，充分知晓规划发展的轨迹以及自己应承担的责任，又实现了总结过去、面向未来的文化传承，更实现了发现契机、超越发展的创新思路。这种民主的、通透的规划制定过程，让园长、教师、家长更加清晰幼儿园的发展蓝图，在优势、劣势、机遇、挑战的分析中，主动、积极地团结在一起，积蓄力量，向上、向前努力。（崔利玲：江苏省南京市鼓楼幼儿园园长）

（三）专业能力与行为

把握幼儿园发展现状，分析幼儿园发展面临的问题和挑战，形成幼儿园发展思路。

《幼儿园管理条例》："幼儿园可以根据本园的实际，安排和选择教育内容与方法，但不得进行违背幼儿教育规律，有损于幼儿身心健康的活动。"

《幼儿园教育指导纲要（试行）》："城乡各类幼儿园都应从实际出发，因地制宜地实施素质教育，为幼儿一生的发展打好基础。""教育活动的组织与实施过程是教师创造性地开展工作的过程。教师要根据本《纲要》，从本地、本国的条件出发，结合本班幼儿的实际情况，制定切实可行的工作计划并灵活地执行。"

《关于幼儿教育改革与发展的指导意见》："要鼓励教师立足教育实践，开展日常教研活动，不断提高教师素质。"

《国家中长期教育改革和发展规划纲要（2010—2020年）》："建立以提高教育质量为导向的管理制度和工作机制，把教育资源配置和学校工作重点集中到强化教学环节、提高教育质量上来。"

《国务院关于加强教师队伍建设的意见》："落实和扩大学校办学自主权，支持鼓励教师和校长在实践中大胆探索，创新教育思想、教育模式和教育方法，形成教学特色和办学风格，造就一批教育家，倡导教育家办学。"

《新加坡学前教育评估框架》提出，幼儿园必须为儿童提供优质的学习经验。课程设置必须能够实现学前教育纲领中的"理想的教育成果"。高质量的教学须具备整合的学习体系，并以游戏作为学习媒介。成人作为儿童发展中不可或缺的支持者，应为儿童创设一个有刺激性的外部环境，使儿童能够在其间积极地投入学习。同时，在由教师通过制定计划和课堂反馈收集到的信息的基础上，还要有步骤地对儿童的发展和学习进行评价。该标准包含五个维度：课程、教和学、评估、教和学的资源、学习环境。

『 典型案例 』

创新谋发展

在市场经济条件下，幼儿园要发展，就必须加强和改善幼儿园的管理。管理体制的完善程度、管理水平的高低和管理效果的好坏直接关系到幼儿园的生存和发展。

一、办园模式创新

社会主义市场经济建设不仅使我国经济所有制形式日趋多样化，也使我国幼教事业的发展格局发生了显著变化。"官办"幼儿园不再一统天下，多种形式的幼儿园如雨后春笋般涌现，生源正逐渐减少，再加上财政拨款逐年下降、离退休人员逐年增多，包袱日益沉重，原有的优势变为劣势。因此，拓宽办园渠道、提高幼儿园在社会上的地位和影响力，便成了幼儿园管理改革的当务之急。我园在探索中走出了一条新的以园养园、创办分园的集团化、市场化的发展之路。

1. 自身条件的开发与利用。

我园很早就提出"三个一点"的财经方针：财政要一点，依靠省领导的支持，勤与财政部门沟通，争取追加专项款；向社会筹集点，借助社会力量筹集资金；自己挣一点，自身努力挖潜。在分析内部情况后，我们果断地压缩办公用房，进行房屋出租，借助社会力量建门市房出租。几年来已为幼儿园创效达500多万元。此外，我们还利用幼儿园班车增加效益。

2. 创办分园，走集团化办园新路。

我园分别与开元集团和大连万达集团以及万科集团联合创办了富豪分园、明珠分园和万科分园。在吉林省首开了幼儿园教育与社区服务牵手之先河，把我园强大的无形资产转化成了有形的效益，既给幼儿提供了优越的学习和生活环境，又给幼儿送去了最先进、最科学的教育，可以说真正走进了社会，走进了市场。这一做法满足了家长和社会的双重需要，产生了积极影响。随着市场经济的迅猛发展，这种集团化的管理模式必将成为幼教改革和发展的趋势。

二、用人策略与用人标准的创新

近代管理理论的重大变革就是完成了从以物为中心的管理向以人为中心的管理转变，这就是现在各行各业都在探讨的人本管理。对于幼儿园来说，进行人本管理，目前就在于提高人的责任感和工作效率，而实现的关键就是调动成员的积极性，创造一个尊重、合作、创新、发展的工作环境，营造一个开放、温暖、团结、和谐、愉快的氛围，使教职工看到自己存在的价值，感受到成功的喜悦与满足，增强其责任感和使命感。

1. 关心职工生活是调动其积极性的有效手段。

我们在管理工作中应处理好领导与群众的关系，在政治上、思想上、生活上关心职工，为职工办实事，解决实际问题，从情感上、人格上尊重职工。多年来，我园在整体上努力提高福利待遇，使职工真正感到了幼儿园的效益与他们的利益是休戚相关的。另外，我们还积极鼓励和支持教职员工不断学习和进修深造，除分期分批将老师派往外地学习外，我园还对不同层次的教师及专业进修的学费分别给予报销。我们以实际的行动来保证职工的切身利益，有效地提高了他们的工作热情和积极性。

2. 实行情感管理的超越规范的管理模式。

实际上，在企业内部的管理中用"感情催化"的办法非常有效。宽松的环境、轻松的心理状态以及无微不至的关爱，能使职工爱岗敬业，会极大地调动他们内在的潜力，而这种奉献与努力是自发的、主动的、心甘情愿的。幼儿园里团结奋进、愉快和谐的工作氛围，会创造出意想不到的有形效益。这也就是所谓的团队精神。

3. 实施人本管理。

人本管理要求把调动人的积极性与情感动力的柔性管理同合理有效的激励机制结合起来，使职工在带有一定的紧迫感、危机感的心态下，积极主动地去努力工作。据此我园实行了以目标量化管理、量化考核为主的约束机制，以日常工作奖励分值制为动力的激励机制，落实了园长负责制、岗位责任制、教职工聘任制，同时进行优化组合、竞争上岗，采取末位淘汰制。职工在管理体制上定岗、定员、定责，由过去的分配岗位到员工自己找岗位。实行班长自荐制，要求参与者在全园职工大会中述职，然后进行民主推荐，班长排在末位的要被解聘，职工全年综合考核指标低于一定标准的不能参加下一年的组合。在工作中实行分层管理，权力下放，责、权、利相统一，有一项权利就要承担相应的责任，因此而得到一定的利益和经济报酬。这样就在幼儿园内部打破了"铁饭碗",形成了人员竞争的小市场,人人都有进步的希望,人人都有危机感。这种内部的下岗和被淘汰的压力来自群众,来自这种以人为本的管理机制,因而大大调动了职工的积极性,推动幼儿园的各项工作不断向前发展。

三、组织制度创新

几年来,我园本着改革要有利于教育事业的发展,有利于减轻办园负担,有利于激发幼儿园内部活力的原则,不断对内部的组织制度进行创新,实行园长负责制,教职工聘任制,全园优化组合、竞争上岗;其次,实行层次管理,权力下放,班长责、权、利统一到位,推行末位淘汰制;再次,推出了对外开放轮流制,奖励发放优先制,进修学习激励制等,在全园实行目标管理,量化考核,动态运行,灵活处理,提高了教职工的积极性。制度是死的,人是活的,制度的效力要靠人来实现,因此组织制度的创新要把握一个原则,那就是:制度内容本身要有利于激发人的潜能。今后管理理论的发展趋势可能是以"能力人"为基础和前提的能本管理,其重要内容就是挖掘人的潜力,发挥人的创造能力和智力,把人塑造成"能力人",因此组织制度的创新一定要能营造出一个可以发挥人的创造能力的环境。(崔哲:吉林省机关第一幼儿园园长)

『 案例评析 』

幼儿园要发展,就必须有危机意识。我园有"没有危机就是最大的危机"的理念。创新才有活力,创新才有发展,人类社会每一次重大进步都是以思想解放和观念创新为先导的。管理创新是指创造一种新的、更有效的资源整合模式。本案例从办园模式创新、用人策略与用人标准创新、组织制度创新三个方面,体现了我们幼儿园的管理工作的不断创新。(崔哲:吉林省机关第一幼儿园园长)

8

组织专家、教职工、家长、社区人士等多方力量参与制定幼儿园发展规划。

《幼儿园教育指导纲要（试行）》："幼儿园应与家庭、社区密切合作，与小学相互衔接，综合利用各种教育资源，共同为幼儿的发展创造良好的条件。""教师要根据本《纲要》，从本地、本国的条件出发，结合本班幼儿的实际情况，制定切实可行的工作计划并灵活地执行。"

《关于幼儿教育改革与发展的指导意见》："教育部门要建立社区和家长参与幼儿园管理和监督的机制，建立科学的评价体系，加强对幼儿园教育实验和科研的管理和指导。"

《国务院关于当前发展学前教育的若干意见》："幼儿园所在街道、社区和村民委员会要共同做好幼儿园安全管理工作。"

《教育部关于建立中小学幼儿园家长委员会的指导意见》："对学校工作计划和重要决策，特别是事关学生和家长切身利益的事项提出意见和建议。对学校教育教学和管理工作予以支持，积极配合。对学校开展的教育教学活动进行监督，帮助学校改进工作。"

《国务院关于加强教师队伍建设的意见》："完善重师德、重能力、重业绩、重贡献的教师考核评价标准，探索实行学校、学生、教师和社会等多方参与的评价办法，引导教师潜心教书育人。"

《幼儿园工作规程（修订稿）》："幼儿园应当认真分析、吸收家长对幼儿园教育与管理工作的意见与建议。""发挥家长的专业和资源优势，支持幼儿园保育教育工作。""幼儿园应当接受上级教育督导人员的检查、监督和指导，根据督导的内容和要求，切实报告工作，反映情况。"

◉ 『典型案例』

面向社会找资源

随着时代的发展、社会的进步，幼儿教育日益受到社会各界的关注。一方面，家长排除千难万险追求名园，对幼儿园赋予了更多的期望与苛刻的要求；另一方面，幼儿园在高期望值压力下努力探寻更多可利用的社会资源，以丰富教育内容，提高教育质量。幼儿园与社会既然有了双向的需求，如何利用社会资源、实现双向服务必然成为现代幼儿园管理的新任务和新要求。

一、幼儿园可利用的社会资源有哪些

幼儿园有双重任务，一是实施教育与保育，二是为社会、家长服务。前一任务需要我们在教学中寻找社会资源，不断提高教学质量，促进孩子的全面发展。后一任务需要我们在管理中找寻教育资源，不断提高管理水平，满足社会对优质资源的需求。

著名幼儿教育家陈鹤琴先生在其"活教育"的三大纲领中阐述"大自然，大社会，都是活教材"，意喻幼儿园的教育内容要贴近儿童的生活实际，凡是与幼儿生活相关的、对幼儿成长有利的、信手拈来的，都可以成为教育的场所与资源。记得在一所幼儿园接受验收时，老师组织了"认识梧桐树"的教学活动，整整一节课，老师都在利用图片、录像对梧桐树进行详细的介绍，结果还有部分孩子没有弄懂。如果老师改变教学内容，带孩子到幼儿园的梧桐树边直接感受认识，效果就会好得多。还有的幼儿园在制定长期规划时，园长绞尽脑汁闭门造车，却不知从员工、家长中获得灵感的重要性。幼儿园周边的资源其实很多，只要有心挖掘，就能获得无尽的宝藏。

幼儿园与社会、家庭共同承担教育孩子的重任，社会各界人士均有关心、支持教育事业的责任与义务。幼儿园的家长、家长所在的单位、幼儿园所属的社区、幼儿园周边单位，都应成为幼儿园社会资源的积极提供者和支撑者；本地区有影响的风景名胜、著名建筑、民俗活动都应成为直接的社会实践资源、场所。如幼儿园的家长就能利用自己的职业帮助孩子了解社会职业的多样性和特殊性，通过进班上课、现场示范等方式让孩子亲身感受职业的差异；再如可以利用幼儿园周边单位的工作现场帮助孩子了解社会中的人员分工、生活关联、工作流程等。

教学中有效利用社会资源的最佳办法就是与其他单位、机构签订社区教育资源利用协作协议。如我园从1993年起，结合单元教育课程的需要，与13个单位、机构签定了社区教育资源协作协议，协议约定了双方的责任与义务，使提供社会教育资源的单位加强了计划性（接待者、时间流程、介绍重点等），增强了社区资源利用的实效。我们还根据社会的发展和时代的需要，不断增添、替换新的社区教育资源，如通过参观雨花台烈士陵园、梅园新村纪念馆感受英雄先烈的伟大和幸福生活的来之不易；通过组织大班孩子拍摄明城墙来感受南京古城的文化；通过参观长江二桥、农科院感受科技进步带给人们的喜悦；根据分园为小区幼儿园的特点，与物管共同开展了"小娃娃走进大社区"的系列活动。

在教学社会资源的利用上，幼儿园一定要学会回报与感恩。虽然社会各界有义务关心教育，但毕竟幼儿园在享用社会资源的同时也给资源提供方带来了一定的影响。因此，解决资源提供方子女入园问题、利用宣传报道赞誉资源提供方、为资源提供方提供育儿教育咨询、合理付费，都是回报与感恩的好方法。

二、管理中如何利用社会资源

家长、协作单位、社区管理者、关心幼儿园事业发展的热心人士，都是幼儿园管理中可利用的社会资源。他们可以为幼儿园管理提供创意与建议，幼儿园也能通过他们的口口相传，获得直接的社会评价。

各种社会资源在幼儿园管理中的作用，见下表：

资　源	作　用	介入方式
学校发展委员会、家委会	根据社会的需求提供直接的建议、意见，促进幼儿园办学与社会需求一致。	座谈、问卷调查、满意度测评。
政府督导室	根据政府的办学标准提供改进建议、意见，促进幼儿园办学与国家要求相统一。	督导、检查、评比。
教研室、教科所、高校研究机构	根据教育的发展提供值得参照的理论依据，促进幼儿园的办学科学化、现代化。	视导、观摩、课题研究、教学评比。
宣传媒体	根据大众的期望分析幼儿园目前的办学水平，促进幼儿园办学大众化、规范化。	广播、电视、报纸、网站的信息披露。

如我园在教育发展规划制定前，先后召开了家委会代表座谈会、资源单位代表座谈会，虚心听取了大家对幼儿园各方面工作的意见。在座谈会上，与会代表听取了园长关于幼儿园近几年办学、收费、师德、校务等方面的介绍，对幼儿园的成绩予以充分的肯定，同时提出52条合理化的建议与意见。我们对这52条建议与意见进行了归类整理，将其分为"教学研究、教学指导、教学管理、队伍培养、基础建设"五个方面，形成即时整改意见和规划参考意见。即时整改意见由规划制定领导小组根据任务分解的内容形成，在全园学习时向大家汇报，提出具体的要求。之后，各班组召开了班务会，提出具体的改善措施。结合各岗位工作的特点，幼儿园将教学活动观摩、单元墙评比、区域活动展示、卫生保健月、安全检查、督导验收等作为整改实施的内容，以此提高保教人员和后勤人员的思想素质、业务素质，增进大家参与整改工作的积极性，有效推进幼儿园的各

项工作。

规划参考意见由规划制定核心组成员纳入规划的目标、理念、措施之中，再通过初审、教工大会，最后形成人人认同的规划。（崔利玲：江苏省南京市鼓楼幼儿园园长）

 『 案例评析 』

幼儿园发展规划不仅是园长教育理念、管理手段的具体体现，也是群体决策的过程。群体决策的结果会对群体中的每一个人产生影响，更会影响成员依照决策的积极行动。幼儿园教育发展规划的实施者是全体教职员工，因此让全体教职员工参与规划的制定与实施非常重要，这不仅是民主管理的需要，更是教职工主人翁意识觉醒和自我实现的需要。如果说教师对幼儿园发展规划的参与是绘图的话，行业外人员的规划意见则是填色。俗话说"山外有山，天外有天"，这些行业外人员大都为相关资源单位人员、关心幼儿园发展的社会人士、家长等，是幼儿园的利益相关者，所以他们能够更理性地分析幼儿园发展的现状与未来，让规划既务实，又有一定挑战性；既看到眼前，又看到未来；既有教育学的思维，又有社会学、管理学的思想。将他们纳入决策群体之中，可以充分发挥幼儿园发展共同体的作用。如果幼教工作者能够借助行业外人员的力量分析幼儿园的现状，规划幼儿园的发展前景，"跳出教育看教育"，一定会有海阔天空之感。（崔利玲：江苏省南京市鼓楼幼儿园园长）

9　依据发展规划指导教职工制订并落实学年、学期工作计划，提供人、财、物等条件支持。

『 政策视线 』

《幼儿园教育指导纲要（试行）》："幼儿园应为幼儿提供健康、丰富的生活和活动环境，满足他们多方面发展的需要。"

《教师教育课程标准》："了解研究教育实践的一般方法，经历和体验制订计划、开展活动、完成报告、分享结果的过程。"

《幼儿园工作规程（修订稿）》："幼儿园应当制定年度工作计划，定期部署、总结和报告工作。每学年末应当向教育等行政主管部门报告工作，必要时随时报告。""幼儿园的经费由举办者依法筹措，保障有必备的办园资金和稳定的经费来源。"

《新加坡学前教育评估框架》提出：优秀的幼儿园计划，要求幼儿园在完成当前目标的同时，还应抽出一定时间来规划部署随后一年的工作，对计划进行监督和评估，并安排好日常生活和常规活动，从而努力实现幼儿园的目标与长远期望。该标准包含三个维度：计划、监控和评价、每日常规和活动的计划。

『 典型案例 』

我"家"的半年计划

园长要管的事很多，但不是每件事园长都要亲自管理。如果园长事无巨细地进行微观型管理，将终日忙碌但收效甚微。有效的计划可以帮助园长合理安排一学期的工作，变一人管为多人管，变被人管为自己管，当所有的人都有了主动性和共同的愿景，就能形成合力，收到事半功倍的效果。在制订计划的过程中，有三点必须注意。

一、构想蓝图

园长作为幼儿园的负责人，自上任起就对任期内幼儿园的发展有了美好的规划，如幼儿园的办学宗旨、教学特色、培养目标等，实现这些规划，就要有相应的实施策略，具体措施要逐年、逐学期地体现在各类计划中，既承上启下，又可以不断加深与发展。如我园的办学宗旨是"探索适合中国国情的、科学化、大众化的幼儿教育道路"，为实现这个宗旨，园长就要有大教育观，时刻把握我国幼儿教育发展的前沿信息，不断调整管理的思路，并把这些思路体现在计划中。有些园长因为文字功底不足，喜欢把计划交给副手完成，这是万万不可以的。计划必须来自园长的脑，出自园长的手，源自幼儿园的长期规划。

二、体现发展

如同小说、论文一样，计划没有统一的呈现方式。只要是针对幼儿园实际量身定做、充满个性、具备不可复制性的计划就是好计划。我们幼儿园每天都有外地的同行来学习，他们常常会索取大量的管理资料，老师们善意地提醒我："你把资料都给了他们，你的成果不就没有了吗？"我想，正是因为自己的成果成了共享的资料，才能给自己施加更大的压力去创新、发展。我有时会把计划分成管理、队伍、教学、后勤四大块，有时分成重点工作和一般性工作，有时以要点的方式呈现，有时又会像观察记录一样把现状、分析与策略放进计划中。不断变化的计划呈现方式不仅可以顺应不同发展阶段的要求，还可以带给教职工勇于打破常规定势的暗示，鼓励大家一同创新。

三、分层落实

通常计划草稿出来后，幼儿园行政班子要讨论修改，一旦确定，就要将其变换成可操作的具体策略，以工作日程的形式落实责任人和实施时间，向全园教职工公示。责任人可以是园长、副园长，可以是年级组长、班组长，也可以是团支部书记、工会主席或其他具体的个人。责任人有了计划，就可以提前周密考虑活动的实施方案，做好前期铺垫工作。如我园每年要开展各类岗位练兵（区域游戏展示、墙饰评比、赛课活动、师带徒等等）的活动，我们就要求责任人不仅要制定相关的方案，还要事先提供参考要项，帮助参与者了解相应的标准和要求，指导参与者在实施的过程中不断总结、调整，实现过程中的发展目标。一些共性的未解决的问题，我们就将其作为活动的后期延伸，使研究不断深入。分层落实可以帮助园长从繁杂的事务中解脱出来，着力解决重要的发展问题。

南京市鼓楼幼儿园 2013—2014 学年度上学期工作计划

指导思想：

以《幼儿园教师专业标准》《3—6岁儿童学习与发展指南》等文件的学习为重点，以争创文明单位为目标，以创建"活教育思想项目研究所"为契机，以单元教育课程新一轮教学改革为途径，在全园掀起学习陈鹤琴教育思想、传承优良文化的热潮。

具体工作：

一、学法懂法，创建精神文明单位（略）

二、勇于尝试，锻造高素质教师队伍

1.研读《幼儿园创造性课程》与《幼儿学习环境评量表》，探寻不同年龄段儿童的学习环境与课程内容，进一步理解不同学习区的重要价值，尝试对班级环境进行科学的规划与布置，并在实施的过程中持续观察、调整，提高教师对课程的规划能力。

2.以年级组为单位，组织开展"模拟环境规划""微格教学评比"等系列活动，从中遴选出教育观念先进、教学策略得当的优胜者进行公开展示，提高教师对环境规划以及教学活动的把握能力。

3. 以省特级教师、市区学科带头人、优秀青年教师为领头羊，以骨干教师为中坚力量，继续开展每月一次的教研组备课活动和每周一次的年级组备课活动，从教师关注的教学实践中的问题入手，提高教学的有效性。

措施：教学评比、环境观摩、备课。

三、细化落实，体现儿童发展自主性

1. 各园所、各班级以有效利用户外场地为追求，适当调整一日生活作息表，将学习活动、户外活动、区域活动等环节错时安排，尽量减少无谓的过渡环节，保障幼儿每日有充足的区域活动和户外活动的时间。

2. 在上一学年研究的基础上，进一步推进"班级一日活动计划"的落实，每个班级严格按照学期初师生共同讨论制订的活动计划，合理安排一日活动，教师不随意调整活动时间和内容，为幼儿提供安定、有序的活动环境。同时，各班级增加"晨谈"和"班级记录"的活动环节，帮助幼儿逐步养成计划—实施—反思的习惯。

措施：作息时间表、场地安排表。

四、加强研究，促进教师专业成长

1. 加强对2012年幼儿园已立项的市区级个人课题的管理和指导，了解课题研究进展情况，提醒主持人按时完成网上中期材料提交以及结题工作。同时，教科室成员对2006年以来幼儿园已结题的个人课题研究成果进行梳理和汇总，遴选出优秀成果刊登在《活教育》上，为广大教师搭建课题研究的交流平台。

2. 认真实施国家级课题"沿着活教育的轨迹找寻幼儿园文化图谱"的研究。按照省规划办的要求，完善课题研究方案，课题组成员进一步明确分工，制定出切实可行的子课题方案并予以落实。

3. 结合教育部课题全面开展0—3岁教育研究，根据课题申报方案开展相应的课题研究，并根据指导建议继续细化研究内容。本学期以半日托班、入托适应班和亲子班为研究重点，完善0—3岁课程建设，逐步完成托班课程活动背景、区域游戏、环境创设等内容的统稿撰写。

措施：半日托班、亲子班、《活教育》、课题组活动。

五、典型引路，营造创先争优热潮

1. 结合市教育局名师工程计划，着力宣传史莉的教育经历和教育经验，梳理其教育理念，扩大名师的引领作用。

2.加强特级教师工作室、学科带头人工作室等管理，以项目引路、帮教指导为重点，为南京市、鼓楼区及幼儿园培养一批德才兼备的后备人才。

3.继续发挥"琴声悠扬教师志愿者团队"在课程辐射、结对帮扶、家园共育、社区教育中的作用，重点开展与青奥相关的志愿者活动。

措施：微电影宣传片、工作室展示、影子培训。

六、家园共育，科学指导育儿策略

1.根据社会变化与教育需求增添操作性较强的家长学校规章和细则，进一步建立健全家长学校工作机制，充分发挥家长学校工作的实效性。

2.成立阳光家长义工志愿者资源库，继续发挥家长义工的教育作用。定期安排家长义工来园为孩子们开课，构建起吸纳更多人力资源参与的家园共育模式。

3.成立由教师和家委会成员共同组成的家教研究队伍，进行问题征集、活动统筹、方案研究等，不断更新教育形式和内容。加强家教宣传力度，根据家长的不同特点，以年级和班级为单位开展灵活多样的亲职教育指导活动。

措施：家长学校、家委会。

七、统一管理，实现校区间资源共享（略）

八、资产监管，确保安全和规范（略）

九、凝聚合力，打造奋发向上的环境（略）

（崔利玲：江苏省南京市鼓楼幼儿园园长）

『案例评析』

规划到计划的过程，其实就是将长期目标分解为短期目标的过程。长期目标需要通过分解的计划实施到每一学期，分解的计划也需要通过具体的行动落实到每一个月。规划犹如美好的蓝图，计划犹如调色板，通过层层上色、晕染，最终完成作品。这里的色彩，就是一个又一个实现目标的行动。园长有了规划的意识，就能事先将规划逐年分解，就能于每学期有重点地推进，就能不断对照规划反省管理行为，调整管理方向。本例中的计划，借助工作计划的形式让全园教职工知晓，让预设的计划变成了教职工主动积极参与的行动，让所有的计划内容借助民主管理、分层管理，落实到幼儿园各个班组、各个岗位中。只要脑中有规划、心中有计划、落实有行动，由远及近、由大到小地组织实施，规划的目标才

能无疏漏地全部实现。（崔利玲：江苏省南京市鼓楼幼儿园园长）

10 　　监测幼儿园发展规划实施过程与成效，根据实施情况修正幼儿园发展规划，调整工作计划，完善行动方案。

『政策视线』

《幼儿园教育指导纲要（试行）》："幼儿的行为表现和发展变化具有重要的评价意义，教师应视之为重要的评价信息和改进工作的依据。"

《国家中长期教育改革和发展规划纲要（2010—2020年）》："建立以提高教育质量为导向的管理制度和工作机制，把教育资源配置和学校工作重点集中到强化教学环节、提高教育质量上来。"

《教师教育课程标准》："形成正确的教育质量观，对与学校教育相关的现象进行专业思考与判断。""在日常学习和实践过程中积累所学所思所想，形成问题意识和一定的解决问题的能力。"

《幼儿园教师专业标准（试行）》："把学前教育理论与保教实践相结合，突出保教实践能力；研究幼儿，遵循幼儿成长规律，提升保教工作专业化水平；坚持实践、反思、再实践、再反思，不断提高专业能力。"

澳大利亚《幼年学习大纲》提出，不断学习与反思性实践。教育者不断学习，提高专业性知识与技能。反思工作实践中发生了什么，以及自己可以做一些什么样的改变。

美国国家研究院在2001年发表的《渴望学习：教育我们的幼儿》研究报告中指出："要培训和鼓励教师反思自身实践和学生对课堂活动的反应并相应地修改和制订教学计划。"

『典型案例』

守业与创新

"创业容易守业难"，很多幼儿园在上等级、创示范的过程中成绩斐然，但是上了平台之后吃老本的思想又让部分幼儿园的信誉大幅滑坡。

幼儿园是传承和创造文化的场所，应该体现一种文化管理的风范，应该建设以人为本、为幼儿终生发展服务的管理文化。一所幼儿园要想成为家长向往和追求的目标，不仅应在园舍、环境等表面的文化因素上吸引人，更要在传统、氛围等内在文化因素上形成魅力。如果我们能够转换思维，用打造软件主动迎接市场经济的挑战，以特色建构找寻发展的突破口，一定能获得更好的发展空间，为社会提供优质教育资源。

我园在此问题上进行了如下思考：作为一所具有90多年历史的老园，如何让幼儿园90多年积淀的深厚文化底蕴在当代散发浓浓的文化气息？作为中国历史上第一个幼儿教育实验研究中心，如何在新时期保持相应的地位？作为南京市基础教育课程改革的实验学校，如何与新一轮的课程改革相适应，提高课程的实施水平并提供必要的保障机制？

任何幼儿园，在经历了漫长的创业阶段走上了办学高峰后，一定会出现这样的现象：教师们在获得小高职称或相应的荣誉称号后，会产生"前面奋斗得太辛苦了，可以暂时歇歇吃吃老本"的想法，对自己放松要求。为了让每一个教师始终保持上进和发展的势头，我们曾召开了"创建学习型组织　倡导规范化工作"的教工大会，将全园教师分别纳入五个学习型组织中，借此建立一套合理的组织学习机制，确保园长、教师及所有的工作人员通过学习与时俱进，从各岗位的特殊性出发，以规范化工作为主题，研究工作薄弱环节，提出解决策略，不断更新思想观念，提高工作效率，提高专业水平和专业素质。我们试图通过创建学习型团队倡导这样的风气：让学习成为生存的状态、让学习成为一种工作方式、让学习成为一种职业习惯、让学习成为一种创新行动，也试图通过这种方式守住家业，守住教育科研的成果。

守业的同时，幼儿园还要不断适应变化的外部环境，与时俱进地不断创新、发展。我们将构建幼儿园的文化策略作为创新的载体，以学习环境、人文环境、文化环境、活动环境作为彰显文化的外在表现，以单元课程实施作为教育质量提升的内涵抓手。

在进行文化浸润的同时，我们将单元课程的进阶式研究作为提升教育质量、促进内涵发展的重要通道和园本特色，将"活教育"作为单元课程的文化之根，将"幼童本位"作为单元课程的灵魂，通过"集体化""小组化""个体化"三个阶段的持续研究，实现从预设到生成、从封闭到开放、从园内到社会的课程编制创新转变，实现从教师在前到儿童在前、从讲解在前到探究在前、从知识在前到生活在前的理念转变。

在守业与创新中，我觉得下面两个问题要细细品味、理解。

第一，什么是特色？

特色是提高幼儿园知名度，吸引良好生源的上佳途径。很多幼儿园的管理者对特色的概念不了解，有些特色已经非常鲜明的幼儿园认为自己没有特色，有些在课程设置上违反教育规律的幼儿园反而认为自己有特色。引用江苏省教育评估院在江苏省优质幼儿园《评估手册》中的一段话："办园特色是在长期办园过程中积淀形成的、本园特有的、优于其他幼儿园的独特优质风貌。特色应当对支撑办园目标、优化幼儿培养、提高保育教育质量起到重要作用。特色有一定的稳定性并应在园内外得到公认，产生了一定的影响。"简单地说，特色应该是一所幼儿园所表现出的与众不同的色彩和风格，它既是本园特有的，又是符合教育规律的；既是个性化的，又是较稳定的。

第二，怎么创特色？

首先，要理清办学思路，树立错位发展的意识。所有的幼儿园都希望自己的园所生源爆满，以家长的欢迎度证明自己的办学水平。但如果细细考察就不难发现，等级高、条件好的幼儿园受家长欢迎，条件较差的幼儿园也同样受到家长热捧，这是因为条件好的幼儿园有自己的品牌优势，条件差的幼儿园也有自己的独特风格（如全方位为家长服务、收费低廉、开办托班等）。

在创特色前，管理者不妨召开恳谈会，邀请周边单位、居民、家长、专业人士为本园所把脉，了解服务对象对幼儿园的办学需求，这样幼儿园的特色才能得到认可。如果一所幼儿园欲以网络交流打造特色，而服务对象中绝大多数家长根本不具备网络交流的条件，那么这纵然是好创意也无法受欢迎。因此，错位发展应是创造特色的首要理念，以实现人无我有、人有我优。

其次，可以从模仿学习起步。我们常常看到有的幼儿园的门口悬挂了很多铜牌——"××课题实验基地""××研究中心""××教学点"，它们误以为依托某个机构移植一个现成的教育方案，就是形成特色了。还有一些幼儿园参加了民间评定活动，被冠以"××特色园"，更是把特色平庸化了。幼儿园在创造特色的过程中，就像建构园本课程一样，总是在模仿中不断调整、完善的。幼儿园选择的模仿对象，应是和自己幼儿园的背景相似的（教师队伍、办学条件、服务人群），如同我们对孩子的发展需要找寻最近发展区一样，我们可以在最适合自己的特色道路上通过模仿完善发展别人的经验，再在模仿中突破，提出具有本园个性的新方案，使特色不断趋向成熟、稳定。

再次，要完善特色内容，提高特色的稳定性。幼儿园的特色可以体现在不同的层面，治园方略、办园理念、办学思路可以体现幼儿园总体特色，教育模式、园本课程、教学方式可以体现幼儿园教育的特色，管理方式、运行机制可以体现幼儿园管理的特色。在评估检查中，我们常看到一个起点很低的幼儿园也将自己的办学目标标榜为"一流的教学质量、一流的教师队伍、一流的儿童发展"等。这样的目标没有公信力，肯定无法在一定区域内产生影响和美誉度，稳定性自然差，就会出现今天向你学、明天向他学，"掰玉米、扔西瓜"的现象，最终一事无成。

这个阶段需要我们有一定的理论基础，通过学习理论、搜集资料，分析前一阶段特色模仿的成效与问题，再设计特色教育方案，通过实践、探索，不断完善并走向成熟。（崔利玲：江苏省南京市鼓楼幼儿园园长）

『 案例评析 』

一所好的幼儿园，其办学思想、教育主张必定与其历史相关，其内涵必定是深刻的、丰富的、独特的。园长要实现"营造育人文化"的使命，就必须基于幼儿园的历史、文化，在幼儿园教育实践中思考、提取能够诠释幼儿园特色的办学理念，明确办学方向，据此明确幼儿园发展规划的方向。当规划描绘出儿童发展的美好愿景时，幼儿园要在教育环境创设、教育活动组织、师生关系、儿童学习的方式方法以及教师的专业成长机制等方面开展积极探索，尽快形成独特的教育风格。在本案例中，鼓幼管理者以"学习型组织"保驾单元课程进阶式研究，以课程的需求转变教师的教育观、儿童观、课程观，以管理的改变推进课程的变革，较好地处理了"守业""创新"的矛盾，最终实现规划的愿景。这里的"守业"，就是对园所文化的梳理，这里的"创新"，就是不断适应变化的外部环境，与时俱进地不断改变、发展。发展规划的制定过程，就是传承与发展的过程，是基于历史与现实的。没有创新的守业，会很快被时代淘汰；没有守业的创新，就是狗熊掰玉米，重复劳动却没有收获。治园方略、办园理念、办学思路、教育模式、园本课程、教学方式、管理方式、运行机制等的传承与创新，不仅能形成幼儿园的文化与特色，更能在变化中修正发展规划的不足，使其愈加完善。（崔利玲：江苏省南京市鼓楼幼儿园园长）

第二章
解读专业职责 "营造育人文化"

（一）专业理解与认识

（二）专业知识与方法

（三）专业能力与行为

（一）专业理解与认识

11 把文化育人作为办园的重要内容与途径，促进幼儿体、智、德、美各方面的协调发展。

『政策视线』

《幼儿园管理条例》："幼儿园的保育和教育工作应当促进幼儿在体、智、德、美诸方面和谐发展。"

《关于幼儿教育改革与发展的指导意见》："要尊重儿童的人格尊严和基本权利，为儿童提供安全、健康、丰富的生活和活动环境，满足儿童多方面发展的需要；尊重儿童身心发展的特点和规律，关注个体差异，使儿童身心健康成长，促进体智德美等全面和谐发展。"

《中华人民共和国未成年人保护法》："幼儿园应当做好保育、教育工作，促进幼儿在体质、智力、品德等方面和谐发展。"

《国家中长期教育改革和发展规划纲要（2010—2020 年）》："促进德育、智育、体育、美育有机融合，提高学生综合素质，使学生成为德智体美全面发展的社会主义建设者和接班人。"

《3—6 岁儿童学习与发展指南》："关注幼儿学习与发展的整体性。儿童的发展是一个整体，要注重领域之间、目标之间的相互渗透和整合，促进幼儿身心全面协调发展，而不应片面追求某一方面或几方面的发展。"

《幼儿园工作规程（修订稿）》："幼儿园实行保育与教育相结合的原则，对幼儿实施体、智、德、美诸方面全面发展的教育，促进其身心和谐发展。"

英国《儿童早期奠基阶段标准》提出，早期学习目标包括六个领域的学习发展目标：个体、社会和情感的发育；交流、语言和文字；分析问题、解决问题和数理知识；关于周围世界的知识和理解；身体发育；创造性发展。这六个方面的发展对于儿童不是单一进行的，它们相互关联并有同等的重要性，从而促进儿童的全面发展。这些发展目标必须在有计划、有目标、由儿童发起并由教师组织的活动中逐步达成。

『 典型案例 』

构建课程文化，提升办园品质

文化是引领幼儿园发展的精神系统，展现着幼儿园办园品质。课程文化是在长期的幼儿园课程建设过程中逐渐形成和发展起来的，是幼儿园园本课程思想得以体现的精神氛围。课程文化以"无形"胜"有形"，它和校园文化相辅相成，互相促进，互相影响，标志着一所幼儿园的教育品质和可持续发展的动力。

一、追求办园内涵与品质，创造有生命力的课程文化

"课程发展不只是课程文本的完善、实践和优化的过程，更是幼儿园课程文化的形成、充实和完满的过程。"有生命力的课程文化，意味着顺应规律、不断"生长"、不断变化的发展过程，这与幼儿园注重内涵建设和办园品质的发展方向相一致。幼儿园文化内涵表现为团队成员内在的力量和精神，幼儿园教育品质则意味着教育的品位与质量。在引领教师团队不断追求教育内在力量和精神的过程中，不断提升教育的品位与质量。

我园的园本课程——生命成长启蒙课程，关注人的生命成长。教师的工作体现个体性，教师的劳动富有创造性。因此，教师对教育事业的热爱，对课程理念的认同，直接影响着教师的教育行为。如何让教师感受到自我存在的价值，感受到从事教育工作的满足感，感受到自己的进步和成功，感受到课程理念的先进性和合理性，成为教师团队管理和构建课程文化的重要工作。

首先，倡导和感染。将"爱、自由、坚持、信任和理解"传播给每位教职员工，对于每一位员工、每一件工作小事，都要尊重理解，公平公正地对待，这样领导者与被领导者之间，同事和同事之间相互感召和相互信赖的力量就会产生。

其次，求真和务实。求真和务实表现在将教研活动从"纸上谈兵"转向开放教学现场，从少部分教师的教学开放转向大多数教师的教学开放，从教学活动研讨方式的"点评式"转向"疑问式"，让教师逐步认同开放自己的教学现场是教

师工作的一个部分。

再者，公开和公平。向教师宣传各类评优晋级的评分标准，鼓励教师抓住各级赛课、公开教学、论文评选、课题申报等机会，积累工作成果资料，让教师明确自己的成长需要自己努力；同时，提前公布近期对外开课机会，鼓励教师申报参加，对主动申报教师逐一指导备课、试教，召集有经验的教师共同提出修改建议。

教师的发展不单单需要自己的努力，还需要幼儿园营造有利于教师成长的良好环境氛围，公开、公平、公正地对待每一位教师，让教研活动成为教师解决教育实际问题的园地，在教师需要帮助时为其提供专业支持。"静悄悄的革命"伴随生命成长教育理念在幼儿园一步步开始，并蔓延开来，成了课程文化的一部分。

二、形成课程信念、信仰与追求，造就有生命力的教师群体

"幼儿园课程文化的核心是信念和围绕信念形成的行动方式和团队默契。"教师对课程的信念从何而来？同课程文化一样，这种信念是从了解课程开始，伴随着课程实施过程逐步建立起来的，并随着对课程理解的深入而不断发展变化，最终形成比较明晰的课程思想。只有大多数的教师形成了对课程的共同信念时，他们才会有共同的行动方式和团队默契。课程的建设过程也是影响教师群体的过程。

我园的生命成长启蒙课程注重"自然生命"和"价值生命"的和谐统一，"生命成长"不仅是我们的教育理念和园本课程，更指向我们的教育取向和教育目的。让孩子拥有完美的童年生活，让老师获得积极的生存状态，让家长受到良好的环境影响，让社区拥有优质的教育资源，是幼儿园课程建设和发展的综合目标，幼儿园也通过创新管理、内涵发展、课程推进以及文化浸润四个方面不断推进目标的达成。

三、教育文化品位传承和渗透在校园环境中

对幼儿园文化品质的追求，也是对教育的精神追求。这种追求可以在幼儿园的办学方向、管理水平、教育水平、教师团队中体现，但最核心的是在人的精神文化风貌上体现。正是因为文化品位是慢慢堆积，自然形成的，其对人的精神层面的影响也是日积月累，缓慢而深刻的。我园的生命成长启蒙教育让我们更加关注人的生命成长，关注教师的、幼儿的、家长的、周围人的生命需要、生存需要、精神需要。我们提出做教育要有一种"上善若水"的境界，一种"厚德载物"

的情怀，一种"从容淡定"的态度，一种"优雅贤淑"的气质，这样才能真的看到儿童，发现儿童，帮助儿童，支持儿童。我们用这些观点不断地激励老师，让老师在繁忙的工作中，静静感受其中的尊重、充实和幸福，鼓励老师不断修炼自己的内心，用豁达开朗、积极向上的态度对待生活、对待工作、对待人际关系，提升生活品质和工作品质。就如我们幼儿园的教育风景——"静的是景，动的是人；静的是心态，动的是行为"。

四、各部门通力配合，让幼儿在适宜的活动环境中富有个性地成长

生命成长启蒙课程要满足幼儿发展需要，突出幼儿的主动建构经验，创设自然化、生活化、真实化的教育场景，而实现这些课程目标，仅仅靠班级教师还是不够的。课程建设促进了全园各个部门的通力合作，为教育提供良好的环境支撑、资源支撑和人力支撑。

围绕课程建设，根据课程实施需要，幼儿园在环境上给予的支撑体现在三个方面：一是户外环境改造，增添或调整户外设施，合理布局沙池、菜地、水塘，补充教育上需要的植物、花卉等；二是增加幼儿专用活动室，为幼儿探究、烹调、阅读交流、艺术创造、戏剧表演等提供更有氛围的公共环境；三是调整和更新室内环境，创设安全温馨、包容性的环境，增加区域环境创设的橱柜材料，为幼儿自主选择活动和有个性地成长奠定基础。

在资源上同样要为课程提供支撑，体现在三个方面：一是增加废旧资源室，鼓励教师将生活中的材料用在课程中；二是增加教学资源室，为教师在实施课程中拓展使用各种材料奠定基础；三是给教师适度的资金支撑。

在课程实施中，除了环境资源和物质资源的投入，还需要人力资源的投入。保健人员、厨房人员、采购人员等后勤服务人员要配合课程需要，及时采办物品，提供专业支持。

幼儿园课程要促进幼儿的发展，就要给幼儿提供适宜的成长环境、宽松的成长氛围和丰富的教育资源，从而使幼儿富有个性地成长。教师是实施课程的主体，也是课程文化的缔造者，课程文化又推动教师形成教育理念和行为，推动幼儿成长，也推动幼儿园办园品质的提升。（陈学群：江苏省南京市第二幼儿园园长）

😊『 案例评析 』

幼儿园的育人文化不是口号，不能与教育教学脱节。育人文化是一种理念，浸润在幼儿园日常管理过程中，融化在具体的教育教学行为里。积极的园所文化

是长期培育和塑造的结果，是教育水平与管理水平相融合而产生的风貌，园长在其中起着重要作用。重视园所文化的不断提升和彰显，既能推动幼儿园的发展，又能展现幼儿园的发展。本案例介绍了"自然生命"和"价值生命"和谐统一的课程文化，强调的是在幼儿园长期的课程建设中逐渐形成和发展起来的精神氛围。从本案例可以看出，课程文化以"无形"胜"有形"，它和校园文化相辅相成，互相促进，互相影响，标志着一所幼儿园的教育品质和可持续发展的动力。园长在管理中，应该关注幼儿园文化建设，将园所文化与园所历史、发展愿景紧密结合，如此才能在孕育园所文化的同时，推进幼儿园各项工作的全面提升。（崔利玲：江苏省南京市鼓楼幼儿园园长）

12 重视幼儿园文化潜移默化的教育功能，将中华优秀传统文化融入幼儿园文化建设。

『 **政策视线** 』

《幼儿园管理条例》："培养幼儿热爱祖国的情感以及良好的品德行为。"

《幼儿园教育指导纲要（试行）》："充分利用社会资源，引导幼儿实际感受祖国文化的丰富与优秀，感受家乡的变化和发展，激发幼儿爱家乡、爱祖国的情感。"

《中华人民共和国未成年人保护法》："爱国主义教育基地、图书馆、青少年宫、儿童活动中心应当对未成年人免费开放；博物馆、纪念馆、科技馆、展览馆、美术馆、文化馆以及影剧院、体育场馆、动物园、公园等场所，应当按照有关规定对未成年人免费或者优惠开放。"

《国家中长期教育改革和发展规划纲要（2010—2020年）》："加强中华民族优秀文化传统教育和革命传统教育。把德育渗透于教育教学的各个环节，贯穿于学校教育、家庭教育和社会教育的各个方面。"

《幼儿园工作规程（修订稿）》："幼儿园的品德教育应当以情感教育和培养良好行为习惯为主，注重潜移默化的影响，并贯穿于幼儿生活以及各项活动之中。"

金州龙舞舞起来

金州是辽南著名古城，是大连市的发源地。在古城金州，各种传统节日都是以民间艺术形式来庆贺，龙舞更是人们喜闻乐见的庆贺形式。金州龙舞距今已有120多年的历史，是国家级非物质文化遗产。为了让优秀的民族文化在孩子们幼小的心灵上扎根，金州区第一幼儿园进行大胆实践与探索，尝试教幼儿学习金州龙舞。

一、感知金州龙舞，培养幼儿热爱家乡的情感

我们幼儿园搜集有关金州龙舞的各种资料，以图文板报的形式向幼儿和家长做宣传。幼儿园老师还带领幼儿寻访民间舞龙艺人，听民间舞龙艺人讲述关于金州龙舞的各种传说。在幼儿充分感知金州龙舞的基础上，师生共同创设了富有龙特色的教育环境。我们自制了龙风筝、龙灯、十二生肖挂饰悬挂在幼儿园走廊、墙壁上；窗户上贴着龙图腾样式的窗花；制作具有民间特色的龙年画；用废旧材料制成小金龙样式的打击乐器……让幼儿在看看、做做、说说的过程中，发现和感受龙舞的艺术魅力，激发幼儿热爱家乡的情感。

二、舞起金州龙舞，丰富幼儿的情感体验

我们幼儿园将学校龙舞融入全园活动中。音乐欣赏活动让幼儿感受音乐的曲式特点，调动幼儿学习龙舞的兴趣；创编歌曲、学说歌谣活动帮助幼儿理解龙舞动作，让幼儿在音乐律动中自由表现龙的各种造型和动作；用音乐游戏的方法增强龙舞的趣味性，尝试利用各种乐器（包括自制乐器）为龙舞伴奏……我们避免让幼儿简单机械地练习基本动作，而是尽可能地用多种方法调动幼儿学习舞蹈动作的积极性。龙舞不是一个人独自完成的，将一条龙舞起来需要九个小朋友，于是我们创编朗朗上口的歌曲、歌谣帮助幼儿理解舞蹈动作，利用废旧材料制成龙道具让幼儿进行练习。我们将盘龙、行龙、龙出海、大波浪、龙抬头、龙摆尾、串串等基本龙舞动作贯穿在音乐活动中。在此基础上，教师和幼儿根据音乐创造性地想象编排龙舞动作，采用个人、小组和集体多种学习方式。用幼儿熟悉的简易图谱来记录编排的舞蹈动作。幼儿将富有生活情趣的游戏也带入舞蹈中，如在舞蹈《梦龙》的创编中，我们就采用了大班幼儿设计的小龙和荷花嬉戏的情节，舞蹈因为增加了这一情节而变得更富有童真、童趣，幼儿也在创作舞蹈的过程中

插上了想象的翅膀，从中收获了快乐和自信。

结合幼儿年龄特点，我们淡化对幼儿龙舞技能的训练，更多体现的是游戏化的情景，孩子们越来越喜欢舞龙了。走进幼儿园，你会看到孩子们在画龙、制龙、舞龙……龙的形象已深深植入孩子们幼小的心灵。幼儿通过学习龙舞进一步加深了对"非物质文化遗产"含义的理解。舞龙锻炼了幼儿动手动脑的能力，满足了幼儿创新表现的欲望，促进了幼儿全面发展。

三、创编金州龙舞，相信幼儿的潜能

"六一"前夕，我们幼儿园龙舞队的孩子们收到了大连市少儿节目"小螺号"栏目组的邀请，编排情景表演剧《熊猫兄妹的超级组合》，这个节目需要在幼儿龙舞表演的基础上增加新的人物角色和故事情节。接到了新的演出任务，孩子们显得特别兴奋。我们想：何不给幼儿一个机会，让他们自己来做导演呢？

孩子们的表现让我们喜出望外，他们很快就分配好了角色，还在班级里招募了新的演员并自由结伴创编舞蹈动作。因为他们已具备了龙舞表演的基础，在舞蹈动作、合作和表演能力等方面已经积累了一定的经验，所以在创编的过程中能很快融入新的故事情节中，同伴之间的相互学习、动作练习也是有模有样。小伙伴之间还能互相提醒呢！

最后，当幼儿自己编导的作品呈现在观众面前时，我们在他们的眼里看到了自信和自豪。老师和家长们也感受到孩子们的潜力是巨大的。

四、创新金州龙舞，用游戏启迪幼儿的智慧

游戏是幼儿最喜欢的活动，也是他们特有的学习方式。我们将金州龙舞的基本动作与幼儿户外体育游戏巧妙结合，创编出独具特色的幼儿龙舞游戏。

我们将"龙摆尾"的动作与传统体育游戏"钻山洞"融合在一起，幼儿通过队形变化分成男女两列纵队，在各队表现"龙摆尾"之后，男女两队纷纷把龙舞器械高举起来，面对面将器械搭在一起，形成长长的"龙山洞"，幼儿一个跟着一个在山洞里穿过。在这样的游戏过程中，我们潜移默化地发展了幼儿的合作能力。

"龙出海"也是龙舞表演中的经典动作，聪明的老师们将"龙出海"与幼儿喜爱的体育游戏"看谁跳得高"结合在一起，一条条"小龙"伴随着音乐游进了"大海"，在"海面"上尽情地蹦跳嬉戏，再伴随着音乐游出"大海"，快速找到自己的位置站好。这种游戏情节的设计不仅增强了户外运动的趣味性，更在一进一出之间自然而然地培养了幼儿的方位意识，提高了反应的灵活性。"龙舞鞭"

作为我园幼儿做操的主要器械，也被老师和幼儿们开发出了很多新玩法，比如行进跳、骑大马、跳格子、节节高等等，深受幼儿的喜爱。可以说创新金州龙舞，让孩子在感受快乐游戏的同时发展了智力，锻炼了能力。（徐凌霞：辽宁省大连市金州区第一幼儿园园长）

『 案例评析 』

我们幼儿园地处金州这一特殊的地理位置，孩子们时刻受着龙舞文化的熏陶。将中华优秀传统文化融入幼儿园文化建设是我们幼儿园的追求。如今金州龙舞已经融入我们幼儿园老师和孩子们的生活中。金州电视台、大连电视台多次对我园幼儿龙舞队进行专题采访和报道，孩子们在一次次演出中越来越自信。我们相信，这些掌声和赞许，不单是对国家非物质文化遗产——金州龙舞——的一种肯定，更是对孩子们这种继承精神的一种礼赞。（徐凌霞：辽宁省大连市金州区第一幼儿园园长）

13

将尊重和关爱师幼、体现人格尊严、感受和谐快乐作为幼儿园育人文化建设的核心，陶冶幼儿情操、启迪幼儿智慧。

『 政策视线 』

《幼儿园管理条例》："幼儿园应当贯彻保育与教育相结合的原则，创设与幼儿的教育和发展相适应的和谐环境，引导幼儿个性的健康发展。"

《幼儿园教育指导纲要（试行）》："建立良好的师生、同伴关系，让幼儿在集体生活中感到温暖，形成安全感、信赖感。"

《国家中长期教育改革和发展规划纲要（2010—2020年）》："关心每个学生，促进每个学生主动地、生动活泼地发展，尊重教育规律和学生身心发展规律，为每个学生提供适合的教育。"

《3—6岁儿童学习与发展指南》："亲切地对待幼儿，关心幼儿，让他感到长辈是可亲、可近、可信赖的，家庭和幼儿园是温暖的。"

《幼儿园工作规程（修订稿）》："幼儿园教职工应当尊重、爱护幼儿，禁止虐待、歧视、体罚和变相体罚、侮辱幼儿人格等损害幼儿身心健康的行为。""面向全体幼儿，热爱幼儿，坚持积极鼓励、启发诱导的正面教育。"

澳大利亚《幼年学习大纲》提出与幼儿建立安全、尊重、互惠的关系。如果儿童与关心他们的成年人有稳定的关系，他们会学习得最好，这是一个广为人知的事实。在幼儿时，儿童便建立可信任的关系。在此基础上，儿童会感到更有信心，更愿意探索和学习。在托幼机构，如果儿童在感情上是安全的，他们可以发展与他人积极交往所需的技能和知识，并逐渐学会去承担责任。

『典型案例』

"七大空间"的创设

浙江师范大学杭州幼儿师范学院附属幼儿园的文化核心是"爱与尊重"，怎样将这样抽象的一个育人核心化为看得见摸得着的手段？我们提出了"把幼儿园还给孩子，把孩子还给他自己"的理念，让孩子在幼儿园得到真正的尊重，成为具有积极的情绪状态、良好的情感品质和情绪能力的幼儿园主人。为达到目标，我们认真分析了孩子直观、具体、形象的思维特点，好奇好动、直接纯真的个性特点，以及幼儿间的个别差异，通过让孩子在创设的"七大空间"中游戏化地操作，来推动孩子的发展。

第一空间：创设"心情角"，为幼儿提供识别、表达、宣泄的游戏空间

为了让孩子在幼儿园能大胆表白、调整自己的情绪，我们特地在班里创设了"心情角"。"心情角"设在一个较独立的空间，老师和孩子每人一个位置，上面挂着不同的表情脸谱，正面是高兴脸谱，反面是生气脸谱，正反可以随意翻动，脸谱生动，使用方便。孩子遇到不高兴的事时，到"情绪角"自己的位置上翻出代表当时情绪的脸谱，孩子就得到了倾诉，情绪得到了缓冲。

教师首先要让孩子知道脸谱的使用方法，然后要经常围绕"心情角"发生的事展开讨论，使孩子真正明白"心情角"的作用。教师还要从脸谱中直接了解孩子的情绪变化，给予关注，并引导孩子互相关心，互相疏导。

第二空间：设"和平区"，为幼儿提供解决同伴冲突的游戏空间

"和平区"要选在一个相对安静的空间，那里有一张铺上温馨台布的桌子，一盆花，几把椅子，四周有一些较柔软的靠垫等物品，供孩子自行解决同伴争执，缓解情绪。适合于中、大班孩子。

"和平区"刚开始使用时，老师先请几位"小演员"按照老师设计的情节开演，请大家当观众，并一起讨论："发生了什么事，他们这样做对吗？""如果是你，你会怎么办？"教师把孩子们解决问题的话一一记下，并与他们一起分析，哪些话是能真正解决问题的。

第三空间：设"耐心墙"，为幼儿提供学会等待、延迟满足的游戏空间

现在很多孩子是在溺爱的环境中长大的，他们的各种需要都能被及时满足，因此他们很少想过需要凭意志努力控制自己的"欲望"，稍不如意，便表现出无理取闹的任性、难以承受的挫败感。

我们设计了很多培养孩子耐心的游戏活动，如"布条编制耐心墙""纸杯垒高""多米诺骨牌""刺绣"等，通过各种游戏活动逐步培养孩子的耐性，使他们能够静下心来学会等待，能够适当地克制自我的情绪，避免在"困难"的情景中，因得不到及时满足而产生消极情绪，从而拥有健康的心理。

第四空间：设"悄悄话屋"，为孩子提供可开展私密交流的游戏空间

幼儿来到幼儿园，接触到更大的社会，更多的人，他们会产生追求独立的愿望。"悄悄话屋"就是我们利用幼儿园的角落空间，自行设计制作的小屋，并挂上一些色彩柔和的纱，地上用10多厘米厚的软包垫着，还投放了软化的动物靠垫，使"悄悄话屋"温馨、隐秘、柔软、漂亮，为孩子提供真正属于他们的、可以自由表述和游戏的地方。

这里是孩子们的自由天地，教师不会去打搅他们、干预他们，只在暗中观察、倾听，对听到看到的进行剖析，分析孩子最真实的一面。

第五空间：设"握手桥"，为幼儿提供接纳他人、拓展交往的游戏空间

为了培养孩子们良好的个性品质，使他们有宽广的胸襟，学会包容别人、接纳别人，交更多的朋友，我们设计了"握手桥"。

"握手桥"贴在地上，桥的最中间是握手的图片，桥的两端是相对的脚印。两个小朋友相对站在桥的两端，轮流说一句对方的优点或缺点，增进沟通，然后往前走一步，重复这样的步骤，一直到握手，相互接纳。适合在大班操作。

第六空间：设"柔软区"，为孩子提供充满安全感、温馨的游戏空间

柔和、舒软的材料给人以亲和、温暖、安全的感觉。幼儿喜欢亲近它们，特别是年龄小的幼儿，刚入园时会感到害怕、焦虑，总是喜欢抱着枕头、小毛巾或躲在床的一角寻求安慰，得到安全感。我们根据观察到的现象，在幼儿园的环境中投放一些柔性的材料，如柔软透明的薄纱、海绵的地垫、各种靠垫、松

软的棉布玩具、可操作软包、有弹性的塑胶地板等，使幼儿的心理需求得到满足。

第七空间：创设"LOVE"墙、招呼墙，为幼儿提供亲密互动的游戏空间

我们在幼儿园的进出大厅，创设了一个代表幼儿园办园理念的"LOVE"墙，上面张贴了全园孩子的照片，孩子们每天到幼儿园就会看到自己的笑容，有些孩子还向别人介绍自己在哪里，这让孩子们感到自己是幼儿园的一员，幼儿园有家的感觉。我们还经常创设与幼儿等大的招呼墙，孩子们在那儿比划着，试着扮演生动的角色。（朱瑶：浙江省浙江师范大学杭州幼儿师范学院附属幼儿园园长）

『 案例评析 』

幼儿园是孩子的第二个家，幼儿园的环境会直接影响幼儿的生活质量和教育价值，也可以陶冶幼儿的情操，启迪幼儿的智慧。因此，我们创设了游戏化的情绪情感环境，按照孩子的年龄特点、对周围探究的方式、与人交往的手法、现阶段情绪情感能力的水平等因素来思考。过去这方面的教育总是以说教为主，孩子是否真正理解则很难说。现在我们认真分析了孩子的直观、具体、形象的思维特点，以及幼儿间的个别差异等问题，通过让孩子在"七大空间"中游戏化地操作，来推动孩子的发展。一是为孩子们提供了情绪表露、独立私密的地方；二是培养孩子关心别人、包容别人的能力，促进孩子良好人际关系的发展；三是提高孩子解决同伴间的争执和自我评价的能力；四是教师能真正进入孩子的情感世界，及时了解孩子的情绪变化；五是给孩子亲切、温暖贴心的空间，让其在园有安全感，有家的感觉，保持积极的情绪状态。这样的情绪情感环境有利于教师全面关注孩子的内心，提高孩子调控自己情绪情感的能力，使孩子在幼儿园能和谐快乐地成长！（朱瑶：浙江省浙江师范大学杭州幼儿师范学院附属幼儿园园长）

（二）专业知识与方法

14　　　具备一定的自然科学、人文社会科学知识，具有良好的品德和艺术修养。

『政策视线』

《幼儿园教育指导纲要（试行）》："教师的态度和管理方式应有助于形成安全、温馨的心理环境；言行举止应成为幼儿学习的良好榜样。"

《中华人民共和国未成年人保护法》："各级人民政府和有关部门应当采取多种形式，培养和训练幼儿园、托儿所的保教人员，提高其职业道德素质和业务能力。"

《中小学和幼儿园教师资格考试标准》："有爱心、耐心、责任心。""了解自然和人文社会科学的一般知识，熟悉常见的幼儿科普读物和文学作品，具有较好的文化修养。具有较好的艺术修养和审美能力。具有较好的人际交往与沟通能力。具有一定的阅读理解能力、语言与文字表达能力、信息获得与处理能力。"

《教师教育课程标准》："了解幼儿园教师的职业特点和专业要求，自觉提高自身的科学与人文素养，形成终身学习的意愿。"

《幼儿园工作规程（修订稿）》："幼儿园工作人员应当贯彻国家教育方针，具有良好品德，热爱教育事业，尊重和爱护幼儿，努力学习专业知识和技能，提高文化和专业素养，为人师表，忠于职责，身心健康。"

幼儿园微信平台的建立

微信的使用悄无声息地改变了我们日常生活的诸多习惯：人们越来越乐意通过微信进行联络，通过微信来了解周围世界；人们爱用微信晒生活、晒工作……微信的功能是强大的，利用微信平台展现幼儿园的各项活动，彰显幼儿园的特色，实现公众化的传播将是大趋势。

但是微信平台作为开放式的公众平台，它的使用亦考验着幼儿园各方面的人文素养和人文精神，要让微信富有内涵地传递幼儿园的文化精神，离不开精心的设计和编排，离不开严格的审核。这些无一不给幼儿园行政管理带来新的挑战，用得好，可以让社会更多地了解幼儿园、了解学前教育，反之，稍有不慎，可能一秒钟的时间就会产生诸多不良影响。这就需要我们在使用新事物的过程中掌握新事物的基本特征和使用方法。

一、精心设计微信条目

微信的多图文功能方便我们展现更多的活动内容，但是在同一个主题下如何呈现更多的内容，就需要我们根据题材精心设计主题的每一个条目，以使单个主题活动更加丰满立体，让家长和社会群体多角度地感受活动的丰富有趣。

我园每年举办传统活动"大班下农村实践活动"，家长最为关注的是孩子离开家庭后的两天一夜的生活，考虑到微信单页内容呈现不能说明问题，且不断拖拉页面阅读也会让人厌烦，因此我们将微信的主题封面设计为"我们出差啦——大班小朋友下农村纪实"，并依据下农村活动的安排设计了"和行知幼儿园小伙伴交朋友""快乐的篝火晚会"等七个子条目，使下农村活动的每项内容都得以展现出来。不仅如此，我们还将最后一个条目设计为"出差活动中的老师们"，向家长向社会展现鼓楼幼儿园的教师精神，向社会传递幼儿教师的正能量和陈鹤琴先生"活教育"的课程论："大自然，大社会都是活教材"。

二、精心选择微信内容

幼儿园的活动众多，如果每天或每两三天发送一些相似的内容，时间久了就会让人产生视觉疲劳，提不起阅读的兴趣。因此幼儿园微信平台发布的内容应具有代表性或具有典型意义。鼓楼幼儿园微信平台受众很多，不仅有家长、幼教同行，还有更多关注幼教的社会人士。因此，我们在设计每一期内容时都需经过仔细斟酌，确保向公众发布内容的科学性、有效性和可读性。

例如通过微信发布的幼儿园组织的"践行社会主义核心价值观"的活动，这本是一个严肃的活动，但是结合幼儿园特点以及我园的历史文化背景，教师们设计的活动形式丰富多样：情景剧、演讲、三句半，还有教育故事的讲述，不拘一格的演出将活动一次次推向高潮。那么如何让阅读微信的人们感受活动的趣味性和鼓幼教师爱岗敬业的精神呢？我们在子条目中不仅设计了对现场活动照片的解读，而且增加了幕后花絮，让阅读者感受到鼓幼教师们在"践行社会主义核心价值观"活动中所表现出的活泼向上的精神。

此外，我们还需要注意微信内容间的逻辑性和关联性，使内容不那么单薄无力，如对某一个知识点进行解读时，如何寻找可以支撑的相关文章，然后以相关内容相辅相衬，使知识点得以扩展，也使阅读者更有收获。

我园曾发布微信"一日活动中的课程设置"，这期微信内容采编于江苏人民教育家培养对象、江苏省特级教师、鼓楼幼儿园崔利玲园长的文章。近几年，众多幼儿园研究的热点都是围绕"课程游戏化"，同时随着社会上出现的一些对拔苗助长现象的抨击，更多的人开始关注孩子在幼儿园里到底学什么、做什么。由此，我们在微信的子条目中设计了"鼓楼幼儿园区域游戏研讨活动纪实""江苏省课程游戏化项目的启动"和"小手拉小手——我们春游去！"，以四组具有内在关联性的内容向社会呈现了鼓楼幼儿园在单元课程改革中所作出的努力与尝试，用以说明陈鹤琴先生"活教育"思想的方法论："做中教，做中学，做中求进步。"

三、精心编排微信页面

微信发布不可缺的还有对与文字相匹配的图片及其边框的设计。要使页面更具可读性，微信编辑还需要具有一定的审美能力和采编能力。首先需要根据文字内容选择合适的照片，照片素材都依赖于日常的积累，照片应用得好，能使文章更加生动，也能帮助阅读者理解某一段文字所要表达的情境或含义。

照片的修饰可以是对单张照片的修饰，也可以是对拼图后的照片的修饰。对于照片边框的修饰，宜选择简洁明快的边框突出照片本身，过于花哨的边框反而会画蛇添足。还需要注意的是，在同一个条目下的照片边框应一致，从而使微信页面协调美观。

四、微信发布前的审核

由于微信受众广、传播速度快，因此发布前我们要做好审核工作，避免出现差错。首先需要关注多图文消息间的关联性，作为封面的内容要具有代表性。其次要仔细阅读文字是否通畅，有无错字漏句，有无概念性的错误或者违背教育理念的观点等。再次需要看照片的适宜性，照片中人物的服装、姿态和动态是否符合审美，是否能说明文字内容等。

我们在发布前会让行政组每个人通读几遍，发现里面的问题后及时修正，确认无误后才会向公众发布。

五、微信功能的进一步拓展

微信强大的后台功能还有待于我们进一步开发使用，这些都对管理者提出了新挑战，管理者不仅要了解新技术，更要能将新技术为我所用。如各种菜单设计、投票功能、查阅功能等等，都有待于我们逐步掌握微信、了解微信后进行有目的的拓展。（何凯黎：江苏省南京市鼓楼幼儿园副园长）

『案例评析』

"一个好校长（园长），就是一所好学校（幼儿园）。"这句话不仅向园长提出了专业素养的内在要求，还提出了外在要求，如：园长的语言表达能力、文字写作能力、规划设计能力、组织管理能力等。新时期的园长不仅要以才识、德行服人，还要以教育实践的成效服人，园长应是旗帜、榜样、楷模、标兵。要成为一名优秀的管理者，要想赢得同行的认可和老师、家长的尊重，园长就要善于学习、勤于实践、勇于创新，不仅要有扎实的理论功底，还要有读懂利益相关者需求的本领，更要随着时代的需要不断调整管理策略，促进自身的专业成长。园长的博学与儒雅，会直接影响园所文化的表达。就像幼儿园的建筑外立面一样，人们看惯了五颜六色、五彩斑斓的建筑，如果哪一园所的建筑是古朴自然的，就会立刻吸引人们的眼球，人们一定会深究：这所幼儿园的园长是谁？她（他）一定是有品位的人。本案例亦是如此。幼儿园是一方小天地，也是一个小社会，面对来自不同行业、不同年龄、不同工作环境的家长，要想让他们与幼儿园有一致的教育愿景，园长就要了解小社会里的人，了解他们工作、生活的基本状态。幼儿园的大事每天有，可以发布的信息非常多，选择什么，如何表达，基于什么思想表达，这既考验着执笔者的智慧，更考验着审核者——园长的职业素养。本案例中采用微信平台发布资讯以及传递文化精神的方式，无疑是与时俱进的实践策略。园长修改微信文章的过程，就是传递管理智慧的过程，也是传递管理魅力的过程，更是文化传承的过程。文章所具有的可读性、趣味性、科学性、思想性、创新性……会让教师更加钦佩、信服。（崔利玲：江苏省南京市鼓楼幼儿园园长）

15　　　了解幼儿园文化建设的基本理论，掌握促进优秀文化融入幼儿园教育的方法和途径。

『 政策视线 』

《幼儿园教育指导纲要（试行）》："幼儿社会态度和社会情感的培养尤应渗透在多种活动和一日生活的各个环节之中，要创设一个能使幼儿感受到接纳、关爱和支持的良好环境，避免单一呆板的言语说教。"

《国家中长期教育改革和发展规划纲要（2010—2020年）》："把德育渗透于教育教学的各个环节，贯穿于学校教育、家庭教育和社会教育的各个方面。""创新德育形式，丰富德育内容，不断提高德育工作的吸引力和感染力，增强德育工作的针对性和实效性。"

《教师教育课程标准》："了解幼儿情感、社会性发展的特点，熟悉幼儿品德和行为习惯形成的过程和规律。"

《幼儿园工作规程（修订稿）》："幼儿园的品德教育当以情感教育和培养良好行为习惯为主，注重潜移默化的影响，并贯穿于幼儿生活以及各项活动之中。"

『 典型案例 』

以文化力推进幼儿园的可持续发展

徐州公园巷幼儿园建于1954年，经历了60多年的风雨，如今反思我们幼儿园的发展，尤其是近15年集团化发展的历程，我们可以看到文化成为幼儿园稳步、健康、优质、可持续发展的不竭动力。实现集团化发展，在放大优质教育资源的同时，如何保证质量并不断提升，是我们必须考虑的问题。为此，我们进行了相关的研究，期望以文化力推进幼儿园科学、快速、全面发展。

一、定位文化内涵，建立形象识别系统

我们幼儿园的文化积累，自建园之初就开始了。但我们是在2003年准备迎接幼儿园建园50周年时，开始思考定位幼儿园的文化。我们从观念、视觉、行为三个方面分析了公园巷幼儿园的文化体系。

观念识别

1. 核心价值观：爱心无限、品质精湛。幼儿园的工作对象决定了我们的核心价值观——爱心无限。让爱有声有色，让爱有行有心，就要有良心、善心、仁者心，细心、耐心、责任心，恒心、信心、事业心，再加上爱心构成"十"心实意，从而保障工作中实事求是、求真务实。

幼儿园的工作性质决定了我们的核心价值观——品质精湛。精湛的环境创设，让每一面墙壁、每一个角落、每一件器物都成为实施潜移默化的教育的助手；精湛的教学技巧，让每一个眼神、每一句话、每一个动作都能准确无误地传达教育的真谛；精湛的课程设置，让每一个活动、每一项知识技能的学习都能使孩子们受益终生。

2. 发展战略：把课程、人才、关系用文化融合成整体，全力打造精致品牌。幼儿园多年来高举科研治园的大旗，通过大量的科学研究，定位了具有幼儿园园本特色的课程，形成独特的教育观念——生活即学习，学习即游戏，会玩才能赢，管理亦课程。

在全员总动员的行动研究过程中，成长起一批骨干管理和教师保育员队伍。人才就是生产力，具有优质品质的人才队伍，才保障了幼儿园的可持续发展。从系统论的观念可以看到，关系是幼儿园发展的重要因素，只有内外部、上下级关系和谐，才有温馨的教育氛围，才有风清气正的发展空间，才有政策舆论的支持……只有合理调度，立体整合空间、时间、人员资源，才能实现教育力量总动员，有效保证幼儿健康全面和谐地发展，才能铸造出幼儿园的精致品牌。

3. 文化精髓：座右铭、文化十条。从幼儿园发展的经验和引导的方向定位，我们明确了幼儿园的座右铭是精益求精，即人人精心、事事精彩、标准精通、要求精确、过程精细、结果精美。也即一条信念：发展是硬道理，实干是真功夫。两句誓言：安全第一，保教并立；爱心无限，品质至极。三大园风：一是敬业，勤学多思专注，要做就做最好；二是爱生，精心呵护教育，大胆放手锻炼；三是团结，关系温馨平和，互相补台添彩。四项幼儿发展目标：强健的体魄、广泛的兴趣、良好的习惯、活泼的性格。五组管理理念：对职工，无劣评定、赏识激励；对人才，各有所长、优势互补；对风气，以点带面、群体互动；对幼儿，保教并重、全面发展；对家长，朋友相待、共同成长。六化幼儿园发展目标：办园规模化、管理科学化、教育特色化、保育精细化、人员专业化、设备现代化。七点教育思想：立体性、拓展性、适宜性、普及性、趣味性、创造性、鼓励性。八字教职工形象：活泼、热情、端庄、优美。九种特色课程：游泳、自主器械运动、国学诵读、魔尺造型、社会角色体验游戏、E 学习、合宿、家长走进课堂、家园周末游。十分快乐：幼儿给予的快乐、家长信任的快乐、同事相处的快乐、社会尊重的快乐、名园一员的快乐、学习知识的快乐、琢磨切磋的快乐、育人成果的快乐、自己成长的快乐、丰富活动的快乐。

视觉识别

根据幼儿园的文化理念，我们设计制作了一套幼儿园视觉识别手册，即《公园巷幼儿园 VI 手册》。册子中明确了幼儿园的 Logo、园徽、园歌、吉祥物，确定了幼儿园的文化外墙——五彩斑斓无规则彩绘，并赋予五种色彩教育的期许，期待着员工、孩子们能具有红色的活泼，黄色的自信，蓝色的睿智，绿色的健康，橙色的博爱。

行为识别

由文化理念的引领，幼儿园的活动显现出独特的色彩，形成了具有公园巷幼儿园鲜明烙印的特色。

1. 员工活动。

品书传香：建立网络图书名单、图书漂流、传阅读书心得；跨年狂欢：文艺汇演、cosplay、会餐、抽奖；园庆活动：爱的故事汇、环湖、登山、骑车、文化答辩、演讲；刊物：年刊读书心得《琢磨》、季刊纪实《工作简报》、学期刊《雏报》（家长）、学年学术刊《切磋》；十大奖杯：爱心大使、师德模范、节能先锋、红管家、信息达人、文字状元、阅读大师、全能冠军、服务标兵、优秀团队。

2. 幼儿活动。

我的蛋宝宝，元旦音乐会，集体生日 party，毕业典礼，六一游园，合宿活动，家园周末游，迷你游戏世界……

二、应用文化力引导发展

感召力——引领作用

幼儿园的视觉识别系统被设计转化在幼儿园的环境之中；幼儿园的文化精髓通过不断地宣讲学习，印刻在员工的心间；不断重复的行为识别活动，让幼儿园的文化深入人心——不仅在形象上保持一致，在观念和行为上，也逐步做到了步调一致。在工作中，能坚持琢磨切磋的工作习惯，工作的质量尽力做到精益求精，面对孩子始终要求自己爱心无限。

感召力、凝聚力、战斗力——团结作用

感召力是引领员工们往一个方向奔跑的动力，凝聚力是心往一处想、劲往一处使，是才华和勤奋凝结在一起的力量。战斗力是这两种力量集聚产生的"核爆炸"，能量空前强大，所向披靡，无往不胜。

影响力——辐射作用

幼儿园通过管理结构成网，管理目标成环，管理要求成文，管理过程成圆，管理效果成风的推进，保证了近15年的高速优质发展。幼儿园的成绩有目共睹，幼儿园的软实力不断增强，有了不可替代和超越的核心竞争力。科研成果转化的园本课程，根深叶茂，具有独特的魅力，保证了幼儿和谐全面健康成长。幼儿园的吉祥物心儿和园徽，也深入人心，广为流传，成为幼儿园的形象代言，传递着核心价值观——爱心无限。（李艺然：江苏省徐州市公园巷幼儿园园长）

『 案例评析 』

幼儿园的文化是在长期的办学实践中，所有成员形成并遵守的共同的价值体系、行为规范等。园所文化体现着管理者的办学思想，影响着全体教职工的思维方式、行为习惯、审美情趣与价值取向，有助于幼儿园在实现内涵发展的同时，凸显园所的特色。本案例介绍了徐州公园巷幼儿园正在架构的文化体系，和在此文化理念下的文化标识与特色活动，展示了该幼儿园与众不同的文化风景。特别是"文化十条"，从在中国传统的优秀文化中寻根，在幼儿园实践工作中找个性，让务实的制度与务虚的文化结合，体现出"随风潜入夜、润物细无声"的文化关怀，以及对幼儿教育本质的追寻，实现了以师生发展为根本，以开放、民主、和谐、进取为精神内核的园所文化。（崔利玲：江苏省南京市鼓楼幼儿园园长）

16

掌握幼儿身心发展特点，理解和欣赏幼儿的特有表达方式。

『 政策视线 』

《幼儿园教育指导纲要（试行）》："尊重幼儿在发展水平、能力、经验、学习方式等方面的个体差异，因人施教，努力使每一个幼儿都能获得满足和成功。""关注幼儿的特殊需要，包括各种发展潜能和不同发展障碍，与家庭密切配合，共同促进幼儿健康成长。"

《国务院关于当前发展学前教育的若干意见》："遵循幼儿身心发展规律，面向全体幼儿，关注个体差异，坚持以游戏为基本活动，保教结合，寓教于乐，促进幼儿健康成长。"

《中小学和幼儿园教师资格考试标准》："了解婴幼儿生理与心理发展的基本规律，熟悉幼儿身体发育、动作发展和认知、情绪情感、个性、社会性发展的特点。了解幼儿发展中的个体差异及其形成原因，能运用相关知识分析教育中的有关问题。了解研究幼儿的基本方法，并能据此初步了解幼儿的发展状况和教育需求。了解幼儿发展中易出现的问题或障碍。"

《3—6岁儿童学习与发展指南》："幼儿对事物的感受和理解不同于成人，他们表达自己认识和情感的方式也有别于成人。幼儿独特的笔触、动作和语言往往蕴含着丰富的想象和情感，成人应对幼儿的艺术表现给予充分的理解和尊重，不能用自己的审美标准去评判幼儿，更不能为追求结果的'完美'而对幼儿进行千篇一律的训练，以免扼杀其想象与创造的萌芽。"

《幼儿园工作规程（修订稿）》："遵循幼儿身心发展规律，符合幼儿年龄特点，注重个体差异，因人施教，引导幼儿个性健康发展。"

挪威《幼儿园架构计划》指出，儿童具有自己的文化，儿童时期是一个具有独特价值的重要阶段；儿童不仅是"正在成长的成人"，也是有能力的学习者；游戏是学前教育课程的中心，因为它能促进幼儿各方面的发展。

1989年联合国大会通过的《儿童权利公约》可概括为四项原则：儿童的最大利益原则；尊重儿童意见原则；确保儿童的生命权、生存权和发展权的完整原则；无歧视原则。

『典型案例』

区域游戏中如何培养幼儿的数学思维

一、"给小猫家设计瓷砖"游戏

幼儿们在进行"给小猫家设计瓷砖"的游戏，我要求颜色花纹要有规律地排列。在幼儿设计装饰瓷砖时，我进行了观察，发现有的幼儿设计的是 AB 模式，是横着涂色的，且始终保持这个规律，有的则到第二行时换成了 BA 模式；有的幼儿设计的是 AABB 或 ABC 或 ABCD 模式，他们在第一行是横着涂的，到后面就开始竖着涂色了，但看上去规律还是保持不变。一个叫菁菁的女孩在第一行涂了八种不同的颜色，第二行也照上面的顺序涂了八种不同的颜色，但是到了第三行，她涂的颜色与第一行、第二行不同了，她换了一种又一种颜色，我轻轻提醒她："你为什么涂得跟上面两排不一样了？这样看上去好像乱了，没有规律了。"菁菁说："我是倒过来涂的，上面最后一种也就是第八种颜色到下面变成第一种颜色，上面第七种颜色到下面变成第二种……"我仔细一看，还真是这样，八种颜色顺序正好全都倒了过来，一点也不差。

通过反思，我发现，孩子在模式排序方面的思维发展水平是有差异的，始终按 AB 模式排的幼儿，已具备了初步的模式规律排列的能力；有的到第二行变换成 BA 模式，说明他们具有了一定的逆向思维；还有的在第一行设计好模式后，下面直接大块面地竖着涂了，可以看出这些幼儿找到了捷径，发现了既保持规律又能更快地涂色的方法；而那个能将八种不同颜色的顺序倒过来的幼儿，她的逆向思维和序数概念发展得非常好。在这个游戏中，因为老师能仔细观察并及时追问，所以能够客观地了解到这孩子的数学思维发展水平。

二、接龙游戏的变形

东东按照数物接龙卡（长方形的卡片，每张卡片上有两种不同的图案）上的图案把接龙排得长长的。鹏鹏说："东东，你排过去点，都排到我的位子了。""可是不排过去，我就是短短的呀。"鹏鹏理直气壮地说："谁说的？你转个弯不就好了吗？"说着就从东东的盒子里找到对应的卡片排给他看。东东按照鹏鹏告诉他的方法继续有规律地排着接龙卡，而这次明显地发现接龙卡不再一股脑地往一个方向冲了，有的是圆形的；有的以螺旋的形式排列着；有的犹如一棵树有坚固的树干和整齐的树枝；有的就像太阳，以一点为中心，其他的卡片向四周发散开来。每当排出不同形状时，东东总会推一下旁边的鹏鹏向他展示自己的成功，而鹏鹏有时也会加入到东东的接龙游戏里，两个人玩得不亦乐乎。

区域活动的特点是以幼儿自主活动为主，在活动中我发现两个孩子对接龙的游戏规则掌握得还是较好的，东东与鹏鹏的冲突主要是在桌面的使用面积上，东东主要以单一的直线接龙为主，缺少一定的发散性接龙方式，相反，鹏鹏的思维较为活跃，能将接龙的规则换方位思考，在遵守规则的同时将直线式的接龙转换成了多方位的接龙。也正是鹏鹏这一引导式的一步使东东得到了启发，使其接龙游戏的玩法变得丰富，摆脱了原先单一的直线排列方式，从而和平地解决了"面积冲突"的问题。在整个游戏过程中，我从始至终都没有出面干涉，没有帮助幼儿解决问题，也没有提出建议，只是在旁观察幼儿的不同表现，以欣赏和支持的态度倾听他们的对话，提供给他们解决问题和互动的机会。

三、"这是我自己设计的规律"

在大班数学活动"找规律"中，当幼儿已经认识了各种模式的排列规律，包括递增或递减的规律后，我让幼儿自己设计有规律的图案，但我的要求是要设计摆放有递增或递减规律的图案。在操作的巡视中，我发现有的幼儿不仅摆出了两种图形的数量都递增的图案，还摆出了两种图形数量都递减的彩带图案，还有的幼儿摆出的是一种图形的数量不变，另一种图形的数量在递增或递减，但是还有个别幼儿没有按照递增或递减规律的要求来摆，于是我问一个孩子："你是按什么规律来摆的？你怎么不按递增或递减规律的要求来摆？"这个孩子回答说："我不想摆递增或递减规律的，这是我自己设计的规律，是 ABCCD 的。"我仔细一检查，还真的是这样的，于是我也肯定了他的设计。

自己设计有规律的图案这个操作活动，反映出幼儿之间的数学思维能力是有较明显的差异的。他们不仅摆出了两种图形的数量都递增的图案，还摆出了两种图形都递减的彩带图案，有的幼儿还摆出了一种图形的数量不变，另一种图形的数量递增或递减的图案，他们的数学序列的思维能力发展得比较好，推理分析能力也很好。而对于一些没有按递增或递减规律的要求来摆的幼儿，我反思，可能这个要求对于还只是大班的一些孩子来说确实是有点高了，也可能他们有自己的主见，不愿意按指定的要求来操作，作为老师，我不应当犯教条主义的错误，应当充分地尊重幼儿。只要这些孩子设计摆放的图案是有规律的，老师就应该欣赏并鼓励他们，更何况这些孩子中有的还摆出了五个一组的较复杂的形状。（王莉：江苏省金坛市实验幼儿园文萃分园园长）

『 案例评析 』

作为园长，我们要努力营造宽松和谐的育人文化，具备幼儿心理学和儿童发展学方面的专业知识与方法，掌握幼儿身心发展的特点，理解和欣赏幼儿的特有表达方式，对幼儿发展有合理期望。案例中的园长和老师都能做到以下几点：

1. 充分尊重幼儿在身心发展水平、能力、经验、学习方式等方面的个体差异，对不同个性和能力的幼儿设定合理的发展期望，理解每个幼儿不同的表达方式，以欣赏的态度支持幼儿，因人施教。

2. 以幼儿发展为本，充分体现以幼儿为主体，从不包办代替，而是充分地引导幼儿尝试、操作、体验、探索、互动、交流，在耐心观察和倾听的基础上适时地进行一些介入和指导。

3. 尊重幼儿的想法、想象和创作，肯定每个幼儿的作品和表现，努力使每一个幼儿都获得满足和成功。（王莉：江苏省金坛市实验幼儿园文苇分园园长）

（三）专业能力与行为

17 营造体现办园理念的自然环境和人文环境，形成积极向上、宽容友善、充满爱心、健康活泼的园风园貌。

『 政策视线 』

《幼儿园管理条例》："幼儿园应当贯彻保育与教育相结合的原则，创设与幼儿的教育和发展相适应的和谐环境，引导幼儿个性的健康发展。"

《幼儿园教育指导纲要（试行）》："幼儿园应为幼儿提供健康、丰富的生活和活动环境，满足他们多方面发展的需要，使他们在快乐的童年生活中获得有益于身心发展的经验。""环境是重要的教育资源，应通过环境的创设和利用，有效地促进幼儿的发展。"

《关于幼儿教育改革与发展的指导意见》："要尊重儿童的人格尊严和基本权利，为儿童提供安全、健康、丰富的生活和活动环境，满足儿童多方面发展的需要。"

《国务院关于当前发展学前教育的若干意见》："加强对幼儿园玩教具、幼儿图书的配备与指导，为儿童创设丰富多彩的教育环境，防止和纠正幼儿园教育'小学化'倾向。"

《中小学和幼儿园教师资格考试标准》："熟悉幼儿环境创设的原则与基本方法。理解教师的态度、言行对幼儿园心理环境形成中的重要性，并能进行自我调控。"

《幼儿园教师专业标准（试行）》："建立班级秩序与规则，营造良好的班级氛围，让幼儿感受到安全、舒适。""创设有助于促进幼儿成长、学习、游戏的教育环境。"

《3—6 岁儿童学习与发展指南》："创设温馨的人际环境，让幼儿充分感受到亲情和关爱，形成积极稳定的情绪情感。"

《幼儿园工作规程（修订稿）》："幼儿园应营造尊重、接纳和关爱的氛围，建立良好的同伴和师生关系。"

日本文部省颁布的《幼儿园教育要领》指出："根据幼儿期的特点，幼儿园教育以通过环境进行教育作为幼儿教育的基本思想。为此，教师应和幼儿建立起充分的信赖关系，与幼儿共创良好的教育环境。"

芬兰《幼儿教育和保育国家课程指要》中提出，幼儿保教环境是整体的，它包含着生理、心理和社会因素。幼儿保教环境涉及基础设施的建造、附近的社区、与不同的情况相联系的心理和社会功能的设置、材料和设备。

『典型案例』

爱心无限

一、让爱有形

在幼儿园的文化建设中，我们特意设计了我们的园徽、吉祥物，还为它们编写了小诗。对园徽，我们这样来阐释："像宝宝依偎在母亲的怀抱，如园丁用臂膀护着幼苗，是老师轻唱童话的歌谣，回答宝宝千万个问号，你是装在我心尖的宝，期待着你如一轮初升的太阳越升越高……"再来看看我们的吉祥物，一个全身洋溢着七色光彩的可爱宝宝形象，象征着我们园每一个宝宝多彩的生活，象征着他们旖旎绚烂、充满阳光的未来。他的名字——心儿，就体现了我们的期待：把孩子们比作自己最重要的器官，期待员工时刻关爱呵护孩子们。同样，我们赋予它一首小诗："你是我们的期待，五彩缤纷的童年，阳光普照的未来，你就是我们的心尖儿，激发出我们无限的热爱，你的成长才是我们不懈追求的精彩。"

我们把有形的爱放在幼儿园的环境中——墙面上，地面上，教师的备课本上，孩子的成长记录本上。鲜明的形象表达了我们的追求，让所有公幼人清晰明了，这也时刻提醒我们，"爱心无限"是我们的誓言，是我们的工作指针，是我们对家长和社会的承诺，是公园巷幼儿园的核心价值观。

那些爱的行为，在幼儿园自动传播，老师们纷纷效仿：锻炼前为爱出汗的孩子后背披一块毛巾；孩子们午睡时为他们晾晒小鞋子；认真记录每个孩子每天喝水的次数和量，及时提醒孩子们上厕所；教学活动中关注每个孩子的状况，并因材施教；记录每个孩子的出勤情况；为每个幼儿做成长记录；等等。

二、让爱有色

爱是什么颜色？我们的回答：爱是五彩缤纷的，如阳光的七彩绚烂；爱的色彩就是阳光的色彩，她有着阳光的温暖；爱的色彩就是花的缤纷，花香扑鼻；爱的颜色就是教师的满面春风、热情洋溢，是教师的和颜悦色……

同时，我们把幼儿园吉祥物设计成一个七彩的宝宝，还在幼儿园的楼房上绘制五彩的图案，把我们对幼儿的爱和期许融入其中。我们期待着孩子们健康快乐地成长。

三、让爱有声

我们的爱是有声音的，是老师轻柔的话语；是每周一升旗活动时，面对孩子们庄重的进班誓言："我是一名光荣的幼儿教师，谨记：安全第一，保教并立，爱心无限，品质至极"；是和孩子们一起演唱园歌时，在序曲中与宝宝的对话……

我们的爱是掷地有声的，让爱的声音在幼儿园回荡，让爱的音频伴随幼儿健康成长。每学期有爱心瞬间的评选活动，有爱心沙龙，有爱心故事的征集和演讲，有爱心大使和师德模范的评选。每学年被评为爱心大使和师德模范的员工都要和大家分享爱的故事，他们不仅能获得奖品，还会赢得奖杯。精美的奖杯既是对他们爱的行为的奖励，也激发大家保持爱的行动。每一位教师的行为都与其年终评优挂钩，爱与不爱是有声音反馈的。

每天入离园的时间，在幼儿园的大厅里，老师轮流参与钢琴演奏，让美妙的音乐，让爱的声音回荡在幼儿园的每个角落，让爱的美好旋律在幼儿的心间萦绕，给他们健康的、美的心理环境。

四、让爱有心

我们将爱心无限诠释为"十"心实意，其寓意一是对待孩子们要实心实意，不是虚情假意，不做表面文章；二是对待工作实心实意，真抓实干、务实求真、实事求是，有幼儿园名副其实的荣誉；三是界定了爱心的内涵，鼓励教师努力做到"十"心。

第一，要有良心、善心、仁者心。如果一个教师心地是善良的，就能理解接纳幼儿的淘气，就能包容他们的错误，不会做出体罚和变相体罚孩子的不善之举。

第二，要有细心、耐心、责任心。这是由幼儿园工作性质所决定的。幼儿教师责任重大，他们需要细心观察、发现幼儿的成长需要，细心搜寻适合幼儿的成长方案。这也是幼儿教师的职业需要。我们明令要求，当老师很生气的时候，请深呼吸，手背后，不能与孩子有任何的身体接触；想想孩子平时的可爱，舒缓情绪。没有教育不好的孩子，只有不会教的老师，发火、讽刺挖苦幼儿、惩罚幼儿，只是情绪的无理宣泄，只能证明自己的无能。另外，从管理上给教师提供宽松的心理环境，帮助他们解除后顾之忧，尽量让老师轻松工作，保证他们有一个愉悦的心境。

第三，要有恒心、信心、事业心。孩子的成长，就像种子还在泥土之下，正在积蓄破土而出的能量，很多的时候，看不到变化。教师要对他们的成长有信心，坚持"浇水施肥"，坚持给予"阳光空气"，要耐得住寂寞，静静等待孩子的变化，不能拔苗助长，不能放弃。只有倾心于幼儿教育事业，才能把所有的精力放在工作上，自觉增长才干。有事业心会保持教师的活力热情，会让教师淡泊名利，更加注重孩子的成长。幼儿园把员工的职业成长看得很重，通过很多的渠道，给教师更多的成长空间。与此同时，幼儿园还非常看重那些坚守在一线的教师，将他们命名为基石教师。（李艺然：江苏省徐州市公园巷幼儿园园长）

😊『 案例评析 』

有文化品位的幼儿园，应该是能让每一个孩子获得成功、让每一位教师体验到职业尊严的幸福校园。幼儿园的孩子是一个个鲜活的生命，对孩子的生命负责，平等、和谐地接纳、包容每一个孩子，是教育必须坚守的底线。一所好幼儿园，可以通过有形的"展示"，将好思想、好行为固化在环境中，也可以通过无形的"意识"，将文化意识渗透在活动中。无形的"意识"，就是本案例中提及的"爱心无限"的理念转换，通过耳濡目染、潜移默化的转换过程，全体教职工形成一致认同、支持并自觉执行的行为方式。徐州市公园巷幼儿园形成了看似无形却有形的精神力量，这种力量汇聚成提升力、凝聚力、导向力，助推着幼儿园凝聚人心，形成积极向上、宽容友善、充满爱心、健康活泼的风气，实现了精神育人、文化育人、环境育人、活动育人。（崔利玲：江苏省南京市鼓楼幼儿园园长）

18

营造陶冶教师和幼儿情操的育人氛围，向教师推荐优秀的精神文化作品和幼儿经典读物，防范不良文化的负面影响。

『 政策视线 』

《幼儿园管理条例》："培养幼儿热爱祖国的情感以及良好的品德行为。"

《中华人民共和国教育法》："图书馆、博物馆、科技馆、文化馆、美术馆、体育馆（场）等社会公共文化体育设施，以及历史文化古迹和革命纪念馆（地），应当对教师、学生实行优待，为受教育者接受教育提供便利。"

《幼儿园教育指导纲要（试行）》："引导幼儿接触优秀的儿童文学作品，使之感受语言的丰富和优美，并通过多种活动帮助幼儿加深对作品的体验和理解。"

《中华人民共和国未成年人保护法》："国家鼓励新闻、出版、信息产业、广播、电影、电视、文艺等单位和作家、艺术家、科学家以及其他公民，创作或者提供有利于未成年人健康成长的作品。"

《国家中长期教育改革和发展规划纲要（2010—2020年）》："加强中华民族优秀文化传统教育和革命传统教育。"

《3—6岁儿童学习与发展指南》："为幼儿提供丰富、适宜的低幼读物，经常和幼儿一起看图书、讲故事，丰富其语言表达能力，培养阅读兴趣和良好的阅读习惯，进一步拓展学习经验。"

『 典型案例 』

做长大的儿童，营造良好园风

苏霍姆林斯基说，我一向认为，要进入儿童这个神秘宫的门，就必须在某种程度上变成一个孩子。他还说，只有那些始终不忘自己是孩子的人，才能成为真正的教师。著名儿童教育家、心理学家陈鹤琴，就是不忘自己是孩子、将自己变成孩子的教育家，他在90年前出版的两部巨著《儿童心理之研究》《家庭教育》，不仅为教师、家长奉献了专业的大餐，还给予我们"要研究儿童，首先要了解儿童"的嘱托。

陈鹤琴的好友邱椿在回忆录中说，郑宗海先生称陈鹤琴是"行年五十尚婴儿"。因为陈鹤琴"有仁爱的儿童般的性格，所以儿童爱他，他也爱儿童。"陈鹤琴为什么会写出中国第一部采用"婴儿传记"的方法研究并记载儿童早期心理发展历程的科学专著《儿童心理之研究》，为什么会写出被陶行知称为"儿童幸福源泉"的书——《家庭教育》？为什么提出"一切为儿童"？因为他有一颗童心。陈鹤琴在美国哥伦比亚大学读书期间，在唐人街组建了一支华侨童子军，他亲自担任队长。他带孩子们到新泽西冰天雪地的丛林中过集体生活，带孩子们去海边游泳、唱歌、做操、娱乐。在玩的过程中，孩子们每天记日记，老师指导孩子们如何去观察自然、应付环境，怎样求学，怎样做人。他是一个热血青年，在儿童群里，他就是大儿童，他以儿童的身份与儿童交流，并在其中融入有价值的教育。陈鹤琴一生都把自己当成大儿童。为了满足儿童爱玩的天性，在早期课程试验期间，陈鹤琴在鼓楼幼稚园内成立了玩具小工厂。他担任设计师，亲自设计各种有趣、多变、富有教育性的玩具，如动物转盘、活动影箱、竹子积木等，让孩子们在做中学习，在游戏中成长。他也是一位表演家，扮演圣诞老人，扮演白发公公，和孩子们一起欢笑。他还是一位作家，编写了大量的故事、歌词，与孩子们一起娱乐。每次回鼓幼，他一定会和孩子们一起表演《小兵丁》。至今，鼓楼幼儿园的孩子们依然把《小兵丁》的歌曲作为经典歌谣表演传唱。

> 我是一个小兵丁，小兵丁，小兵丁。
> 我是一个小兵丁，小兵丁是我。
> 这样做，那样做，这样做，那样做。
> 我是一个小兵丁，小兵丁是我。

陈鹤琴的童心，让他做儿童喜欢的事，做儿童能做的事，做让儿童快乐的事。

有人认为，优秀的教师是一个演说家，还是一个表演家，我觉得非常贴切。幼儿园的孩子天性活泼、好动，游戏是他们的最爱，是他们的生命。一个有激情的、善表演的、经常把大家带进游戏王国的老师，怎么会不让孩子喜欢呢？有些幼儿园老师带班的时候端着架子，说话趾高气扬，怎么会让孩子喜欢呢？

每个人都有童年的站点，当我们离开童年的时候，还能记起童年的需求吗？当我们长大成人面对幼童时，还能理解他们的行为吗？我们虽然天天面对儿童，但我们总以教育者的身份要求他们、检查他们，很少像陈鹤琴一样"蹲下身子看儿童"，做"老顽童"。于是，我们便缺少了儿童的心态，缺失了对儿童真正的了解。当《幼儿园教师专业标准》《3—6岁儿童学习与发展指南》等将儿童放在首位的一系列法规、政策出台之后，在解读的过程中，我们发现自己错了，我们把自己凌驾于儿童之上，我们错把自己当作监护者，把自己当成了拯救儿童的上帝。

做长大的儿童，就是做事会换位思考，尊重儿童的意见，坚持儿童的立场，与儿童同游戏、同欢乐、同悲伤。单元课程中很多活动是在儿童兴趣与意愿的基础上由儿童发起的，如因为即将离开的实习老师，发起写信的单元；因为一只逃跑的小兔子，发起寻找走失的小动物的单元；因为一场手足口病的隔离，发起管好小手不乱摸的单元……当儿童发出单元生成的声音后，老师要及时接招、反馈，并与儿童一起欢天喜地地准备，儿童才有被重视的、被尊重的满足感，参与活动才有激情。

做长大的儿童，归根结底就是有情感、有行动，以儿童的心态组织活动，以儿童的行为参与活动，"会抛球""会接球"，与儿童共成长。

"会抛球""会接球"是老师的基本功。但是，老师如果端着架子，就抛的多接的少，如果老师换位在儿童一边，坚持儿童的立场，一定会抛的少接的多。

端着架子的老师代表着坚持传统理念的教师，他们认为只有教师才能对儿童产生作用，教师的主导是决定性的。在这样观念的引导下，教师在教育活动中关注的只是活动本身，对儿童的反应不敏感，遇到一些突发事件，不能对症下药，只求表面的解决。长此以往，如果教师对该帮助儿童的地方总是忽略或不在意，儿童就会积累起消极情绪，师生就会产生情感隔阂。

坚持儿童立场的老师代表追求儿童主体的教师，但是，他们也会出现两种极端：一种是认为儿童主体就是放手让儿童随心所欲地干任何事，结果导致儿童行为、能力的无法控制；另一种是认为既然让儿童活动，就要对活动的结果负责，结果儿童无法自主，重新走向另一个循规蹈矩的极端。我们希望坚持儿童立场的教师，也能作为"长大的儿童"理解儿童，带着孩子玩，带着孩子乐，在与儿童的互动过程中，灵活转换自己的角色，时刻提醒自己让儿童成为活动的主体。"长大的儿童"善于像陈鹤琴一样创设机会让儿童体验感受，让儿童自我决定、自由选择、主动参与、充分交往、随心探索，让儿童热爱学习、学会学习、享受学习，让儿童抛出更多的球，自己接住更多的球。

做"长大的儿童"，需要我们蹲下来，从儿童的视野出发，站在儿童的立场。

如果从儿童的视野出发，幼儿园就是儿童的乐园。遗憾的是，我们常看到幼儿园的花坛砌得高高的。如果花坛的位置在我们的肩膀处，我们会对这个庞然大物产生观察的兴趣吗？如果我们从儿童的视野出发，游戏的橱柜就会随时向儿童开放。遗憾的是，有些幼儿园的橱柜俨然一座碉堡，柜门紧闭，孩子没有取放的自由。如果我们从儿童的视野出发，就会把大量的时间用于游戏玩耍。遗憾的是，我们将上课、教学视为主要的学习方式，所以经常占用游戏的时间，让孩子生气再生气。如果我们一天不降下身份，蹲下身子，如果……如果……如果……我们永远无法理解儿童的需要。（崔利玲：江苏省南京市鼓楼幼儿园园长）

『 案例评析 』

幼儿园文化是在管理者与师生互动对话、相互融合的过程中，呈现出有出处、有灵魂的文化主张与精神骨架的过程。营造园所文化的过程是复杂的，它需要师生的文化认同，还需要文化执行，更需要文化记忆。本案例以陈鹤琴的两本著作《儿童心理之研究》《家庭教育》为记忆线索，以陈先生"要研究儿童，首先要了解儿童"的嘱托不断唤醒教师，提出"每个人都有童年的站点，当我们离开童年的时候，还能记起童年的需求吗？当我们长大成人面对幼童时，还能理解他们的行为吗？"针对"我们虽然天天面对儿童，但我们总以教育者的身份要求他们、检查他们"的现象，期望大家像陈鹤琴一样"蹲下身子看儿童"，做"老顽童"。通过换位，让老师从儿童的视野出发，理解儿童的需求。这样的来自园所历史的文化记忆，给予老师的不仅是文化认同，更是文化执行与实践，对营造适合园所实际的良好园风，是非常贴切和有益的。（崔利玲：江苏省南京市鼓楼幼儿园园长）

19 根据幼儿身心发展特点和接受能力，将爱学习、爱劳动、爱祖国教育融入幼儿园一日生活和游戏活动之中。

『 政策视线 』

《幼儿园管理条例》："培养幼儿热爱祖国的情感以及良好的品德行为。"

《幼儿园教育指导纲要（试行）》："充分利用社会资源，引导幼儿实际感受祖国文化的丰富与优秀，感受家乡的变化和发展，激发幼儿爱家乡、爱祖国的情感。"

《国家中长期教育改革和发展规划纲要（2010—2020年）》："加强美育，培养学生良好的审美情趣和人文素养。加强劳动教育，培养学生热爱劳动、热爱劳动人民的情感。"

《幼儿园教师专业标准（试行）》："热爱学前教育事业，具有职业理想，践行社会主义核心价值体系，履行教师职业道德规范。""制定幼儿园教师专业发展规划，注重教师职业理想与职业道德教育，增强教师育人的责任感与使命感。"

《3—6岁儿童学习与发展指南》："重视幼儿的学习品质。幼儿在活动过程中表现出的积极态度和良好行为倾向是终身学习与发展所必需的宝贵品质。要充分尊重和保护幼儿的好奇心和学习兴趣，帮助幼儿逐步养成积极主动、认真专注、不怕困难、敢于探究和尝试、乐于想象和创造等良好学习品质。"

『 典型案例 』

做"尝试错误"学习情境的创设者

美国心理学家桑代克（陈鹤琴的老师）曾做过这样的实验：将一只饥饿的猫放在装有特殊开关的笼中，猫经过不断的尝试后触到了开关，逃离出笼。然后他提出了著名的"尝试错误学说"，主要观点是：学习是一种盲目的、渐进的尝试与改正错误的过程。随着练习，错误的反应逐渐减少，正确的反应得以产生，于是在刺激与反应之间形成了一种稳固的联结。我很欣赏"联结是通过不断尝试错误而建立的"这一观点。

我提倡的"尝试错误"，就是让儿童探究、探索，在失败中反省，在反省中调整，在调整中获得更多的策略，直至成功，以此产生更积极的主动探究的愿望。

陈鹤琴也有关于尝试错误的观点，但是他是持反对意见的。"小孩子固然要自己学的，但是必须要教师指导的；不然，尝试错误，不知要耗费多少光阴、多少精力呢？"他反对是因为鼓楼幼稚园仍处在早期的单元课程实验的自由散漫期，尝试错误只会造成无谓的浪费。

我认为，"尝试错误"不代表教师不指导，教师的支持性指导实际需要更多的前期策略，它可以支持儿童"尝试错误"的学习情境，让儿童在有意义的学习情境中逐步做出正确的学习行为。这是一种主动学习的行为，是儿童内部已有经验和外部矛盾博弈的结果，是渐进式的、积极的"学"的过程，其效果，远比间接的知识讲授好得多。如我们设计社会活动"搬玩具"，欲让孩子体验合作的力量。教师在游戏情境中设置了大小不一的玩具与各类工具、容器，提出的要求是"将玩具从大森林里一次性全部搬回"。为了设置伏笔，玩具是打散摆放的，口袋是折叠整齐的，可关联的材料是间隔呈现的，与陈鹤琴"一个班几十个儿童，他们的生活经验、个性、兴趣以及学习能力，大都不相同，做教师的一定要依照儿童的经验、个性、兴趣以及学习能力为他选择适合的学习材料，这样才能使教学活动收到相当的功效"的要求一致。因为没有经验，孩子们第一次操作尝试失败了。这时，教师并没有告诉孩子们应该怎么办，而是组织大家讨论。孩子们有的说，我们把玩具全部放在一块大地毯上，大家就能一起搬回来；有的说，我把衣服脱下来把玩具包在里面；有的说，我找小车去运；等等。接着我们又进行了第二次操作，这样反反复复，终于成功了。尝试错误让儿童学会了观察、等待、协作，培养了孩子的自信心、意志力，也让儿童思考与实践了各种策略。下文是雀威威老师提供的一个实例。

实例："真假头领"游戏中的"潜伏"

最近大班孩子很热衷于玩团队合作的游戏，我就在餐前活动中把游戏"真假头领"介绍给孩子们。孩子们很好奇，立即热烈讨论。这个游戏的玩法是：由一名幼儿当真头领，一名幼儿当假头领，一名幼儿当猜的人。真的头领隐藏自己的身份在小朋友当中做动作指挥，如他先拍手，其他的小朋友一起跟着拍，他换动作的时候大家要一起换，而假头领只是在前面迷惑猜的人，并跟着真的头领一起做动作，猜的人则要判断出谁是真的头领。

为了让孩子们明白这个游戏规则，我和其他的几位老师先分别扮演了这三个角色，让孩子明白游戏到底是怎么玩的：1.真头领混在小朋友当中，大家要和他做一样的动作。假头领坐在老师的椅子上，大家不能和假头领的动作一样。2.猜的人要事先藏起来，不可以事先看到或听到谁会当真头领，猜的人有三次猜的机会，猜不出来就输了。3.小朋友在向真头领学动作时，还要保护真的头领，不让其被发现。

游戏就要开始了，孩子们很高兴也很激动，"谁想猜呀？"一半的人举起了手，我请了健健到前面来，"你想躲在哪里呀？"他指了指认知区玩具柜的后面，我发现柜子的高度正好可以遮住蹲下的小朋友。"谁想当假头领呀？"话音刚落，孩子们刷地把手高高举起，"我，我想当！"为什么孩子们在角色选择的积极性上落差这么大呢，我决定问个究竟，"假头领是假的呀，你们为什么喜欢当呢？"

阳阳给了我一个出人意料的答案："因为可以坐在老师的椅子上。"

其他的小朋友们也随声说："是的，我们最喜欢坐在老师的椅子上了！"这一点是我平日里疏忽的，我平时怎么没有让孩子有空来坐坐老师的座位呢？在大人看起来不稀奇甚至很普通的一件东西或是一句话，对孩子却有不一样的意义，我暗自庆幸多问了一下孩子们的想法。

角色定好，游戏开始啦！斑斑坐在前面老师的位置上当假头领，而猜者健健瞪着两只大眼睛看谁是真的，他背着手从第一排看到中间一排，又看到最后一排，突然大声地说："鹏鹏！"扮演真头领的鹏鹏很不服气："你偷看！你刚才偷看！"健健辩解："我没有偷看！"鹏鹏说："你没有偷看怎么知道是我，我还没有换动作呢！"这下健健涨红了脸，一下子哑口无言了。我知道如果他偷看肯定会出现这样的情形，我顺着健健躲的方向问大家："你们看那个柜子，猜的小朋友就躲在那后面。你们觉得会看到大家吗？"孩子们立即展开了讨论："虽然那个柜子高，但是他如果想看，只要稍微抬高就可以看到了。""他用手遮着脸，会从缝里看的！""他违反了游戏规则，说了不能偷看的。"最后，大家采纳了东东的建议，"趴在假头领旁边的钢琴盖上，趴在那里就可以看不见的。"改变猜者的隐藏地点，既可以保证真头领的安全，也可以防止猜者事先偷看。

游戏又继续开始。玩了几次下来，孩子们发现，一般真头领被猜出来是因为大家目光都紧盯在真头领身上，跟着真头领变动作；或者真头领换动作的时候，其他的人还没有反应过来，容易被猜者发现。有的人就开始自己冒充头领做自己想做的动作来"迷惑"猜的人，结果猜的人真的上当了。

随着孩子们对游戏的熟悉，新的规则又出现了：玩得好的人才能决定下一次首领是谁，即猜得对的猜者或是让别人猜不到自己是真头领的人，有优先决定权。在游戏中，孩子们不断产生问题，思考问题，尝试解决问题，他们相互交流、讨论，共同制定规则，让自己在游戏中得到更多的快乐，这就是陈鹤琴提倡的"儿童教儿童"。这个游戏给我最大的启示是，要给儿童足够的自由，允许他们"犯错""纠错"，对于孩子们的问题老师不能急躁，不要直接帮助他们解决，而是要顺势引导，给他们想的空间、尝试的机会，让孩子利用自己的经验发现，把游戏推向深入。游戏"真假头领"其实是一个比较复杂的大型合作游戏，需要全班小朋友在游戏中高度投入、精诚合作、仔细观察、充分判断，实现单元课程的理念：让孩子"活"起来！我庆幸，我正努力着这样去做。

（崔利玲：江苏省南京市鼓楼幼儿园园长）

『 案例评析 』

深化教育改革，创新人才培养模式，在大力倡导科学幼儿教育的今天，这显得尤其重要。我们只有以儿童的发展为本，以儿童的个性发展、全面发展为教育目的，才能构建科学、理性、富有魅力的高品质教育。本案例以"活教育"为根基，以"尝试错误"为例，介绍了课程实施中从理念到行为的转变过程，其核心思想就是尊重儿童的年龄特点与学习方式。"尝试错误"不代表教师不指导，教师需要给予更多的前期策略，支持儿童在有意义的学习情境中逐步完成正确的学习行为。这是一种儿童主动学习的行为，是渐进式的、积极的"学"的过程。从游戏、活动，到儿童的尝试、体验、感受、学习，在学习"活教育"的过程中，管理者带领的研究团队不断变换课程的教育方式，让教学形式"活"起来，让教育过程"活"起来。这种"活"，打破了传统分科教学的"死"，柔化了环节过渡，从而将全面发展的要求分解到一日生活的全过程。（崔利玲：江苏省南京市鼓楼幼儿园园长）

20 凝聚幼儿园文化建设力量，鼓励幼儿积极参与，发挥教师的主导作用，鼓励社会（社区）和家庭参与幼儿园文化建设。

『 政策视线 』

《幼儿园教育指导纲要（试行）》："幼儿园应与家庭、社区密切合作，与小学相互衔接，综合利用各种教育资源，共同为幼儿的发展创造良好的条件。幼儿园应为幼儿提供健康、丰富的生活和活动环境，满足他们多方面发展的需要，使他们在快乐的童年生活中获得有益于身心发展的经验。"

《国家中长期教育改革和发展规划纲要（2010—2020年）》："充分调动全社会关心支持教育的积极性，共同担负起培育下一代的责任，为青少年健康成长创造良好环境。"

《国务院关于当前发展学前教育的若干意见》："要把幼儿园教育和家庭教育紧密结合，共同为幼儿的健康成长创造良好环境。"

《教师教育课程标准》："了解与家庭、社区沟通的重要性，学会利用和开发周围的资源，创设有利于幼儿发展的环境。"

《教育部关于建立中小学幼儿园家长委员会的指导意见》："建立家长委员会，对于发挥家长作用，促进家校合作，优化育人环境，建设现代学校制度，具有重要意义。"

『 典型案例 』

家园合作，寻找幼儿园历史文化之魂

近30年来，我们在原有的基础上深度开展幼儿园文化建设，无论是在课程发展上，还是在找寻幼儿园历史文化图谱方面，我们力图以不同的方式来展现陈鹤琴先生的教育理念，也力图让更多的家庭参与到幼儿园文化建设中来。

一、鼓励家长读陈鹤琴著作，了解幼儿园教育理念

家庭是幼儿园工作中不可或缺的教育资源和教育力量。正如陈鹤琴先生所说："儿童教育是幼稚园和家庭共同的责任。"我们一贯重视家园合作，争取家长对幼儿园各项工作的理解支持，帮助家长建立科学育儿观是我们的重要工作之一。幼儿园的家长中很多人对幼儿园的历史并不了解，对幼儿园的单元课程亦很茫然，因此引导家长了解幼儿园的历史和发展历程十分必要，这些都是日后幼儿园开展各项活动的重要保障。凝聚幼儿园文化建设的力量，以幼儿园丰厚的历史文化背景调动家长参与的积极性，是我们一直在努力并尝试的。

2012年是陈鹤琴先生诞辰120周年，我们早在前一年就开始策划系列纪念活动，其中的一个活动是家长读陈鹤琴的书籍，鼓励家长阅读陈鹤琴先生的著作《儿童心理之研究》《家庭教育》等，并请家长们撰写读后感。众多的家长积极参与读书活动，陈鹤琴先生的教育理念给家长们带来了极大的冲击，他们纷纷将自己撰写的读后感发布在幼儿园论坛上。每天我们都可以阅读到不同班级家长发布的读后感，有的是对书的理解，有的是反思自己的教育行为，还有的是利用诗作

的方式表达对陈鹤琴先生、对鼓楼幼儿园的崇敬之情。刘诗涵爸爸写的《凝望心灵的敬畏》震撼感动了我们所有的人。我们随后以此组织青年教师将此诗排练成配乐诗朗诵，在多场纪念活动中进行朗诵表演，感染了众多的幼教同行。《凝望心灵的敬畏》亦作为园刊《活教育》纪念陈鹤琴诞辰 120 周年专刊的开篇，向陈先生致敬！

课程是幼儿园文化建设的重要组成部分，也是文化建设的一种重要手段。有了之前家长们读陈鹤琴书籍活动的基础，在之后的纪念活动中，各个班级围绕主题单元组织活动，帮助孩子们了解鼓楼幼儿园的历史，认识陈鹤琴爷爷，家长们成了最积极的力量。他们在家中给孩子讲述鼓楼幼儿园的故事，让孩子看鼓楼幼儿园以前的模样；还带着孩子走进幼儿园里陈鹤琴先生的故居，看陈鹤琴先生的照片。家长们还充分地利用网络资源检索大量有关陈鹤琴的资料，并将一些特殊的图片资料打印出来交给班上的老师们，让其布置在班级的单元墙中，便于更多的孩子了解陈鹤琴先生的一些不为人知的故事。

这些活动帮助家长们深刻地认识了鼓楼幼儿园的历史和文化，理解了幼儿园课程中日常活动的组织，与此同时，促使他们积极地参与到幼儿园各项文化建设中来。

二、挖掘家长资源，参与幼儿园文化建设

1941 年，陈鹤琴先生创办《活教育》月刊。我们想到在幼儿园文化建设的过程中，何不将原有的园刊《教育拾零》重新打造，让园刊真正发挥其传播宣传的力量？因此我们将园刊更名为《活教育》，希望在其中更多地呈现陈鹤琴的教育思想，更多地呈现鼓楼幼儿园的创新发展与变革。

为了让园刊的封面呈现幼儿园的历史厚重感，我们挖掘现有家长资源，积极与一些家长接洽，商讨《活教育》的封面设计。这些家长们对幼儿园的历史文化已有所了解，其中曾获得梅兰芳设计大奖的设计师——郭奕乐的爸爸更是主动根据自己的理解提供了多张设计稿，并对版式做了精心的设计，新的《活教育》就这么诞生了！

随着幼儿园文化建设的发展，我们越发地意识到打造鼓楼幼儿园品牌的重要性和实际意义，开始重视幼儿园视觉文化识别系统 VI 的设计。尽管幼儿园也有园徽，但是对于具有丰厚历史底蕴的鼓楼幼儿园来说，它还远远不能表现出鼓楼幼儿园所具有的独特的历史特质。

由此我们再一次将目光投向了家长群体：李奕禾是中班的一个女孩子，这个班活动多，家长参与度高，她的爸爸时常会作为家长志愿者，到幼儿园来教孩子们进行美术创作，深受孩子们的欢迎。我们向李奕禾爸爸表达了设计 VI 的意图，当他小试牛刀，将设计的幼儿园信封信纸、建园 90 周年的徽标交给我们时，我们的心情再次激动澎湃起来！他把陈鹤琴故居、幼儿园里的红枫叶等元素巧妙地融在了设计里，让我们看到了鼓楼幼儿园独有的设计要素。在之后一年多的时间里，我们与他一起对幼儿园的 VI 系统设计进行商议和调整，他总会将自己对鼓楼幼儿园的理解，对未来鼓楼幼儿园发展的期望娓娓道来。在一次次的修改中，鼓楼幼儿园 VI 系统的标准色、园徽、卡通人物形象等相继诞生！（何凯黎：江苏省南京市鼓楼幼儿园副园长）

『案例评析』

幼儿园文化是一种积淀，是一种传统，是一种创新。园长应该在传承文化的基础上，珍惜幼儿园的历史文化资源，并不断整合、创新，促进文化的再提升。但是构建和提炼有思想、有内涵的园所文化实在不是一件容易的事，必须符合教育规律，贯彻教育方针，彰显园所特点，传递教育理念，单靠管理者是很难完成的，必须依靠教师力量，更需要家长、社会的外部推动。现代学校管理制度要求幼儿园从"闭门办学"中走出来，构建开放的机制，让家长拥有更多的知情权、选择权、参与权，通过管理透明度的提高，实现管理的科学化、民主化。依托家长的专业优势，丰富幼儿园的文化内涵，成为很多幼儿园尝试的策略。本案例从挖掘家长资源的角度，介绍了园所文化中视觉文化识别系统的设计完善、宣传、传播过程，在取得他山之石的同时，雕琢有方，最终形成需要的园所文化的玉器，这是一种资源整合的思路，值得借鉴。（崔利玲：江苏省南京市鼓楼幼儿园园长）

第三章
解读专业职责 "领导保育教育"

（一）专业理解与认识

（二）专业知识与方法

（三）专业能力与行为

（一）专业理解与认识

21

坚持保教结合的基本原则，把幼儿的安全与健康放在首位，对幼儿发展有合理期望。

『 政策视线 』

《幼儿园教育指导纲要（试行）》："幼儿园必须把保护幼儿的生命和促进幼儿的健康放在工作的首位。树立正确的健康观念，在重视幼儿身体健康的同时，要高度重视幼儿的心理健康。"

《中华人民共和国未成年人保护法》："学校、幼儿园、托儿所应当建立安全制度，加强对未成年人的安全教育，采取措施保障未成年人的人身安全。"

《国家中长期教育改革和发展规划纲要（2010—2020年）》："把促进学生健康成长作为学校一切工作的出发点和落脚点。"

《国务院关于当前发展学前教育的若干意见》："各地要高度重视幼儿园安全保障工作，加强安全设施建设，配备保安人员，健全各项安全管理制度和安全责任制，落实各项措施，严防事故发生。相关部门按职能分工，建立全覆盖的幼儿园安全防护体系，切实加大工作力度，加强监督指导。幼儿园要提高安全防范意识，加强内部安全管理。幼儿园所在街道、社区和村民委员会要共同做好幼儿园安全管理工作。"

《教育部关于建立中小学幼儿园家长委员会的指导意见》："协助学校开展安全和健康教育。引导家长履行监护人责任，配合学校提高学生安全意识和自护能力，支持学校开展体育运动和社会实践活动。对学校的安全工作进行监督，与学校共同做好保障学生安全工作，避免发生伤害事故。"

《3—6岁儿童学习与发展指南》："要充分理解和尊重幼儿发展进程中的个别差异，支持和引导他们从原有水平向更高水平发展，按照自身的速度和方式到达《指南》所呈现的发展'阶梯'，切忌用一把'尺子'衡量所有幼儿。"

《幼儿园工作规程（修订稿）》："幼儿园应当严格执行国家和地方幼儿园安全管理的相关规定，建立健全房屋、设备、消防、交通、食品、药物、幼儿接送交接、活动组织等安全防护和检查制度，建立安全责任制和应急预案。"

世界学前教育组织和国际儿童教育协会制定的《全球幼儿教育大纲》提出："安全的环境应使儿童有机会探索、玩耍、学习生活技能。"

新加坡《幼儿园质量评估标准》提出，幼儿园领导者和教师们应有意识地、自觉地创设安全健康的幼儿园环境，确保儿童的环境是安全的、可靠的、清洁的、健康的，各项设备、设施也应维护良好，以便有助于儿童的学习发展。该标准包含三个维度：安全措施的实施；安全而良好的物质环境；健康而卫生的活动环境。

『典型案例』

保证和提高户外游戏的安全和质量

游戏是孩子生命中迸发的激情。孩子爱玩游戏，尤其喜爱户外游戏。户外是一个开阔的天地，也是一本很好的教科书。但如何保证和提高户外游戏的安全和质量呢？

一、教孩子认识危险

孩子在自我意识领域方面的发展包括了解安全和健康的生活方式以及习得各种各样的自我保护技能。在对孩子的安全教育方面，我们首先要帮助孩子认识到危险的存在，可以通过积极的身体体验形式帮助孩子认识；其次，要帮助孩子掌握一定的处理技巧。幼儿安全教育主要包括两个方面：人身安全和心理安全。结合孩子的实际生活环境，幼儿安全具体主要包括：用电安全、易碎物品处理、危险物品处理（刀、剪、化学物品、温度高的物品等）、认知危险事物和危险环境、避免危险性尝试行为、交通安全、健康的交往方式、应对独处和紧急危险等。积极的安全教育将有利于孩子形成积极的自我概念，尊重自己的身体，更好地和别人交往。但是无论是否对孩子进行过安全教育，有的危险孩子是不能应对的。所以，首先我们要求家长尽可能地减少孩子生活环境中的不安全因素，同时家长也要掌握一些发生紧急危险或事故的应对技巧，然后才是针对孩子的安全教育。

二、积极为孩子创设良好的活动环境

幼儿园是孩子生活的小乐园，孩子大部分时间是在这里度过的。首先，鉴于幼儿园户外游戏形式多样，户外游戏的设备、器材、玩具材料必须多样化，这样才能激发孩子的兴趣，满足孩子游戏的需要。其次，根据不同年龄的孩子的需要，利用废旧物品自制不同功能的活动器械，如：小班孩子喜欢色彩鲜艳、简单、可爱的玩具材料，也许一根彩条也可以让孩子玩得很开心。此外，老师还应当注意检查场地，看看场地上是否有一些不安全的因素（小石子、玻璃片等）；同时，为幼儿适时地脱去外衣、塞好毛巾，并检查他们脚上的鞋带是否系好。只有当游戏设施与周围环境相融合时，孩子们才会以更自然、更放松的状态投入到游戏中，才能充分享受多样的户外活动。

三、注重孩子体育游戏的科学化与兴趣化

户外游戏，一般以体育游戏为主。根据天气情况、幼儿身心发展特点和动静交替原则，老师有时也可以在户外穿插进行一些运动量较小的游戏，如角色游戏、智力游戏等。科学的体育游戏，能提高孩子基本的活动能力和运动技能，从而达到帮助孩子锻炼身体、增强体质的目的。如，玩体育游戏"龟兔赛跑"时，在活动前老师要特别注意孩子的准备活动，然后要给孩子们化妆——戴上可爱的头饰，另外给"兔子"戴上白手套，给"乌龟"背上贴一个塑料袋当"龟背"。用大型积木搭建"终点"和"领奖台"，途中用拱门设两个"门"，让"乌龟"练习钻的动作；设置两个路障，让"兔子"练习跳的动作。把孩子分成四组，这样就缩短了孩子等待的时间。孩子也很感兴趣，争抢着交换角色参与比赛，连平时体弱的孩子也不甘示弱。游戏有助于孩子养成顽强、自信的品质。

四、关注个体差异，做孩子的引导者和游戏伙伴

教师要尽力站在孩子的立场上，透过孩子的行动去把握孩子内心的想法，理解孩子独特的感受方式，同时在整个游戏活动中，教师扮演的不仅是引导者也是富有童心的游戏伙伴。例如：在跨跳活动中，我们把小河的宽度设计得有宽、有窄，能力强的孩子可以在宽的地方一跃而过，能力差的可以在窄的地方跨过而不会踌躇不前，让每个孩子都能通过小河，也增强了他们的自信心。通过观察，教师在了解每个孩子实际水平的基础上，有目的、有针对性地进行指导，让水平高低不同的孩子各有选择，达到活动的最佳效果。

五、增强幼儿自我保护意识

在户外自由活动中，老师除了有意识地组织一些游戏活动外，还应给孩子一些自由活动的时间与空间。在给孩子更多自由的同时，还要特别强调安全教育。户外场地活动范围较广，幼儿四处分散活动时，教师不能顾及每个幼儿。因此，在活动前要尽可能预计到各种潜在的不安全因素，活动前老师要向孩子交待活动的规则和有关安全事项，使其增强自我保护意识。检查仪表，注意调节幼儿运动负荷，活动前后减加衣服。教师要四处巡回走动，及时纠正幼儿的危险动作，聆听幼儿交谈、评价，发现问题并及时给予必要的安全指导和安全教育。（郭宝兰：湖北省武汉市实验幼儿园）

『 案例评析 』

丰富多彩的户外游戏和体育活动，可以增强幼儿参与体育活动的兴趣，从而增强体质，提高对环境的适应能力。但是因为幼儿园的幼儿年龄小，自我保护能力差，容易发生危险。所以在户外游戏和体育活动中首要问题是要组织好幼儿，要特别强调安全教育。在组织幼儿进行户外游戏和体育活动时，在玩具和材料的提供上，要考虑幼儿的年龄特点、兴趣要求，为幼儿准备大量的活动材料，让他们拿到一个玩具时就能想到多种玩法，在快乐的游戏中锻炼多种运动能力。（郭宝兰：湖北省武汉市实验幼儿园）

珍视游戏和生活的独特价值，尊重和保护幼儿的好奇心和学习兴趣，重视幼儿良好的学习品质培养。将人际交往和社会适应作为幼儿良好社会性发展的重要内容。不得以任何形式提前教授小学内容，防止和克服幼儿园教育"小学化"倾向。

『 政策视线 』

《幼儿园管理条例》："幼儿园应当以游戏为基本活动形式。"

《幼儿园教育指导纲要（试行）》："幼儿园教育应尊重幼儿的人格和权利，尊重幼儿身心发展的规律和学习特点，以游戏为基本活动，保教并重，关注个别差异，促进每个幼儿富有个性的发展。""幼儿与成人、同伴之间的共同生活、交往、探索、游戏等，是其社会学习的重要途径。应为幼儿提供人际间相互交往和共同活动的机会和条件，并加以指导。""教育活动内容的组织应充分考虑幼儿的学习特点和认识规律，各领域的内容要有机联系，相互渗透，注重综合性、趣味性、活动性，寓教育于生活、游戏之中。"

《国务院关于当前发展学前教育的若干意见》："遵循幼儿身心发展规律，面向全体幼儿，关注个体差异，坚持以游戏为基本活动，保教结合，寓教于乐，促进幼儿健康成长。"

《中小学和幼儿园教师资格考试标准》："掌握幼儿教育的基本原则和不同于中小学教育的基本特点，并能据此评析幼教实践中的问题。理解幼儿游戏的意义与作用。"

《教师教育课程标准》："尊重和维护幼儿的人格和权利，保护幼儿的好奇心和自信心。"

《幼儿园教师专业标准（试行）》："注重保教结合，培育幼儿良好的意志品质，帮助幼儿形成良好的行为习惯。""注重保护幼儿的好奇心，培养幼儿的想像力，发掘幼儿的兴趣爱好。"

《3—6岁儿童学习与发展指南》："理解幼儿的学习方式和特点。幼儿的学习是以直接经验为基础，在游戏和日常生活中进行的。要珍视游戏和生活的独特价值，创设丰富的教育环境，合理安排一日生活，最大限度地支持和满足幼儿通过直接感知、实际操作和亲身体验获取经验的需要，严禁"拔苗助长"式的超前教育和强化训练。"

《幼儿园工作规程（修订稿）》："以游戏为基本活动，寓教育于各项活动之中。""幼儿园应当将游戏作为对幼儿进行全面发展教育的重要形式。"

美国《适宜于0～8岁儿童发展的教育方案》提出，在幼儿园和小学，儿童对那些能获得具体的、真实经验的自主游戏活动的参与，是产生积极的、有意义的学习的关键。

俄罗斯学者认为，游戏是学前儿童的主要活动，游戏特别是角色游戏、表演游戏、体育游戏对儿童身心发展有巨大作用。

英国学前游戏小组协会给游戏小组的定义是：游戏小组是儿童在游戏中观察、学习和参加社交活动的集体，它也是成人的组织，因为成人是小组的支柱，为孩子提出各种游戏的建议，并在工作中使自己也得到丰富和发展。

打破视"上课"为主业的传统观念

幼儿园"小学化"的教育模式不仅会增加幼儿的心理压力，同时也束缚了孩子的独立个性和想象力，对孩子来说是一种伤害。我们园在学习《3—6岁儿童学习与发展指南》过程中，积极探索实践，大力调整课程结构，打破教师原来视"上课"为主业的传统观念，坚持完善并实施"科学合理安排一日生活、有机渗透、整合多元学习内容及目标，通过集体活动、小组学习和个体任务相结合，以及主题推进的幼儿发展主体课程、科技教育特色课程和家园共育拓展课程的园本课程体系"，把《3—6岁儿童学习与发展指南》的要求融入一日生活中，将先进的教育理念和科学的教育方法落实到幼儿园保教活动的各个环节，有效杜绝"小学化"行为。

一、重视幼儿一日生活环节，挖掘教育契机

在学习中我们进一步认识到，幼儿生活的过程就是学习的过程，幼儿在园的一日生活环节蕴含着丰富的学习与发展契机。我们园便从一日生活安排入手，注重生活和转换环节的教育价值。在入园、离园、餐饮、盥洗、午睡、户外自由活动等生活环节中，我们注重愉悦幼儿情绪，培养他们的适应能力、生活自理能力、卫生与生活习惯等，创设倾听表达、使用文明用语、阅读、与同伴交往的机会；关注对遵守秩序规则、乐于帮助他人等品质的培养，提供大胆表达意愿、学习用文字和图画表达自己的愿望、自主参与群体活动的机会……例如，晨谈中的点名、打招呼和趣事分享，在为幼儿提供大胆表达机会的同时，培养了幼儿对集体归属的认识，对身边信息以及同伴的关注与联系；在"小小值日生"的活动中，明确班级幼儿自我服务范畴和为他人服务的具体工作项目和标准，形成人人遵守的班级值日规则；通过环节点名、趣事记录、值日安排等活动增加适宜幼儿图文记录表达的机会……

二、重视幼儿学习环境创设，提供发展保障

我们园还特别重视游戏环境创设与活动开展。首先是合理规划幼儿园特色功能区域。我们园开发利用所有走廊、厅廊、户外场地等公共场所，创设含"木工作坊""球杆连接""编织缝纫""汽车拼装""厨技体验"等约700平方米的科技特色功能区域，并自主研发创建了"滑轮""电""光""磁""力""空气""水""缝纫"等 10 个科技教育专题资源包和专题功能室，全园共享，满足不同儿童参与游戏，感受不同材料，体验不同发展空间的需求。其次是注重班级活动区域建设。每个班级根据空间大小和课程实施需要，将室内空间及走廊划分成表演、探索、欣赏等具有不同功能的区域，创设适宜本班幼儿不同层次发展需求、有吸引力的活动区，在各个活动区域中投放多功能、多层次的活动材料，保障了幼儿进行游戏活动的可能性。另外，我们园还通过规定不同年龄段幼儿自主区域游戏时间提出保证幼儿自由自主自发选择区域活动的要求，确定户外运动器械场地与体育游戏选择安排等措施，创设各种游戏条件，满足了幼儿学习与发展的需要。（杨炼红：广东省深圳市南山区机关幼儿园园长）

儿童好游戏是天性

近期瑞典法伦市外事协调员琳达·伍尔格，学前教育管理发展策划员莲娜·梅尔斯楚姆，博伦厄市市执行委员会委员乌拉·奥尔森协调员来我园交流访问。她们兴致勃勃地和孩子们一起游戏，在"户部巷"的角色游戏中，和孩子们一起品尝了武汉的传统小吃——热干面、苕面窝、炸酥饺、汤包等，感受武汉的魅力。

儿童正是用游戏的方式来参与生活，也正是用游戏的方式来宣告他们是这个世界的一部分。儿童视游戏为生活，儿童好游戏是天性。武汉市实验幼儿园遵循"童本"的办园理念，呵护每一个生命个体的健康成长。四个园区为幼儿打造了生活化、游戏化的教育环境和人文环境，孕育以儿童为中心的文化，为孩子们创设了快乐农庄、科技操作间、美术教室、音乐教室、图书馆、多功能厅等游戏活动场所。

我园自建园以来，幼儿教育事业得到了很好的发展，特别是游戏对幼儿发展的重要作用及其教育功能已得到教师和家长们的认同。我们努力在实践中尽可能地为幼儿游戏的开展创造条件，在深入地认知幼儿游戏特点的同时，在理解游戏的实质的基础上，对幼儿游戏进行科学有规律的指导，全体教职员工共同为幼儿游戏的开展创造良好的条件。

一、为幼儿创造良好的游戏环境

根据我园的实际情况，考虑幼儿的身心发展特点，从幼儿对游戏的需要出发，灵活安排幼儿的活动场地。利用厅、廊设置了武汉户部巷、武汉同仁堂、实幼汽车中心等大型角色游戏区；利用功能室为幼儿设置了科艺操作间、图书中心、音乐教室和美术操作空间等操作游戏区；还利用户外有利的地理条件设置了小木屋、平衡台、大象乐园等体育游戏区。我们还为幼儿游戏的开展安排了充裕的时间，保证幼儿游戏的质量和水平。我园在幼儿园一日活动安排中，为幼儿提供一段相对集中的时间，以确保幼儿的游戏得到顺利开展，使幼儿在游戏中积累经验，体验游戏的愉快，使幼儿的想象力和社会性交往能力得到充分发展。最后，教师和幼儿一起确认和制定游戏活动的规则和方法，以保证幼儿的游戏能够顺利进行。

二、在观察的前提下指导幼儿开展游戏

开展游戏时，教师先观察幼儿游戏的进度，对幼儿游戏中的行为语言进行观察和记录，并对观察与记录的客观性和真实性进行科学的分析，这有助于教师从幼儿的外显行为理解其心理状况和游戏水平，有助于教师对幼儿游戏进行更好的指导。如在户部巷游戏中，幼儿通过角色的分配选择各自的摊点，但是如何吸引"游客"到自己的美食摊点购买食物，就要设计"吆喝"，通过吆喝来吸引顾客。教师通过对幼儿的吆喝进行观察、记录、分析，为其提出合理化建议。

三、针对不同的年龄特点来指导游戏

游戏伴随孩子成长，游戏是孩子生长的需要。教师在指导幼儿游戏时也应该考虑这种发展。我园三个年龄班的游戏水平是不同的，如4—5岁的幼儿在游戏中虽然有分工也有合作，但他们的计划性不强，我们就针对孩子的这一年龄特点尽量多地为幼儿提供条件，以引导他们有组织、有计划地开展游戏。幼儿一旦被赋予了角色，就需要去了解职责、规则和标准，并且需要共同努力完成任务。我们不仅在材料的设计上为幼儿提供帮助，也在角色分工和角色职责定位上给予幼儿更多的提醒和帮助，让多角色在相互交往过程中实现良性互动，从而更加有利于游戏的顺利进行。

四、通过游戏为幼儿提供自由表现与创造的机会

在多年的游戏教学实践中，我们真正认识到：幼儿能够在属于自我的游戏中满足在现实社会中得不到的需求，在没有任何控制关系的背景中实现自己的意愿，从而达到情感上和智慧上的平衡。在幼儿的游戏中，幼儿个性的发展才是最充分、最和谐的。因此，游戏必须给予幼儿充分的自由，教师必须为幼儿创设、提供良好的游戏环境，指导幼儿愉快游戏，共享游戏的喜悦。

游戏为幼儿提供了自由表现与创造的机会，使幼儿摆脱了对教师的依赖，自由发挥想象力，独自探索和解决问题，显现自己的特长。例如，大班进行了"电视台"的游戏，有一个幼儿自己制作了一张电视节目单，并召集其他幼儿根据节

目单进行采访、排练、录制等，这个游戏深受大家的喜爱，每次班里都有近半的幼儿参与这个游戏……这名幼儿通过这样的游戏，受到其他幼儿的崇拜和欢迎，常常有孩子向他请教如何制作电视节目单，如何用简单的数字、文字以及图形来表达。

　　游戏给实验幼儿园的孩子提供了展露才能的无限空间，孩子用游戏向世界昭示：我是世界的一部分！（何磊：湖北省武汉市实验幼儿园园长）

『案例评析』

　　"以意义为主导"的活动就是工作，"以快乐为主导"的活动就是游戏。

　　把儿童需要学的东西变成游戏，是我们的责任和工作，这是一件再自然、再必要不过的事情，就好比儿童的消化能力不好，我们要把食物变软、变烂一样。对于儿童，尤其是3—6岁的儿童来讲，如果我们不能把学习或者其他很有价值的事情变成游戏，勉强孩子，就会打乱孩子内在的和谐，他们神奇的、完美的内在机制就不能发挥作用，他们就只能一知半解和服从。一旦儿童内在的心理和谐被扰乱和破坏，那么，教育就事倍功半了。

　　儿童是从游戏中学习的，这个学习是多方面的，除了知识的增长，还有经验的增加，以及内心自我的成长，对生活和他人态度的养成等，这些都是宝贵的学习。（何磊：湖北省武汉市实验幼儿园园长）

23

尊重教师的保育教育经验和智慧，积极推进保育教育改革。

『政策视线』

　　《幼儿园教育指导纲要（试行）》："善于发现幼儿感兴趣的事物、游戏和偶发事件中所隐含的教育价值，把握时机，积极引导。关注幼儿在活动中的表现和反应，敏感地察觉他们的需要，及时以适当的方式应答，形成合作探究式的师生互动。"

　　《关于幼儿教育改革与发展的指导意见》："幼儿园要建立促进教师专业水平

不断提高的机制。要鼓励教师立足教育实践，开展日常教研活动，不断提高教师素质。"

《国家中长期教育改革和发展规划纲要（2010—2020 年）》："把提高质量作为教育改革发展的核心任务。"

《国务院关于当前发展学前教育的若干意见》："必须坚持改革创新，着力破除制约学前教育科学发展的体制机制障碍。"

《中小学和幼儿园教师资格考试标准》："了解幼教发展简史和著名教育家的儿童教育思想，并能结合幼教的现实问题进行分析。""熟悉《幼儿园教育指导纲要（试行）》，了解幼教改革动态。"

《教师教育课程标准》："了解幼儿教育的历史、现状和发展趋势，认同素质教育理念，理解并参与教育改革。"

《国务院关于加强教师队伍建设的意见》："以提高师德素养和业务能力为核心，全面加强教师队伍建设，为教育事业改革发展提供有力支撑。"

《幼儿园教师专业标准（试行）》："根据学前教育改革发展的需要，充分发挥《专业标准》引领和导向作用，深化教师教育改革，建立教师教育质量保障体系，不断提高幼儿园教师培养培训质量。"

『 典型案例 』

二次备课的故事

二次备课指的是教师在已有教案的基础上，针对所教班级儿童的实际情况，结合自己的教学风格，再次进行教学设计的一种科学的备课方式。在园本课程已经取得一定研究成果的幼儿园，如何让教师打破思维定势，将备课文本中的"孩子"与现实世界中的"孩子"相对比，寻找二者之间的联系与差异，让文本中的"教师"与实际的自己进行对话，从而使教学活动设计达到优化呢？

鼓楼幼儿园教师集体撰写的幼儿园《单元教育课程》（教师指导用书）出版至今已有 11 年了，指导用书中的每一篇活动设计都是当年课程实验班和验证班老师们的心血结晶，也都比较好地体现了单元教育课程的特点：整合性、操作性和层次性。因此，在年级组集体备课的时候，老师们二次备课的积极性并不高，围绕活动设计的讨论往往流于形式，常常是大致讨论一下教学内容是否适宜，很少会从本班孩子的兴趣、发展水平出发，对活动的目标、教学内容以及教学策略进行分析，二次备课的效果差强人意。

例如，大班上学期开学第二周的单元主题是"老师谢谢您"，是以对教师节的认识为中心，通过谈话、采访、诗歌朗诵、制作谢师卡等活动，让幼儿了解教师工作与自己的关系，从而懂得知恩感恩、尊重老师。教师指导用书里提供的社会活动是"采访幼儿园各部门"，以往总有些班级的老师在组织采访活动时抓不住重点，孩子们在参观的过程中，既不知道提哪些问题，也没有记住采访内容，使得这个活动热热闹闹开始，匆匆忙忙结束，达不到预期的目标。而这些恰恰是在二次备课时应该考虑并解决的问题。所以，以这个单元为例，利用幼儿园每周二中午年级组集体备课的时间段，我和老师们一起对社会活动"采访幼儿园各部门"进行了二次备课。

备课活动一开始，我先回忆了前几年大班小朋友到园长室采访时的情景：有一哄而上抢着提问的，有提完问题就东张西望不听回答的，有重复别人问题一问再问的，甚至有进了房间就喊"祝你生日快乐"的，等等。最初，老师们觉得很好笑，听着听着，大家的表情变得凝重起来，因为老师们开始意识到孩子的种种行为恰恰暴露了我们备课中的问题，那就是只关注活动形式，没有分析活动的重点和难点。我请老师们找出需要关注的问题，大家根据我的描述，把想到的问题一一罗列出来：

1. 孩子们缺少采访经验，在活动开始之前如何给予他们一定的"预备训练"？

2. 每个采访点去几位幼儿合适？是否需要提前分好工？

3. 在采访前，老师是否需要大致介绍幼儿园各部门的情况，以便孩子们的采访提问更有针对性？

4. 采访结束后的汇报除了语言表述，是否还可以有其他补充形式，这样是否可以让孩子们的采访印象保留得更久？

接下来，我们围绕这几个问题，重新审视指导用书中的教案，大家觉得需要补充、完善的地方有很多。经过一番热烈的讨论，新的社会活动框架产生了。

活动1：我感兴趣的采访对象

活动准备：

1. 鼓幼地图（以图标、画像、路线为主，幼儿易看懂）。

2. 事先拍摄好各部门人员工作片段。

3. 记录问题的纸笔。

活动过程：

1. 看视频《关心我们的人》，引发幼儿采访兴趣。

2. 讨论，决定采访路线。

如：观看地图，了解园内各部门位置；决定自己想采访的部门，并找出采访的路线。

3. 按采访兴趣自由进行分组。

4. 小组分工合作，把想提的问题用图标记录下来。

活动2：能干的小记者

活动准备：

记者证和话筒，自制小礼物，记录答案的纸笔，照相机。

活动过程：

1. 分组采访幼儿园各部门并赠送礼物。

A组：保健室。

准备的问题：

（1）你为什么天天要配消毒水？

（2）小朋友生病了，你们会怎么办？

（3）保健老师为什么每天摸我们的头、手？

（4）保健老师每天中午是怎么喂小朋友吃药的？

观察保健老师配药和处理紧急情况，并进行采访。

B组：园长室。

准备的问题：

（1）你为什么天天都要站在门口迎接我们？

（2）你几点上班、几点下班？

（3）你有时候到班上看活动时会在本子上写字，你记了什么呢？

（4）妈妈说你是领导，请问什么是领导？

（5）为什么升国旗时你要讲话？

参观园长室，了解园长的一些办公用品。

C组：食堂。

准备的问题：

（1）为什么食堂的锅和铲子都和我们家里的不一样呢？这么多的饭怎么烧？

（2）为什么我们的饭你们用车推过来，不端过来呢？

（3）这么多的碗你们是怎么洗的？

（4）为什么每天的饭菜都不一样？

参观食堂，观看厨师择菜、洗菜、切菜和炒菜。

D组：资料室。

准备的问题：

（1）你们是怎么样收集资料的？

（2）平日是怎么打印东西的？

（3）为什么那儿有那么多的磁带、那么多的书、那么多的纸？

参观库房，了解老师借还物品的过程。

E组：门房。

准备的问题：

（1）你们为什么都穿一样的衣服？

（2）坏人要是想闯进来，你会怎么办？

（3）要是我妈妈忘了带门禁卡，该怎么办？

参观门房，了解进出登记的要求。

2. 交流分享：采访汇报会。

用语言讲述、动作模仿、简笔画等多种形式，每个小组轮流进行汇报展示。

采访这天到了，孩子们经过前期充分的酝酿，一个个跃跃欲试。前一天就有孩子兴奋地对我说："陈园长，我们明天会来采访你哦！"当天，一组一组的孩子在老师的陪同下，拿着话筒，夹着记录本，穿梭于各个部门。孩子们分工明确，有负责提问的，有负责记录的，还有负责送礼物的。有个男孩子问到几点上下班的问题时，特意叮嘱我："你讲慢一点，我们要记下来。"

经过这一次活动，大班的老师们对于二次备课的认识加深了，年级组长也细化了备课的要求，每位负责"主备"的教师在集体讨论前，用红笔将指导用书中原活动设计的重难点以及容易被忽略的地方勾出来，以便引起同组其他老师的注意。同时，对原教案中过于简单的环节加以补充说明，将具体的指导、启发、点拨的方式方法写进自己的教案中，并详细介绍给大家。教师个人还会在考虑本班孩子实际水平和自己个人教学风格的基础上，对集体二次备课形成的教案进行创造性地再修改、再加工、完善，努力做到"量体裁衣""因人而教"，使自己的教学活动高效、和谐。

鼓楼幼儿园教师队伍以年轻教师居多，青年教师特别需要在专业发展上得到支持和鼓励。我们非常赞同斯塔弗尔比姆的评价观，他提出："评价最重要的意图不是为了证明，而是为了改进。"我们认为，对青年教师来说，教育评价的目的在于促进她们的专业发展，而不是评定她们表现的优劣。作为园长，我们抓住教师们渴望自我实现的需要，定期深入教学现场，与教师进行充分沟通，一起分析现象，并指导教师进行尝试和改进。（陈静：江苏省南京市鼓楼幼儿园副园长）

『 案例评析 』

"活教书，教活书"是陈鹤琴对教育的要求，但现在"教死书、死教书"的现象依然存在。有些教师过分依赖教材，缺乏对儿童的解读；有些教师套用传统教学模式，一板一眼地组织活动，全然不顾儿童的反馈与状态；有些教师整天忙着开课、写文章，没有静下心来研究教什么、为什么教、怎样教，最后成为课上得很"精彩"但不受家长和孩子欢迎的教师。教师是实施课程的主体，每个教师都必须在课程建构中不断提升自己的专业水平，促进自身专业成长，以适应教育的改革趋势。园长在幼儿园课程建构中，必须让教师拥有充分的话语权、行动权，尊重教师的教育智慧，才能让课程改革有实效。本案例以"二次备课"为例，给予教师了解儿童、教育儿童的备课"自由"，这是非常好的课程管理设计，给予教师专业成长的机会和空间，体现了教育的本色、本真。（崔利玲：江苏省南京市鼓楼幼儿园园长）

（二）专业知识与方法

24 掌握国家关于幼儿不同年龄阶段的发展目标和幼儿园保育教育目标。

『**政策视线**』

《幼儿园教育指导纲要（试行）》："教育活动目标要以《幼儿园工作规程》和本《纲要》所提出的各领域目标为指导，结合本班幼儿的发展水平、经验和需要来确定。"

《国家中长期教育改革和发展规划纲要（2010—2020年）》："关心每个学生，促进每个学生主动地、生动活泼地发展，尊重教育规律和学生身心发展规律，为每个学生提供适合的教育。"

《中小学和幼儿园教师资格考试标准》："熟悉幼儿游戏的类型及其各类游戏的特点和主要功能。了解各年龄阶段幼儿的游戏特点，能根据需要提供支持与指导。"

《教师教育课程标准》："理解'保教结合'的重要性，学会按幼儿的成长特点进行科学的保育和教育。""了解儿童身心发展的一般规律和影响因素，熟悉幼儿年龄阶段特征和个体发展的差异性。"

《3—6岁儿童学习与发展指南》："目标部分分别对3～4岁、4～5岁、5～6岁三个年龄段末期幼儿应该知道什么、能做什么，大致可以达到什么发展水平提出了合理期望，指明了幼儿学习与发展的具体方向；教育建议部分列举了一些能够有效帮助和促进幼儿学习与发展的教育途径与方法。"

《幼儿园工作规程（修订稿）》："遵循幼儿身心发展规律，符合幼儿年龄特点，注重个体差异，因人施教，引导幼儿个性健康发展。""幼儿园应当根据幼儿的年龄特点指导游戏，鼓励和支持幼儿根据自身兴趣、需要和经验水平，自主选择游戏内容、游戏材料和伙伴，使幼儿在游戏中获得积极的情绪体验。"

『 典型案例 』

"整个教学法"的单元坐标架构

我们幼儿园随着教师的专业成长和对儿童教育理论的学习，继前两次课程建构尝试后，2010年第三阶段的课程核心组又有了调整，吸纳了众多有创新意识与创新能力的中青年教师，将课程编制的主动权交给了年轻人。

第三次"整个教学法"课程编制更加重视儿童发展进程中的需求，除了保持原有的横向关联性，更突出了纵向逻辑性，形成横向互为关联、纵向循序渐进的教育格局。课程的编排采取经纬坐标对应式，经线坐标为社会文化需要传递的、对应儿童年龄特点的知识内容，纬线坐标为学科逻辑体系架构的、对应教育规律的内容，竭力让单元内容既有五指活动的痕迹，又保证儿童学习的阶梯式进程。

核心组分成纵向领域组和横向年龄段组。

以特色教师领衔的领域组首先依据对儿童的观察和《3—6岁儿童学习与发展指南》，拟定出各年龄段本领域的儿童可获得的经验与参考建议。然后，领域组人员重新被分入年龄段组，保证每个年龄段都有不同领域组的人参与。各年龄段由名师领衔，在单元课程前期实践的基础上，结合新资讯、新要求，拟定可以参考的单元。之后，各年龄段组再进行实践。具体步骤如下：

第一步，预设符合逻辑体系要求的儿童经验以及能力可达成的纬线。

第二步，预设以社会、时令、儿童兴趣为中心的经线。

第三步，预设在经纬线内的、每个单元建议实施的教学活动内容。

第四步，预设每个单元围绕中心活动可以提供的活动建议。

第三次"整个教学法"的调整，突出了关键理念追求："预设为主，生成为辅"。我认为，单元课程的预先设置并不意味着教育是刻板的、没有弹性的，而是教给老师一种方法，如同"授之以渔"。坐标的纬线注重学科前后的逻辑递进，坐标的经线注重儿童的生活。经纬线的对应，将儿童生活与学习内容联系在一起。当然，可能吻合度高，也可能比较勉强，这就需要老师做弹性的调整，让活动内容能真正凸显儿童的需求，引发儿童主动学习，实现有意义的发展。

老师学会了编制的方法，就掌握了"捕鱼"的要领，就能举一反三，触类旁通，就可在"池塘湖泊"任意施展了。

纵观整个教学法的改进，单元课程在内容编排上由浅入深、围绕中心、全面发展的设计要求，使得教育过程呈现前为后辅、后为前续的状态，还有两点我们觉得非常重要：

一是既要重视横向的关联，也要重视纵向的系统性。在课程的实践中，我们先提供经验与能力发展的参考要项，再选择单元，然后根据单元在参考要项中寻找或编写相关教材。这样即使单元因儿童的兴趣发生了变化，可以提供的发展目标还是有参考价值的。如，在小班下单元十二《咔嚓咔嚓，理发啦》的语言活动中，其经验与能力预设建议为欣赏、记忆方向的内容，于是教师就选择了诗歌《小狮子理发》。后来，在第 12 周临近时，儿童的兴趣转到了逛超市上，第 12 周的单元就换成《超市大采购》，语言活动的内容也随之换成了《买东西、卖东西》，原本以语言倾听、交流为主的目标就变为倾听、记忆，老师就需要对语言活动进行重新调整，这就是既基于儿童兴趣，又促进儿童发展的调整教学策略与方式的二次备课。我们认为，这就是以"学"定"教"，预先的设计就有了弹性空间，"预设"与"生成"在尊重教育规律与尊重儿童之间找到了通道。

二是既重视源于生活，也强调拓展性。我们认为单元内容与儿童的关系就是树根与叶的关系，树根汲取养料是为了输送给叶子，所谓"根深叶茂"。如果我们只管根部的营养，不管树叶的茂盛，人们无法借助其"遮风避雨"，那么这棵树的现实价值就不高。远离儿童生活的内容是毫无意义的，只有贴近儿童生活、被儿童喜欢，同时又具有挑战性的内容，才会被纳入单元课程之中。我们对源于生活的理解，就是要满足内容是从儿童生活中生发的、儿童感兴趣的、有教育价值的，是符合儿童年龄特点的、儿童的认知水平能够接受的，是有资源可挖掘的、儿童能够参与的、可以引发探究历程的。单元课程还强调拓展性，尽管课程组已经形成了一整套较为完善的课程方案，但因教师、儿童、班本特色等不同，可能会有偏差。我们要求教师根据儿童变化调整，要敏锐地捕捉儿童在游戏中、一日活动中的同伴交往、师生互动的资讯，发现其中有价值的信息，形成适宜儿童学习的新的单元。这是以儿童经验为前提的拓展，是以向上、向远为方向的拓展，是基于儿童兴趣的拓展。（崔利玲：江苏省南京市鼓楼幼儿园园长）

『 案例评析 』

《3—6 岁儿童学习与发展指南》从健康、语言、社会、科学、艺术五个领域描述了儿童的学习与发展，并为儿童学习与发展最基本、最重要的内容拟定了目标和教育建议。这些目标是指导性的参照，犹如名为"发展指南"而不是"发展标准"一样，切不可将其作为"标尺"，而要以灵活的方式来分析、运用。单元课程的整个教学法以经纬坐标的设计，巧妙地处理了纵向学科特点、领域逻辑性和横向年龄特点及儿童兴趣的关系——既富共性又具个性。本案例介绍的"整个教学法"的坐标架构告诉我们：老师只有了解孩子原有的基础，才能在面对众多儿童时，对教育目标、教育策略作相应调整，以帮助儿童在原有基础上"适度发展"及最大化发展。（崔利玲：江苏省南京市鼓楼幼儿园园长）

25 熟悉幼儿园环境创设、幼儿园一日生活、游戏活动等教育活动组织与实施的知识和方法。

『 政策视线 』

《幼儿园教育指导纲要（试行）》："幼儿园应为幼儿提供健康、丰富的生活和活动环境，满足他们多方面发展的需要，使他们在快乐的童年生活中获得有益于身心发展的经验。""环境是重要的教育资源，应通过环境的创设和利用，有效地促进幼儿的发展。""科学、合理地安排和组织一日生活。"

《关于幼儿教育改革与发展的指导意见》："要尊重儿童的人格尊严和基本权利，为儿童提供安全、健康、丰富的生活和活动环境，满足儿童多方面发展的需要。"

《国务院关于当前发展学前教育的若干意见》："遵循幼儿身心发展规律，面向全体幼儿，关注个体差异，坚持以游戏为基本活动，保教结合，寓教于乐，促进幼儿健康成长。"

《中小学和幼儿园教师资格考试标准》："熟悉幼儿园一日生活的主要环节，具有将教育融入一日生活的意识。""熟悉幼儿环境创设的原则与基本方法。理解教师的态度、言行对幼儿园心理环境形成中的重要性，并能进行自我调控。了解幼儿园常见活动区的功能，能根据幼儿的需要创设相应的活动区。"

《教师教育课程标准》："理解幼儿的认知特点和学习方式，学会把教育寓于幼儿的生活和游戏中，创设适宜的教育环境，保护与发展幼儿探究、创造的兴趣，让幼儿在愉快的幼儿园生活中健康地成长。"

《3—6岁儿童学习与发展指南》："要珍视游戏和生活的独特价值，创设丰富的教育环境，合理安排一日生活，最大限度地支持和满足幼儿通过直接感知、实际操作和亲身体验获取经验的需要。""创设温馨的人际环境，让幼儿充分感受到亲情和关爱，形成积极稳定的情绪情感。"

《幼儿园工作规程（修订稿）》："幼儿园应当将环境作为重要的教育资源，合理利用室内外环境，创设开放的、多样的区域活动空间，提供丰富的玩具、操作材料和幼儿读物，支持幼儿自主选择和主动学习，激发幼儿学习的兴趣与探究的愿望。""幼儿园应当建立必要、合理的生活常规，科学安排幼儿一日生活，将教育灵活地渗透于幼儿一日生活的各个环节，注重培养幼儿初步的生活自理能力和良好的行为习惯。""幼儿园应当因地制宜创设游戏条件，提供丰富、适宜、多功能的游戏材料，保证充足的游戏时间，开展多种游戏。"

瑞典十分注重为幼儿提供一个安全的、充满各种刺激的环境。幼儿教育机构以主题的形式，让幼儿通过日常活动、游戏、劳动制作等去发现、探索，在与环境的相互作用中得到成长。

俄罗斯幼儿教育机构对儿童进行教育的基本途径是一日活动，主要由游戏活动、教学活动、特殊活动、交往活动和自由活动五个方面构成。

英国《基础阶段课程指南》认为："精心设计的游戏活动是儿童在基础阶段学习的主要方式，这种游戏中的学习带有愉悦性和挑战性。"英国学前教育机构所有的学习都以有目的的、自由的和有组织的游戏为基础，教师的重要任务是选择材料和提供设施。儿童在游戏中积累学习的经验。教师通过干预、评论和提问的方式，鼓励儿童通过活动来学习。

『典型案例』

让每堵墙都会说话

陈鹤琴先生说过，"游戏是儿童的心理特征，游戏是儿童的工作，游戏是儿童的生命。"游戏的理念应该体现在幼儿园工作的方方面面。教室是孩子的世界，我们要让活动室更像游戏间，"让每堵墙都会说话"。

一、一劳永逸的装饰是不合适的

我经常看到有些幼儿园把教室里的整面墙都用喷画的方式装饰，期望使用多年，甚至一劳永逸，这是不合适的。因为这样的环境只能让孩子在初进入班级时有新鲜感，一段时间后，孩子与环境的互动性就弱了，儿童对环境便会熟视无睹。我还见过一所幼儿园，园长是小学校长兼任的，他给全园的每个班设定一个主题——海洋世界、神秘天空、森林王国等，再请小学美术老师把班级的四面墙及屋顶全部画满，当房子空着的时候，环境很有趣，但使用起来，就麻烦了。一是墙面没有留白，墙饰无法布置；二是桌椅、玩具柜、玩具、人都在教室的时候，非常涨眼，显得十分的混乱。所以我们在班级墙面维护粉刷时，都是将之漆上白色乳胶漆。如果添加色彩，也是局部点缀。

二、墙面化大为小，充分利用

我们幼儿园的《环境布置评估标准》有相关的要求："单元墙饰应充分体现幼儿在单元学习过程中的认识变化过程……教师在单元墙饰中所起的作用应保证知识点先期引发、幼儿后期经验及时交流，并合理规划、美化装饰单元墙饰的画面，使其具有教育与装饰功能。"要想达到标准，明智的方法是对室内可以使用的墙面进行事先规划，合理使用。

以鼓楼本部园长室旁边的班级为例：这是一个中班，教室、寝室、盥洗间都朝南，每个房间朝南的一面下端是 1.3 米高的墙体，上方是两扇移窗，窗与窗之间有块窄长的墙面，可以利用；房间朝北的一面有门、窗，门、窗划分出三块墙面，可以利用；朝东是完整的墙面，可以利用；朝西有扇通向盥洗间的门，其他部分也是墙体，可以利用。这样一算，这个班级仅教室，就有两块小墙面、三块中墙面、两块大墙面可以利用。

可以把朝东的大墙面用衬底或围边的方式分解成 2 ~ 3 块小墙面，做单元墙饰。在将整幅墙面分隔成小块面时装饰方式要统一，如用不同动物的外形做若干底板轮廓，以色彩不同、装饰手法相同的方式制作若干底板等。另外三块中墙面也可以做单元墙饰，两块窄长形的小墙面，可以张贴区域标识。

算下来，墙面还是不够。老师就利用室外走道两边的墙体，这样又有了5 ~ 7 处墙面。所有的墙面不仅能满足单元相关的墙饰的需要，还可以设置班级特色活动的展示内容，如个性化的一日生活作息时间表、故事大王表演的安排计划、值日工作的程序与人员安排提醒、家长义工纪实等。

除了墙面，还可以利用分隔墙形成墙饰。教室门、窗、立柱、分隔墙都可以形成内墙的分隔区域，适当地将个别区域用整体涂刷、底板或墙纸粘贴的方式形成单元衬底，这样不仅可以起到点缀作用，还可以直接为主题布置提供块面。

三、墙饰布置的重要任务是激发儿童的游戏兴趣

激发儿童的游戏兴趣，激起儿童的探究愿望，是墙饰布置的重要任务。我们幼儿园的每个班级都有张贴在醒目处的《游戏活动选择表》（如"我来选游戏""我喜欢玩⋯⋯"），就是向孩子发出热诚的游戏邀请。这样的环境布置，不仅能够让孩子提前知道游戏的内容，还能提前自主选择，对游戏前经验的调动有着积极的意义。环境中适当预留空白，能够激发儿童参与的欲望。如果将单元墙面的大树留白让孩子随季节的变化替换树叶，如果将气象预报的内容留白让孩子自己更新，如果将观察过程留白让孩子自己填写，这样的环境布置孩子怎么会不参与其中呢？

对于年幼的孩子来说，直觉形象的标识提醒可以让他们有置身游戏的感觉，帮助他们在不自觉的模仿中主动完成行为的练习。不妨在洗手池前制作洗手顺序图，在饮水桶前制作多喝水的提示，让形象的画面代替老师的语言。在教室游戏区域的位置提供会说话的布置也是非常必要的，如在建筑区周围张贴积木组合图和各类风格建筑图，在理发店提供理发流程图可以提示孩子先做什么、后做什么；在结构区提供成品展示便于孩子从模仿开始掌握建构技能。越是与孩子自主学习接近的场所，会说话的布置应该越多。

四、墙饰布置中的细节问题

一是不要太高或太低。幼儿园孩子的身高在 1.1 ～ 1.3 米，视野的广度因身高受限。应该将与孩子互动频繁的对象放置在与孩子身高相匹配的位置上，如单元墙、标记、作品展示区等，要保证孩子能平视，不要让孩子抬头仰望。谁也不喜欢抬头走路，如果孩子不能发现环境中的学习内容，老师的辛苦就会付诸东流。

如果是儿童作品的悬挂物，不宜过大，一般不要超过 A4 纸大小，可以选择报纸、纸箱板等灰色调材质作为底板，以突出展示的内容。悬挂物也不能太低，如果悬挂物都会打在经过人员的脸上，那就不合适了。

二是色彩要和谐。教室是儿童一天主要的活动场所，色彩和谐的教室可以稳定儿童的情绪，借助材料、设施，体现班本文化。色调可以根据季节确定，如春

季选择绿色系，秋天选择黄色系，冬天选择灰、白、红色系等，让班级环境与季节同步。色调还可以根据即将开展的教学活动内容确定。我们一直提醒老师要有"孩子就是最鲜艳的色彩"的意识。孩子的着装一般比较鲜艳，孩子在教室中活动，就是流动的色彩。要让孩子在环境中凸显出来，千万不要用艳丽的色彩铺满环境，那样会掩盖孩子的存在。（崔利玲：江苏省南京市鼓楼幼儿园园长）

『 案例评析 』

幼儿园的环境创设与活动组织一样，必须在园本课程的框架下，基于对儿童的观察与理解，基于儿童的兴趣与原有基础。有些幼儿园将环境创设外包给装饰公司做，这是不合适的。有些幼儿园依靠园长或核心团队全程把控，也是不适宜的。最佳的方式，就是管理者调动教师创设与组织的热情，在具体的教育实践前给予科学的指导，在教育实践中引导教师反思、调整，在不断改善的行动中，促进教师专业成长。本案例其实就是园长给予教师的环境布置的策略提示，结合实例告诉老师如何做、为什么做？让教师借此建议举一反三、触类旁通，形成更加丰富的环境布置策略。优秀的园长首先应是优秀的教师，做专业成长的先行者，才能成为教师信服的研究者，成为课程改革的领航者。（崔利玲：江苏省南京市鼓楼幼儿园园长）

26 了解国内外幼儿园保育教育的发展动态和改革经验，了解教育信息技术在幼儿园管理和保育教育活动中应用的一般原理和方法。

『 政策视线 』

《国务院关于当前发展学前教育的若干意见》："必须坚持改革创新，着力破除制约学前教育科学发展的体制机制障碍。""建立幼儿园信息管理系统，对幼儿园实行动态监管。"

《中小学和幼儿园教师资格考试标准》："熟悉《幼儿园教育指导纲要（试行）》，了解幼教改革动态。""具有一定的阅读理解能力、语言与文字表达能力、信息获得与处理能力。"

《国务院关于加强教师队伍建设的意见》："推动信息技术与教师教育深度融合，建设教师网络研修社区和终身学习支持服务体系，促进教师自主学习，推动教学方式变革。"

《幼儿园教师专业标准（试行）》："学习先进学前教育理论，了解国内外学前教育改革与发展的经验和做法；优化知识结构，提高文化素养；具有终身学习与持续发展的意识和能力，做终身学习的典范。""具有一定的现代信息技术知识。"

『典型案例』

新媒体新技术，幼儿园发展的新载体

随着时代的发展，教育信息化已经深入幼儿园工作的方方面面，各种信息技术的应用关乎幼儿园教育事业的发展。我们园自"九五"计划以来，一直重视并坚持研究信息技术的应用——优化教学过程、开展网络教学实践、网站与论坛的开发、交互式白板的应用等等，努力实现信息技术与幼儿园管理、单元课程的整合，始终跟随新媒体、新技术发展的脚步，以客观务实的态度理性看待信息技术的应用。

一、打造园内信息技术研究团队

早在 1999 年，我们就抓住多媒体技术发展的态势，申报"应用现代教育技术优化幼儿园教学的实践研究"课题，分析园内教师的基本素质和兴趣爱好，成立了园信息技术研究小组。正是这项研究课题，使我们充分认识到教育技术对幼儿园教育教学的重要性；正是这样一个团队，使我们始终坚持跟随高科技的发展研究新媒体、新技术的应用。

之后的多年中，随着多项信息技术研究课题的稳步进行，该小组不仅承担对信息技术应用的研究，更为重要的是承担日常教学课件的设计制作、网站网页的设计开发等任务，为幼儿园日常教育教学提供良好的保障。时至今日，一批优秀教师在团队中成长起来。我们结合教师队伍的变化，以学科带头人工作室的方式带动园内教师团队研究应用信息技术的热情，使得幼儿园教育教学与时俱进。

信息技术研究小组在多年的实践研究过程中积累了丰富的经验，多次以团队的方式参加国家级、省市级的各种大赛并斩获大奖。团队成员承担过对江苏农村地区幼儿园教师的信息技术培训，承担过市级网络培训课程的设计等等，将自己的经验和做法传递给更多的幼教同行。

二、多角度研究信息技术在幼儿园的应用

我们园作为中国第一个幼儿教育研究中心，秉承着陈鹤琴先生的研究精神，我们在"活教育"思想的引领下，对幼儿园教育教学、课程整合、家园共育、日常管理等从多方面多角度开展了信息技术应用的探索与尝试。

2002年，我们园开通了网络论坛，至今论坛注册人数已达一万两千多名。通过论坛，我们高质量地实现了基于网络的家园互动、幼儿园管理和课程实施，全方位、公开透明化地展现了鼓楼幼儿园日常的点点滴滴。孩子的父母与老师、园长在论坛中积极交流，形成了良性循环的网络家园互动，成为家园联系的新方式。论坛中不乏爷爷奶奶辈的粉丝们，他们积极地关注并参与幼儿园各项工作的讨论、建议，也分享着孩子在园在家的成长过程。我们还创新性地尝试利用论坛让每年新生的家长根据论坛里发布的教师分班信息进行选班，把选择权直接交给家长，解决了新生分班中出现的家长要求不一的问题。

作为一所具有丰厚历史文化底蕴的幼儿园，如何实现传统与现代的交融，是我们探索与思考的问题。单元教育课程的发展亦需要新的方法。结合中央电教馆"十一五"立项课题"应用单元教育课程开发幼儿园网络教学资源库"的内容，以及幼儿园网站的发布，我们构建园本课程资源库，分为小、中、大班领域内容，收集制作了大量的图片、音频、视频等电子资源，在历时两年多的时间里设计教学、资源库框架，实现单元教育课程与信息技术的整合。

微信的出现再次刷新了新技术应用的历史，我们开始对微信应用进行尝试，及时向社会、家长发布幼儿园的各项活动信息，推荐教师和家长阅读有关教育的优秀书籍等等，传递着正能量的、科学的育儿观，努力实现着鼓幼人"大麦田"的理想。

三、以科学、发展的眼光看待新媒体、新技术

在信息技术高速发展的今天，各种新媒体、新技术层出不穷，理性对待、科学应用是我们一直以来秉承的态度。我们在信息技术应用研究的过程中发现，很多幼儿园在应用技术的过程中出现"为了技术而技术""赶时髦"等过度应用技术的现象。因此信息技术研究小组无论是在全国大赛的现场，还是在对幼儿园教师进行培训的现场，都向一线教师们传递着科学应用新技术、传统手段与新技术相融合、技术隐于教学等观念，帮助一线教师树立正确、理性对待新媒体、新技术的态度。

除此之外，还需要引起我们重视和思考的是，是不是出现的新媒体、新技术

都适合幼儿园的孩子使用？新媒体、新技术是否适用于所有领域的教育教学？教师敢于尝试敢于探索是好事，但需要理性、科学地看待新事物，而不是盲目跟风。

四、我们的理想：数字化幼儿园

如今我们面对的是高速发展的数字信息化社会，大量的信息已可以秒传至世界各地。与此同时，我们也不断地在接受着各种高科技数字化带来的新理念的冲击，这些都是我们在未来幼儿园发展中需要思考的问题。如当下出现的互联网+，我们该怎样科学地将其引入幼儿园工作中，努力去建立幼儿园、家庭、社区的"云"纽带，努力实现"个性化"的教育？

未来幼儿园面临的挑战是，我们将如何应对数字化发展的世界？数字化幼儿园将是未来众多现代幼儿园发展的方向：数字化图书馆、体感游戏室、在线亲子课程等等。这无一不提醒着我们，对幼儿园的未来发展需要提前做好谋划。（何凯黎：江苏省南京市鼓楼幼儿园副园长）

『 案例评析 』

苏霍姆林斯基认为：校长必须具备一名教师所具有的一切素质，一校之长应是师者之师。园长除了要有高度的使命感、责任感，还要有高尚的人格魅力、领导才能，更要有渊博的专业素养、文化内涵，这样才能把握教育改革的方向，提升教育教学的质量。本案例以新媒体、新技术为例，介绍了现代教育技术在幼儿园管理中的持续运用，并描绘了幼儿园未来的数字化变革蓝图。和课程改革永无止境一样，幼儿园的管理也是随课程的变革而不断变化的，园长只有树立终身学习的理念，才能牢记责任与使命，收集幼儿教育的发展资讯，学习先进的幼儿教育理论，汲取先进的教育思想，补充与完善管理行为，促进幼儿园与时俱进地发展。（崔利玲：江苏省南京市鼓楼幼儿园园长）

（三）专业能力与行为

27

> 落实国家关于保育教育的相关规定，立足本园实际，组织制定并科学实施保育教育活动方案。

『 政策视线 』

《幼儿园管理条例》："幼儿园应当以游戏为基本活动形式。幼儿园可以根据本园的实际，安排和选择教育内容与方法，但不得进行违背幼儿教育规律，有损于幼儿身心健康的活动。"

《幼儿园教育指导纲要（试行）》："教育活动目标要以《幼儿园工作规程》和本《纲要》所提出的各领域目标为指导，结合本班幼儿的发展水平、经验和需要来确定。""教育活动内容的组织应充分考虑幼儿的学习特点和认识规律，各领域的内容要有机联系，相互渗透，注重综合性、趣味性、活动性，寓教育于生活、游戏之中。""教育活动的组织形式应根据需要合理安排，因时、因地、因内容、因材料灵活地运用。"

《国务院关于当前发展学前教育的若干意见》："遵循幼儿身心发展规律，面向全体幼儿，关注个体差异，坚持以游戏为基本活动，保教结合，寓教于乐，促进幼儿健康成长。"

《中小学和幼儿园教师资格考试标准》："能根据教育目标和幼儿的兴趣需要和年龄特点选择教育内容，确定活动目标，设计教育活动方案。掌握幼儿健康、语言、社会、科学、艺术等领域教育的基本知识和相应的教育方法。理解各领域之间的联系和开展综合教育活动的意义与方法。活动过程中关注幼儿的表现和反应，并能据此进行调整。关注个体差异，能根据幼儿的个体需要给予指导。"

《教师教育课程标准》："了解我国幼儿园教育的目标和任务，熟悉健康、语言、社会、科学、艺术等各领域的教育目标，学会以此指导自己的学习和实践。"

《3—6 岁儿童学习与发展指南》："关注幼儿学习与发展的整体性。儿童的发展是一个整体，要注重领域之间、目标之间的相互渗透和整合，促进幼儿身心全面协调发展，而不应片面追求某一方面或几方面的发展。"

『典型案例』

保障幼儿游戏的权利

《幼儿园工作规程》要求幼儿园教育要"以游戏为基本活动，寓教育于各项活动之中"。近几年来，为了保障儿童游戏的权利，我们从一日作息时间表"公约化"、打造游戏为主的空间布局、渗透于环境中的隐形指导三方面入手，把"游戏是幼儿的基本活动"这一理念落在了实处。

一、一日作息时间表"公约化"，保证幼儿充足的游戏时间

一日作息时间表是幼儿园规范管理工作中不可缺少的内容，它从制度的层面保证了幼儿一日生活的科学性、合理性。但是制度归制度，实践中由于这样那样的原因，使得原先的安排往往会随意变动。我们在调查中发现，有弹性、可挤占的时间就是游戏时间。许多教师认为游戏时间可长可短，比如上午的游戏时间原本规定是 50 分钟，可能因前一个教学活动拖延了，导致幼儿只能玩 30 分钟就匆匆收场。为了改变这种状况，我们提倡师幼共建班级一日活动公约，在符合"三交替"的基本原则（室内室外交替、集体与自由交替、动与静交替）的前提下，师幼共同商讨制订班本化的一日作息时间表，将集体活动、户外活动、游戏活动等环节错时安排，减少不必要的等待和过渡环节，把时间还给孩子们。这张作息时间表将孩子们最喜欢的游戏和户外活动时间、次数都确定下来，例如游戏分散在晨间、集体活动后和离园前，时间分别为 30 分钟、50 分钟和 50 分钟，保证每日游戏时间不少于 2 小时。讨论后的一日作息时间表，以图文并茂的方式展示在班级显眼处，成为特殊的"班级公约"。在共同遵守约定的过程中，老师不再是高高在上的"指挥员"，孩子们也不再是被动的"小棋子"，他们对一日活动的安排心中有数，自主性有了明显的提高，他们会时刻关注时间表，还会提醒动作慢的同伴加快速度，以免影响下面的活动。就这样，一张小小的一日作息时间表，既体现了教师对儿童游戏主体权的尊重，也为儿童自我管理能力的发展提

供了可能。

二、游戏为基本活动的空间布局，保证幼儿充分的游戏空间

由于各班活动室的面积大小、格局各不相同，我们鼓励各班因地制宜调整空间布局，大幅度压缩集体教学区的面积（由原先的 30 平方米的 U 字形缩减为 8 平方米左右的高中低三排），活动室被可移动的橱柜和开放式木架分隔为若干小型、固定的游戏区域（积木区、扮演区、美工区、益智区、阅读区、生活区、科学区等），游戏材料和需要的桌椅都在区域内，游戏时间一到，孩子们可以立刻进入游戏的状态，不再需要搬桌椅、端玩具，收拾整理时也更加方便快捷，即便是小班的孩子也可以胜任，从空间上满足了儿童对游戏的需求。同时，多样化的活动区域也为有着不同兴趣爱好的孩子的发展提供了多种可能。孩子们自主选择游戏区域，自主选择游戏材料，自由选择游戏伙伴，教师不是指手画脚的"导演"，孩子们也不是被动的"小演员"，他们在自己的一方小天地里，不受干扰，专注地活动，充分体验游戏的快乐与满足，获得身体、认知、语言和社会性等多方面的发展。

三、渗透于环境中的隐性指导，让儿童主动发展成为可能

环境作为"隐性课程"，不仅影响儿童的发展，更能激发儿童主动参与幼儿园环境创设的热情。面对居高不下的师生比，我们重视发挥环境和材料的隐性指导作用，遵循"儿童在前、教师在后"的原则，让规则内化于心，外显于行。每个区域的入口处都有醒目的图文标识，上面清楚标明相关的规则要求，包括活动人数、安全提醒和常规要求。如美工区的标识，老师会用文字加照片或图片的方式提醒孩子们：可以进 6 人，小心使用剪刀、画笔等工具，自己收拾整理材料。阅读区的标识是：可以进 4 人，爱惜图书、看一本拿一本，保持安静等。当孩子们发现这个游戏区域已经满员时，他们会进行自我调整，选择到其他的区域游戏。大多数购买的成品玩具都因玩法单一而缺少可变性，因而也无法支持儿童开展具有挑战性的活动，针对此情况，我们规定每个区域要有不少于三分之二的自制游戏材料或半成品游戏材料。同时，考虑到儿童的发展具有个体差异性，我们将自制的游戏材料设计成不同的难度层次，以满足不同发展水平儿童的需求。例如小班益智区的拼图游戏中，既有购买的成品，也有教师自制的体现不同难度层次的拼图；既有块数的变化（6～9 块），也有切割方法的不同（直线和曲线），还有实物底版和轮廓底版的区分，力图使不同发展层次的孩子都能找到适宜的拼图材料。孩子们可以根据材料上的提示（一颗星表示难度较低，两颗星表示有一

定难度，星星数量越多难度系数越大），尝试不同难度的拼图，不断调整，体验成功。每当新的活动出现时，我们还会在区域里呈现清晰的玩法步骤图，鼓励孩子们先尝试自己"读"图，再动手操作，最后跟同伴们分享经验。教师要学会保持沉默，学会观察和等待，只有当儿童的自主探究遇到问题时，教师才适时介入，给予支持和引导，使儿童活动的兴趣得以保持和延续。（陈静：江苏省南京市鼓楼幼儿园副园长）

『 案例评析 』

幼教界从来没有像现在这样重视对儿童游戏的研究。尊重儿童的游戏权利，创设丰富的游戏环境，开展充满自由、想象探索意境的游戏活动，已经成为大家努力的方向。本案例以游戏研究为线索，传递了管理者在落实国家法律法规的同时，结合园所实际，通过团队实践形成的教育策略，唤起老师们对儿童权利的重视，还给儿童游戏的自主权，让儿童在尝试探索中，感受游戏的乐趣，体味主动学习的快乐，获得有价值的成长。教师参与研究，不代表就一定能够有高质量的研究成果，教师的研究需要园长的鼓励及专业的"画龙点睛"，需要管理上的"放松"。犹如"管而不死""活而不乱"一样，科学的保育教育方案必须立足园所实际，来自老师的具体实践，是教师能游刃有余地驾驭的。（崔利玲：江苏省南京市鼓楼幼儿园园长）

28 　　具备较强的课程领导和管理能力，指导幼儿园教师根据每个幼儿的发展需要，制定个性化的教育方案，组织开展灵活多样的教育活动。

『 政策视线 』

《幼儿园教育指导纲要（试行）》："幼儿园教育应尊重幼儿的人格和权利，尊重幼儿身心发展的规律和学习特点，以游戏为基本活动，保教并重，关注个别差异，促进每个幼儿富有个性的发展。""尊重幼儿在发展水平、能力、经验、学习方式等方面的个体差异，因人施教，努力使每一个幼儿都能获得满足和成功。""关注幼儿的特殊需要，包括各种发展潜能和不同发展障碍，与家庭密切配合，共同促进幼儿健康成长。"

《国务院关于当前发展学前教育的若干意见》："遵循幼儿身心发展规律，面向全体幼儿，关注个体差异，坚持以游戏为基本活动，保教结合，寓教于乐，促进幼儿健康成长。"

《中小学和幼儿园教师资格考试标准》："了解幼儿发展中的个体差异及其形成原因，能运用相关知识分析教育中的有关问题。""关注个体差异，能根据幼儿的个体需要给予指导。"

《教师教育课程标准》："尊重幼儿的个体差异，相信幼儿具有发展的潜力，乐于为幼儿创造发展的条件和机会。"

《3—6岁儿童学习与发展指南》："尊重幼儿发展的个体差异。幼儿的发展是一个持续、渐进的过程，同时也表现出一定的阶段性特征。每个幼儿在沿着相似进程发展的过程中，各自的发展速度和到达某一水平的时间不完全相同。要充分理解和尊重幼儿发展进程中的个别差异，支持和引导他们从原有水平向更高水平发展，按照自身的速度和方式到达《指南》所呈现的发展'阶梯'，切忌用一把'尺子'衡量所有幼儿。"

《幼儿园工作规程（修订稿）》："遵循幼儿身心发展规律，符合幼儿年龄特点，注重个体差异，因人施教，引导幼儿个性健康发展。""教育活动的组织应当灵活地运用集体、小组和个别活动等形式，为每个幼儿提供充分参与的机会，满足幼儿多方面发展的需要。""幼儿园应当充分尊重幼儿的个体差异，根据幼儿不同的心理发展水平，研究有效的活动形式和方法，注重培养幼儿良好的个性心理品质。"

美国《不让一个孩子掉队》的教育改革计划，强调转变联邦政府在教育中的作用，通过市场机制来提高公立学校的质量，不让一个孩子掉队。

『典型案例』

让孩子做最好的自己

天津市河西区第一幼儿园多年来致力于课程文化的建设。"让孩子做最好的自己"是课程文化之魂，以此为导向，河西一幼培育出了一批批文明、自信、友爱、积极、全面而富有个性的幼童。

1990年，河西一幼以贯彻落实《幼儿园工作规程》试点任务为契机，围绕"教什么""怎么教"等课程建设中最基本的问题，建立目标导向体系，充实和完善课程结构，从园本与班本的角度补充扩展教育内容，制定了《幼儿教师实施指导手册》，深化教育过程研究，对课程四要素进行了全面设计和系统规划。在"十五""十一五"期间，以新《纲要》为指导，借鉴吸收多元智能理论，开展"以多元智能理论为依据的教育实施方案的研究"和"通过建立幼儿发展档案，有效发挥评价的教育功能的研究"。

在"多维地看待智力问题，每一个体的智力各具特色"的儿童观和"为幼儿提供多方面的智力领域活动，发展幼儿的智能强项迁移带动各领域"的教育观引领下，我们扩展教育资源，创建了厨艺室、木工室、陶艺室、建构室、器乐室、益智室、彩绘室、布艺室、电脑室、蒙氏游戏室、拼装室、角色游戏室、棋室、绘本馆、科技操作间等15个智能活动室，引领幼儿进入多领域的活动，在活动过程中识别并培育幼儿的智能强项，使每个儿童富有个性地发展。随后，我园为进一步满足幼儿的兴趣爱好，聘请专业教师，开设了围棋、轮滑、英语、乒乓球、鼓乐、戏剧表演、手工艺术坊、足球、武术、合唱团等多个社团。允许孩子们凭借自己的感受、体验和需求，去自主选择各不相同的游戏与学习活动，真正把选择课程的权利交给了孩子，使每一位幼儿的课程组合多姿多彩，营造出从传统的"教"转向"育"的教育生态。

我们园还经常带幼儿走入社会、走进大自然，如植物园、博物馆、农场、超市、电讯数控站、消防队等场所；经常为幼儿提供种植、清扫、测量、值日、采访等真实的劳动和任务。家长、社区人士都是教师对幼儿进行多元智能、个性化教育的重要合作伙伴，我们聘请不同职业的家长、专业人士参与重大活动的策划组织，让家长做半日助教，为幼儿的学习、发展带来另一份生机与活力。

在"多种渠道、多种形式、在实际生活和具体情景下观察分析幼儿发展"的评价观引领下，我们探索"教学评一体化"教学模式，为每个孩子建立"宝宝成长档案"，以幼儿基本档案、学习过程档案、发展历程档案凸显每个幼儿个性化发展进程。

每个幼儿的发展水平、兴趣倾向、原有经验、学习方式等表现各异，因此教师常常会根据幼儿的个别需求来制定个性化的教育方案并组织课程内容。例如在一次家访中，梓博小朋友的妈妈向老师介绍："梓博特别喜欢玩各种票据，常常告诉我和他爸爸，这是我们去哪里的票，这是我们买什么东西的票，有时我们都不记得了，他却还记得很清楚。可是他的小床上、桌子上常常铺满了票，弄得房间很乱很乱，好几次我都想把它们扔掉，孩子就是不肯。"教师对孩子这一兴趣给予了极大的肯定和赞赏，和家长交流这中间的教育价值，并鼓励梓博将收集的票据带到幼儿园与小朋友分享。梓博兴奋极了，拿起小书包就想把一堆票据塞进去，老师及时制止，并用猜测的口吻说："我想小朋友也许不太喜欢看，也许还会出现一些问题。"梓博愣住了："为什么？会出现什么问题？""一大堆票，你一会儿讲这张，一会儿讲那张，没什么章法，也许有的小朋友就不喜欢看了。如果小朋友都感兴趣，每个人都拿两三张，就会没人听你讲，也许还会丢失很多，你肯定不愿意出现这种情况。"梓博点点头，沮丧地问："那可怎么办？""这几天我们一起把这些票分一分，把坐车的票放在一起，把买东西的票放在一起，然后贴在一个大大的册子里再给小朋友看，你觉得怎么样？"梓博大大的眼中闪烁着兴奋与期待的光彩。随后，与这一个性化教育方案相关的一系列活动在班中开展起来。

"千人千性格，万人万脾气。"这句民间流传的俗语，道出了人们对身心发展的个体差异的认同。透过多元智能的镜子，教师看到每个孩子身上的闪光点，对于以往顽皮的和不易被关注的幼儿，教师会以积极的儿童观，更加包容、更加主动地与他们互动，有意识地避免消极的教育行为；通过开展多种形式的智能强项展示活动，教师多方面多角度地肯定与鼓励，使每个幼儿获得更多的成功与自信。正如一位教师所言：当我运用智力的多元性、以赏识的眼光看待幼儿的时候，发现并惊叹于他们很多方面是令人意想不到的。正如家长所讲，没想到我的孩子还具有这方面的才能。

幼儿园园长作为课程领导和管理的第一责任人，只有在课程规划、课程设计、课程实施、课程评价中，通过观念引领、发现问题、整合资源、统筹全局等多种方略，来引领教师更加关注幼儿的需求和班级的特点，更加关注教育内容与方法的适宜性，走近孩子，用心解读每一名幼儿，适时"因人施教"，才能带领团队不断提高幼儿园的整体课程品质，更好地促进幼儿富有个性地健康发展，让孩子做最好的自己。（李奇：天津市河西区第一幼儿园园长）

案例评析

天津市河西区第一幼儿园系天津市首批示范园，始终走在学前教育改革的前列，也逐步形成了以多元智能理论为基础，以期待每一个幼儿富有个性地健康成长为目标的独具特色的园本课程体系。这里的环境是真实的、开放的、立体的；这里的教育资源是丰富的、全面的、多元的；这里的孩子是自由的、自主的、独立的；这里的老师是自觉的、尊重的、创造的；这里的管理是民主的、规范的、富有弹性的；这里的家长是积极的、配合的、参与的。经过多年的实践探索，河西一幼所开发的园本课程荣获全国首届基础教育教学优秀成果二等奖。透过这样的课程，每一个幼儿都有机会成为个性化教育方案的发起者，他们的潜能、兴趣被充分尊重。（韩映虹：天津师范大学教育科学学院副院长、教授）

29 建立园长深入班级指导保育教育活动制度，利用日常观察、观摩活动等方式，及时了解、评价保育教育状况并给予建设性反馈。

『 政策视线 』

《幼儿园教育指导纲要（试行）》："教育评价是幼儿园教育工作的重要组成部分，是了解教育的适宜性、有效性，调整和改进工作，促进每一个幼儿发展，提高教育质量的必要手段。""幼儿园教育工作评价实行以教师自评为主，园长以及有关管理人员、其他教师和家长等参与评价的制度。""评价应自然地伴随着整个教育过程进行。综合采用观察、谈话、作品分析等多种方法。""幼儿的行为表现和发展变化具有重要的评价意义，教师应视之为重要的评价信息和改进工作的依据。"

《中小学和幼儿园教师资格考试标准》："了解幼儿园教育评价的目的与方法，能对保教工作进行评价与反思。""能正确运用评价结果改进保教工作，促进幼儿发展。"

《教师教育课程标准》："掌握观察、谈话、倾听、作品分析等基本方法，理解幼儿发展的需要。""了解教育评价的理论与技术，学会通过评价改进活动与促进幼儿发展。"

《幼儿园教师专业标准（试行）》："主动收集分析相关信息，不断进行反思，改进保教工作。""针对保教工作中的现实需要与问题，进行探索和研究。"

新加坡《幼儿园质量评估标准》：制定了全面评估幼儿园质量的标准，包括领导力、行政管理、教师发展与管理、计划、课程和保育、安全与健康等主要方面。

英国《EYFS 早期学习与发展目标》："持续性的评估是促进儿童认知发展过程中所必不可少的工作。教育机构要确保教育者随时随地观察孩子，并作出适当的应变来帮助孩子，使他们达成正常的认知和发育。""评估要建立在教育者对儿童的日常活动加以观察的基础上，也包括对幼儿学习和知识能力作出判断。所以每个和孩子有接触的工作人员都要参与评估，也包括父母所提供的信息。"

『典型案例』

三人行，必有我师

评价教师的工作是园长最重要的职责之一。作为管理者，园长必须指导、考察、评估每一位教师的工作，及时给予反馈，并作出影响教师个人专业发展和学校整体发展的决策。但是在现实中，教师作为评价对象有安全和自尊的需要，从心理上排斥评价，有些老师甚至认为评价教师工作是园长们没事找事、故意找茬的一种举动，这样的教育评价不但达不到使教育价值"增值"的效果，还会造成园长与教师之间关系的紧张。

因此，为了进一步提高幼儿园的办园质量和教育教学水平，我园从 2000 年起尝试开展"以发展性评价促教师专业成长"的研究，改变单一的园长评价方式，通过"园长、同事、评价对象"三位一体的评价方式，让评价成为"教师"与"发展"之间的桥梁。

一、事先明确评价的目的和标准

我们认为，教育评价旨在促进每一位教师的专业发展，而不是评定她们表现的优劣，更不是成为奖惩的依据。教育评价是幼儿园教育工作的有机组成部分，在开展评价之前，园长首先要营造健康的氛围，使所有教师都能以积极的态度支持这项工作，同时，还要有符合并体现本园特色和需求的评估标准。我们把教师们最基本的专业能力，如环境创设、游戏组织、教学活动等作为评估的内容，依据教师的发展需求和实际水平，共同商讨制定评价的指标，使评价与教师的专业发展紧密结合。例如，我园 2004 年出版的《幼儿园教师必备手册》就对游戏、晨间活动、自然角、环境布置、教学活动以及教科研都提出了具体的评估标准，这些评估内容是比较宽泛的，还可以被进一步的分解和细化，如将"游戏组织"

细化为"游戏目标""游戏内容""时间、环境与材料提供""游戏观察与指导""幼儿行为与表现"。

评估标准也不是固定不变的，可以随教师的发展水平和需求进行相应的调整。如2012年起，随着幼儿园办学条件的改善和教师研究儿童意识的增强，我们在"游戏组织"评价中又加入了新的标准，如"区域相对固定并具有一定的封闭性""区域内有适宜的展示或陈列儿童作品的空间""能提供让儿童自主记录的相关材料"等。

二、构建"园长+同行+教师个人"三位一体的评价团队

《幼儿园教育指导纲要》强调指出："教育活动评价应以教师自评为主，同时发挥教师群体的智慧和合作精神，共同研究、共同提高。"我们改变过去教师只受园长评价的方式，把教师自我评价和同行评价引入评价机制。

园长或副园长是第一评价者，评价对象是第二评价者，她可以邀请园内的任何一位或者几位骨干教师作为第三评价者，参与评价工作。教师一般都会请自己的师父或者年级组长、教研组长加入评价团队。由于大家都是教师，对彼此的教育教学活动、环境创设以及家长工作等各方面都非常熟悉和了解，因此同行评价能提供具体与实用的意见和建议。

园长是评价团队的负责人，要确保评价团队有效、积极地开展工作。园长需要提前与教师沟通，商讨第三评价者的人选，确定评价的内容。当教师认同教育评价是为了促进教师专业发展的理念时，她们会开诚布公，不刻意隐瞒自己的弱点，也不会想方设法掩饰自己的不足。所以教师们往往会故意选择一些自己并不擅长的领域，用她们的话说："这么多优秀的老师来观摩我的活动，每个人提一个建议我就能获得一次提高，机会多难得呀！"有些刚参加工作的小老师比较紧张，年长的同事们会安慰她们："别害怕，她们不是来挑刺的，而是来帮助你的。"活动结束时，有的老师恳切地说："说实话，你来听课我确实感觉有压力，但是在这个过程中我收获很大，这样的听课评课我欢迎！"

三、提倡"2+2"反馈方式，鼓励与建议并重

虽说"忠言逆耳利于行"，但很少有人能够接受"火药味"十足的批评。面对以否定为主的教育评价，绝大多数教师会采取辩解或抵制的态度。因此，作为评价团队的责任人，园长必须认真斟酌反馈的措辞、步骤以及策略。为了让评价有据可循，我们建议每位评价者都把幼儿园制定的相关评价标准作为分析评价对象优缺点的参考依据。同时，为避免出现一言堂的情况，我们采取"2+2"的反

馈方式，即提倡每个人提出两条肯定意见和两条改进建议，最后，由园长归纳总结出意见最集中的两条肯定意见和两条改进建议，提高反馈的针对性和有效性。

教育活动评价的过程，是教师运用专业知识分析问题、总结经验、自我反思的过程，也是教师自我成长的重要途径。在教育评价中，一定要保证足够的时间让评价对象对自己的教育活动进行自我评价。有的园长担心，教师出于自我保护，会一味强调自己哪里做得好，对不足之处避而不谈或者一带而过。其实，大多数教师都能够主动分析自己教学中的得与失、功与过。如果教师不能发现自己的不足，园长也可以通过提问和讨论的方式来启发引导教师发现问题、解决问题，促进教师反思能力的提升。例如，一位教师在社会活动中请孩子们提前制作了《晚间活动调查表》，可是在教学的过程中，除了两三位小朋友介绍了自己的调查表外，其他孩子的调查表一直放在椅子下面，没有起到交流的作用。在课后评析时，教师本人没有意识到这一点，园长以提问的方式抛出了问题："我看到你在教学准备中用到了调查表，你觉得在这个活动中调查表的作用体现在哪里？怎么做可以让调查表的作用最大化？"在园长的点拨下，教师提出可以提前把调查表全部展示在一大块展板上，活动开始时先让小朋友们两两结对，相互介绍自己的晚间活动情况，然后再选择几张有代表性的，在集中讨论时作重点介绍。园长对教师的想法予以肯定，同时，也提出了自己的建议："在实践操作环节，你让孩子们为自己制订晚间活动计划，可不可以将这份新计划跟原来的调查表作一个直观的比对，让孩子们谈一谈自己作了哪些调整？为什么要作这样的调整？"参与评价的教研组长接着说："你可以用另外一种颜色的纸来让孩子们现场制作计划，展示在他们原来的调查表下面，用一一对应的方式进行比较，效果更直观！"执教的老师对原方案进行了修改，在第二次活动时发现调整后教学效果与前一次大不相同，孩子们参与的积极性更高，表达的准确性也更强。园长的适时点拨是教师专业发展的"催化剂"，同行的鼓励帮扶是教师专业发展的"助推器"，教师自身专业发展的内在动力是其不断突破自己、获得职业成就感的源泉。

教师的专业发展是一个长期的过程，园长对教师工作的指导和评价也不是一次两次就能够完成的。一学期当中，园长要根据幼儿园保教工作的特点，在期初、期中、期末分别采用不同的方式，对教师的各项工作进行深入细致的观察和指导，包括学期内班级教育教学计划的制订、班级环境的布置与游戏材料的提供、一日活动作息时间的安排、游戏与教学活动的组织、儿童成长档案的制作等等，把这些能充分反映教师变化过程、发展过程的资料都一一保留下来，在学期末的时候，园长、教师本人和第三评价者再次集中起来，对所有的材料进行梳理、回顾，共同形成一份全面、完整的评价报告。（陈静：江苏省南京市鼓楼幼儿园副园长）

 『 案例评析 』

园长深入班级实施教育教学的管理，是常态化的行为。做得好，可以从技术层面走向理念层面，激发教师的主动性、积极性；做得有欠缺，会出现本文开头所说的"认为评价教师工作是园长们没事找事、故意找茬的一种举动，不但收不到教育管理的效果，还会造成园长与教师之间关系的紧张"。本案例提出的构建"园长＋同行＋教师个人"三位一体的评价团队、"2+2"反馈方式，就是帮助老师借助信任团队的力量发现自己的问题，借助评价找到问题的症结，在自我反省中用自己的方式解决自己的问题。这看似是园长将问题抛给了伙伴，实则是园长科学管理的高明之处。一是老师有了来自不同层面的反馈意见与建议，二是能快速找到理想与现实的差距，三是顾及了老师的尊严，让老师能体面地修正不足，帮助老师从跟着感觉走的懵懂状态，进入认真听、主动想、积极变的有效行动中。（崔利玲：江苏省南京市鼓楼幼儿园园长）

30 领导和保障保育教育研究活动的开展，提升保育教育水平。

『 政策视线 』

《幼儿园教育指导纲要（试行）》："教育活动内容的组织应充分考虑幼儿的学习特点和认识规律，各领域的内容要有机联系，相互渗透，注重综合性、趣味性、活动性，寓教育于生活、游戏之中。""教育活动的组织形式应根据需要合理安排，因时、因地、因内容、因材料灵活地运用。"

《中华人民共和国未成年人保护法》："学校应当全面贯彻国家的教育方针，实施素质教育，提高教育质量，注重培养未成年学生独立思考能力、创新能力和实践能力，促进未成年学生全面发展。"

《国家中长期教育改革和发展规划纲要（2010—2020年）》："坚持能力为重。优化知识结构，丰富社会实践，强化能力培养。着力提高学生的学习能力、实践能力、创新能力，教育学生学会知识技能，学会动手动脑，学会生存生活，学会做人做事，促进学生主动适应社会，开创美好未来。"

《教师教育课程标准》："了解幼儿的生活经验，学会利用实践机会，积累引导幼儿在游戏等活动中建构知识、发展创造力的经验。""参与各种类型的科研活动，获得科学地研究幼儿的经历与体验。"

《3—6岁儿童学习与发展指南》："关注幼儿学习与发展的整体性。儿童的发展是一个整体，要注重领域之间、目标之间的相互渗透和整合，促进幼儿身心全面协调发展，而不应片面追求某一方面或几方面的发展。"

《幼儿园工作规程（修订稿）》："幼儿园应当充分尊重幼儿的个体差异，根据幼儿不同的心理发展水平，研究有效的活动形式和方法，注重培养幼儿良好的个性心理品质。"

芬兰《幼儿保育和教育国家课程指导》指出："将保育、教育和教学视为一个整体。幼儿保教是一个整体，它由相互影响的保育、教育和教学三个维度组成。根据儿童的年龄特征，这三个维度会有所偏重。""保育、教育和教学的完美组合能促进孩子建立积极的自我形象，提高表达和互动技能，发展思维力。"

📇『典型案例』

让每一位教师具有成为"领头雁"的素质

我们园通过完善自培机制，强调多种形式的学习方式，提升教师的教育反思能力，观察聆听孩子的能力，以及教育教学技能。

一、完善培训机制

我园园本培训通过完善教师培训机制，有效地利用园里的教育资源，促进新老教师的专业成长。具体做法主要有以下三个方面：

1."带教制"。班级采取优化组合的方式自上而下地选择班主任及配班老师，在全园上下倡导"能者为师"的良好风气，组建学习共同体。无论是新教师与新教师之间、新老教师之间，还是教师与校领导之间，甚至师生之间，都形成了这种浓厚的向上学习的氛围。在互相学习、相互促进的过程中，教师们变得更亲密、更相互信任、更愿意沟通。在学习共同体的组建中，教师们找到了向上学习的动力，感受到了工作的幸福，孩子们找到了学习的乐趣。

2."帮扶制"。新教师进入幼儿园工作的初期，面对陌生的工作环境，常会遇到困难，备受压力。为了帮助新教师尽快适应幼儿园的教学环境，提高其教学技能。我们有效发挥了年段长及骨干教师的作用，通过一对一的形式，给新教师安排一个经验丰富的、专业能力强的骨干教师作为师父，通过每天的言传身教，促进其专业成长。年段长定期给新教师进行专业培训，主要包括以下两种形式。①实地式培训。走进教育第一线，用有目的和随机相结合的方法：捕捉教师的教育行为→倾听教师的想法，仔细观察教师的做法→提出质疑，层层追问→耐心等待教师的回应→提供策略→用教育理论解读教师的教育行为。②提倡新教师用实录的方法记录孩子的表征行为、探索行为以及教师自己的分析和教育策略、教育效果等。鼓励教师讲述关于自己的教育故事，并启发教师对教育行为进行反思，触类旁通，从而提出更多的教育策略。

在园本培训中，除了新教师撰写教育日志之外，我们同样倡导全园教师参与其中，帮助其提高自身的教育反思能力，促进专业成长。一事一议，鼓励教师讲述关于自己的教育故事，这些教育故事已经成为我园各类会议的一道风景线。由于具有较强的操作性，教师看着这些实例就可以实践，同时还可以启发教师对教育行为进行反思。因此教育实例同时也成为我园培养教师，使其从理论向实践转化的园本教材。由于教育实例的培训方法直观、可操作、有效，我们的后勤组在组长的带领下，本学期也采用案例法培训保育员，使保育员也有参与课改的研究课题。

3."导师制"。每年聘请省、市幼教专家学者担任幼儿园教师的师训工作。以研讨会、课题结题活动等各级各类观摩开放活动为契机，邀请省市领导、专家对幼儿园的课研工作进行指导、点拨，通过环境观摩、活动观摩、案例剖析、互动研讨会等方式，剖析教改工作中的亮点，并借助解析交流与互动，帮助教师提升课研教育经验，促使教师"知其然，亦知其所以然"。

4."家长参与制"。让家长参与、支持幼儿园课程的开发和实施，从而提高教师与家长的沟通能力。例如：中二班老师在从每个孩子信箱中收集家长提供的信息时，发现与老师交流的信息不多。为了引导家长更多地关注孩子，老师创设了家长参与的"超市"活动，促使家长与幼儿一起仔细地观察、了解、发现超市的特点。这样做既解决了家长认为无话与老师交流的问题，又让家长有内容可观察，有话可说，真正发挥了家长信箱的作用。我们鼓励家长在参与幼儿园的观摩、助教活动后，用照片和文字的形式把心得感受记录下来。这些心得感受不仅被张贴在班级公布栏上与其他家长相互分享，更作为我园教师做好家长工作的园本课程引导教师与家长共同进步。

二、倡导多种形式的学习方式

1. 互动式学习。以《幼儿园教育指导纲要》《福建省课程指南》和《厦门市课程指南》为指导，借鉴加德纳的多元智能理论，转变教师理念，强调"团队学习"的氛围，强化以全园、年段、班级多渠道的方式组织小组学习。在团队学习前，提前为教师布置探讨的问题，促使教师查找资料、与同伴分享学习。在以小组为单位的互动学习中，年级组长或者教师自荐作为学习的主持者，作为学习的"过程顾问"，协助其他教师调整学习发展的动向。互动式学习，让每位教师在合作学习氛围中意识到自己与课程改革的发展紧密相连，从而向"关爱、信任、平等、快乐、有益"的课改目标努力。

2. 问题式学习。问题意识能促进教师自我反思，提高其对课程的认知。在主题探究活动开展初期，教师都以饱满的热情投入到课程改革中，但在与主题相关的游戏开展方式以及环境的创设等方面仍然会出现各种各样的问题。面对这些问题，教师们通过在个体的自我学习以及团体的教研学习中互相交流，产生思想碰撞，逐步明确课程理念，积累主题实施经验。

3. 反思性学习。考尔德希德说："成功的、有效率的教师倾向于主动地创造性地反思他们事业中的重要事情。"所谓反思，是指教师在先进的教育理论的指导下，借助行动研究不断地对自己的教育实践进行反思，积极探索与解决教育实践中的问题，努力提升教育实践的科学性、合理性，并使自己逐渐成为专家型教师。《幼儿园教育指导纲要（试行）》也指出，"教师运用专业知识审视教育实践，发现、分析、研究、解决问题的过程，也是自我成长的重要途径。"因此，反思性教学能力是教师迫切需要提升的一种专业素养。在以幼儿发展为本的探究性主题活动中，教师就更需要在开放的、多元的主题活动中借助幼儿在活动中的反应来分析、判断自身所确定的教育目标、选择的教育内容、采用的组织形式、投放的材料、具体的指导策略等是否适宜，通过各种反思方法提升和整合幼儿活动中有价值的经验和具有共性的问题，使活动向纵深方向发展。

在园本培训中，我们强调教师的反思性学习，通过专题讨论、个案分析、撰写个人反思日记等方式，提高教师对自身工作的认识，灵活调整活动计划，及时总结经验，促进活动的开展。（江旭琳：福建省厦门市实验幼儿园园长）

『 案例评析 』

　　保教工作是幼儿园的核心工作，直接关系着幼儿园事业的可持续发展。保教工作的开展关键在人，人才是幼儿园发展的原动力，只有教师进步，幼儿园才会发展。我们认为，要让每一位教师具有成为"领头雁"的素质，幼儿园才会飞得更好、更远。本着这一发展理念，我们积极打造学习型的、有内涵的幼儿园，领导和保障保育教育研究活动的开展，从园本培训提高教师专业素质入手，提升保育教育水平。（江旭琳：福建省厦门市实验幼儿园园长）

第四章
解读专业职责 "引领教师成长"

（一）专业理解与认识

31　　　尊重、信任、团结和赏识每一位保教人员，促进保教人员的团结合作。

『 政策视线 』

《国家中长期教育改革和发展规划纲要（2010—2020年）》："以学生为主体，以教师为主导，充分发挥学生的主动性，把促进学生成长成才作为学校一切工作的出发点和落脚点。"

《国务院关于当前发展学前教育的若干意见》："加快建设一支师德高尚、热爱儿童、业务精良、结构合理的幼儿教师队伍。"

《国务院关于加强教师队伍建设的意见》："到2020年，形成一支师德高尚、业务精湛、结构合理、充满活力的高素质专业化教师队伍。"

《幼儿园教师专业标准（试行）》："具有团队合作精神，积极开展协作与交流。"

《幼儿园工作规程（修订稿）》："幼儿园园长负责幼儿园的全面工作。""负责聘任、调配工作人员，指导、检查和评估教师以及其他工作人员的工作，并给予奖惩。"

『 典型案例 』

尊重、赏识、激励，促进保教合作

保教人员是幼儿园团队中的关键力量。因其岗位特殊，保教人员的素质及彼此的配合将直接影响幼儿的成长及办园口碑。对管理者而言，精心打造保教团队的凝聚力是成功办园的核心要素。我园在多年的办园过程中，尊重、信任每一位保教人员，为每位保教人员搭建自我展示的平台，使她们在团队合作中认识自身价值，充分发挥自身能量，获得赏识和激励。保教人员在工作中找到自信、准确定位，并将个体能量积极融汇到集体能量中，会收到"1+1 ＞ 2"的效果，从而促进幼儿的健康发展。

一、用慧眼发现保教人员的特长

每一位保教人员都有自己的特长，管理者要用一双慧眼发现每个人的闪光点和兴趣点，用其所长。我们的教师团队中，有经验丰富的骨干教师，有多才多艺的年轻教师，还有巧手善思的保育员教师，将她们的优势及潜力挖掘、提取出来，就能让班级工作更出成效、更有特色。如，罗老师擅长拉手风琴，平时的教学活动中，其他班级多用钢琴来伴奏，而罗老师班的孩子则在手风琴的美妙旋律中一起游戏，这让孩子们深感自豪和快乐，其他班级的孩子甚是羡慕。为了能让更多的孩子体验这一快乐，我园帮助罗老师成立"手风琴音乐坊"，罗老师带领爱好手风琴的老师组建团队，利用备课、休息时间开展培训。短短一学期，许多班级的游戏时间、户外活动、亲子运动会上，就出现了老师拉手风琴、孩子们围着老师欢乐嬉戏的场景。新年联欢会上，罗老师组建的"手风琴音乐坊"的表演赢得了一致好评。罗老师在组建音乐坊的过程中展现了才华，发挥了特长，在教师团队中产生了影响力，由此激发了大家的工作积极性，提高了工作热情。

二、用尊重调节保教人员的关系

每一位保教人员都有自己独特的思想。要将性格不同、兴趣不同的保教人员协调到幼儿园的整体工作中来，尊重和信任尤为重要。如，中班的张老师是一位年轻的班主任，工作踏实、认真，深得家长信任。一天，她忧心忡忡地找园长倾诉："班级管理力不从心，我要求调换班级保育员老师。"经过了解得知：保育员赵老师心直口快，因为在班级中年龄最长，有时总是以老大姐自居，不服从班主任的管理，在与家长的沟通中处处标榜自己，影响了班级管理，也容易造成家长的误会。

张老师因为年轻，欠缺工作协调能力，所以造成了现在的被动局面。作为管理者，我们应给予张老师充分的理解，在调解其情绪的同时，肯定她日常的工作，并与她一起分析事情的起因及发展脉络，鼓励张老师勇于面对问题，学会换位思考，先从自身找问题，找出突破点。帮助张老师认识到：调换保育员不能从根本上提升自身的班级管理能力，反而会形成对组织的依赖和班级管理上的不自主。在这种情形下，园长的鼓励、关怀及积极和张老师一起寻找解决问题的路径，是对张老师最大的支持。这种支持使得张老师感受到园长对自己的信任和尊重。同时，园长通过班级巡查、随机交流等多种形式与保育员赵老师巧妙沟通，在肯定其本职工作的基础上，帮助其明确自己的岗位职责，让其明确与班主任配合的必要性，从而保证班级工作的正常运转。

当保教人员在工作中遇到难题时，管理者应该耐心倾听，静心分析，热心相助。要有容人之心，理解保教人员在工作中的小失误、小不足，给其机会，让其不断磨砺、不断进步。让每一位保教人员都能感受到被最尊重、被信任，使每个人都有自我认可的个人成长目标，让其工作有方向、有奔头，同时用这个目标为幼儿园的整体发展服务。管理者用尊重帮助大家逐步学会担当，以班级的有效管理推动全园的高效管理。

三、用赏识、激励推动保教团队的成长

美国哲学家威廉·杰姆斯曾说过："人性最深层的需求就是渴望别人欣赏。"随着教师们工作阅历的增加，这种需求会变得更加炽烈。管理者的一个信任的微笑、一个鼓励的眼光、一句赞美的话语都可驱散教师一身的疲惫，要经常用这些"法宝"去激励教师，时刻放大每位教师身上的闪光点，多看她们的长处，使她们愉悦、舒心地工作。实例：中午，在巡查幼儿午睡的过程中，园长发现中二班的班级阳台上整齐地摆放着孩子们的鞋子。原来，他们班的三位老师利用午睡时间帮孩子们晾晒鞋子、去除潮气。园长把这一场景拍摄下来，发到幼儿园校园网上，这既展示了中二班老师的细致工作，又将此经验推广至全园。及时的赏识和激励使得该班级的三位老师更加默契，在工作中齐心协力、鼎力配合。期末，中二班被评为"优秀班级"，并获得"金点子创意奖"。

激励就是有效地调动教职工的工作积极性，是管理中的重要内容。美国哈佛大学的管理学教授詹姆斯认为：如果没有激励，一个人的能力只能发挥20%～30%，如果受到有效的激励，则可以发挥到80%～90%。有效的激励可以极大地发挥教师的主观能动性和创造性。幼儿园保教质量的高低取决于教师队伍，取决于有效激励机制的构建。因此，我园建立了多元化的激励机制，以此促进保教人员的团结合作。构建物质激励机制，包括工资激励、奖金激励、福利激励等，满足教师的生存需要；给予人文关怀激励，如生日小礼物、节日小祝福、温馨小提示等，全方位凝聚人心，让大家在爱的氛围中体会家庭般的温暖，让每位教师在工作中感受快乐与幸福。我们还提供活动情境激励，增强团队向心力。我园工会在工作之余为教师创造良好的物质条件和精神环境，为教师举办丰富多彩的园内园外活动，如拓展训练、瑜伽健身、真人秀活动和趣味运动会活动等，丰富教师文体生活，让教师缓解工作压力，释放不良情绪，增进理解和沟通，增强团队的向心力。（王玲：江苏省徐州市公园巷幼儿园分园园长）

『 案例评析 』

经常有老师说，不怕身体累，就怕心累。为什么会心累？因为不被理解、不被认同，有委屈，有郁闷。幼儿园是一个小社会，各种年龄、性格、专长的人员集中在一起，虽是同行，也会有人生观、价值观上的差异，同样会有矛盾和误解。管理者将所有保教人员团结在一起，形成共同的价值追求，是园所文化建设的需要，更是让保教人员心有所系的需要。园长要打破"能者多劳"的固定思维，以"学术有专攻"的意识分析每一位保教人员，发现每一个人的潜质，发挥所有人的潜能。我们要将"等待儿童成长"的理念移植到保教人员成长上，通过尊重、赏识、激励等管理行为，等待大家的"顿悟"，促进其向符合共同价值的方向发展。本案例就是管理者通过扬长避短、补台添彩为每位保教人员搭建起自我展示的平台，使她们在团结合作中认识到自身价值，进而发挥能量，实现"1+1 > 2"的目的。（崔利玲：江苏省南京市鼓楼幼儿园园长）

32　重视园长在教师专业发展过程中的引领作用，积极创设条件，激励教师的专业发展。

『 政策视线 』

《关于幼儿教育改革与发展的指导意见》："幼儿园要建立促进教师专业水平不断提高的机制。要鼓励教师立足教育实践，开展日常教研活动，不断提高教师素质。"

《国家中长期教育改革和发展规划纲要（2010—2020 年）》："严格执行幼儿

园教师资格标准，切实加强幼儿园教师培养培训，提高幼儿园教师队伍整体素质，依法落实幼儿园教师地位和待遇。"

《国务院关于当前发展学前教育的若干意见》："加快建设一支师德高尚、热爱儿童、业务精良、结构合理的幼儿园教师队伍。""建立幼儿园园长和教师培训体系，满足幼儿园教师多样化的学习和发展需求。"

《中小学和幼儿园教师资格考试标准》："了解幼儿园教师专业发展的要求，具有终身学习与自主发展的意识。"

《教师教育课程标准》："教师是反思性实践者，在研究自身经验和改进教育教学行为的过程中实现专业发展。""了解教师专业素养的核心内容，明确自身专业发展的重点。""了解幼儿园保教工作的特点和幼儿园各部门工作的职责和要求，感受幼儿教育实践的丰富性和复杂性。"

《幼儿园教师专业标准（试行）》："幼儿园要将《专业标准》作为教师管理的重要依据。制定幼儿园教师专业发展规划，注重教师职业理想与职业道德教育，增强教师育人的责任感与使命感；开展园本研修，促进教师专业发展；完善教师岗位职责和考核评价制度，健全幼儿园绩效管理机制。"

『 典型案例 』

促教师专业成长"保值、增值、赢利"

作为幼儿园管理者，要想促进教师的专业化发展，帮助教师完善职业规划，就必须培植教师的"反思"意识，使其不断反思自己的教育教学理念和行为。如果把教师的专业成长比作银行，那么反思就是教师储备的资本。我们将最实际的经济用词"保值、增值、赢利"用来对教师反思进行新鲜的解读，督促教师主动反思、主动成长，将自己的"专业银行"发展壮大。

一、定向反思——让专业能力"保值"

教师在整个职业成长的过程中，先不要考虑我能获得什么，而是应该先思考我能留下什么，保持什么。教师的"专业银行"不要先急着获利，先要明确怎么积蓄和储备。

目前幼儿教师队伍整体的文化底子偏薄。以我们幼儿园为例，受过全日制高等教育的寥寥无几，但我们的职业特点又要求教师是"万金油"。这就需要管理者有智慧和思路，要细致地分析教师的特点，进行定向反思，因人而异地创造教师专业成长的平台。

领域带头人——不同领域的拔尖教师。用反思来巩固自己的业务特长，保值自己的优势资源。园长应给其个性发展的空间，让其在自己精通并喜爱的领域中独树一帜。让他们自我反思，不断调整自己的优势资源。提供给这一类教师的保值策略就是定向反思：喜欢语言教学的，除了游戏的设置，是否还要研究体态语言的讯息传递；什么方式的语言游戏不流于游戏本身，而会真实地促进孩子语言的发展，等等。

特长研究小组——擅长同一技能的教师群体。幼儿教师的许多技能是必不可少的，如绘画、弹唱、手工等。这些技能是幼儿教师整个职业生涯中不可或缺的能力，环境创设、组织活动、培养幼儿都与这些技能息息相关。给这样的团队保值的策略也是定向反思：推荐小组核心人物、集体反思小组研究方向、定期展示小组成果、创意模块分解。这一反思即将园所的一些活动按照特长小组的特点进行分块，小组成员轮流"执政"技能研究方向。

"老"传经，"小"送宝——不同年龄的教师群体。针对不同年龄段的老师，给予不同的保值策略，依然是定向反思，只是这个定向就定格在年龄的界别上。专门让老教师做经验之谈：带班经验、家长工作、案例分享、特殊幼儿经、班长经、合作经。特定新教师做初入职分享、新鲜事讲述、校园学习交流。

俗话说："这边不亮那边亮"，要让每个教师对自己有信心，对自己的职业有信心，让教师们感受到自己的价值所在，通过定向反思，让她们深信：我是能够保值我的专业素养的，教育事业中的我是一直有魅力的。

二、选择性吸收——促专业内涵"增值"

我们都希望自己是海绵，能吸收无尽的水分来滋养内心。作为教师，我们更需要足够的养分来成就专业的成长。明确吸收什么、怎么吸收，就能够在"保值"之后，使教师的专业财富实现"增值"，让"专业银行"获得收益。

首先，选择必须选择的，吸收必须吸收的。教师这个职业有其特定的职业标准和职业规范。教师职业道德、教师专业标准是我们必须要选择汲取的养分，更是教师安身立命的本真内容。要让教师明白，选择了教师这个行业，"德行"就是你必须修炼的内容。良好的"德行"能为你的专业加分，并注定使你增值。当我们的老师体会到这个吸收的重要性，那么无论是参加师德讲座还是参与教育视频学习、标准学习，方法已经不重要了，内心的态度是最重要的。

其次，选择想要选择的，吸收想要吸收的。自"学前三年行动计划"以来，各种培训接踵而来，我们在欣喜培训带给教师学习机会的同时，也焦虑于这么多培训究竟能否真能"解渴"。这就需要管理者思考，怎么做才能让教师汲取精华，享受成长。

选择前置。在培训学习上，管理者习惯了安排部署，其实不妨将学习反思的权利交给老师：集体推荐备选人员，再根据具体培训内容让教师选择，每学期征集培训内容，由教师建议学习培训的主题。

选择后置。成人的学习不同于学生，通常和需要、兴趣相结合。所以不能要求教师的每次学习培训都能被全盘接收，选择性吸收是上佳的状态，能提炼、总结的教师具备更优的发展态势。利用"十分钟分享""500字总结""七嘴八舌"等形式，鼓励教师从不同角度来总结、分析和反思学习内容。

三、回旋式反思——专业成长的"赢利"

联合国教科文组织曾经研究过教师的教育经验和教育效果之间的关系。结果发现，新入职五年之内，教师的教学效果与教龄成正比，五到八年逐渐分化，大部分教师出现徘徊甚至下降趋势，只有其中的一小部分经过自身的努力，不断学习、不断反思、不断探索，度过了"瓶颈期"，实现了自身的持续发展，成为优秀的教师。五到八年这个分水岭，让许多教师在专业成长上止步不前，而跨过这个坎的有效途径就是进行"自我反思"，所谓"自知者智，自胜者强"正是如此。

每年盘点自己，不是进行普通意义上的总结，而是盘点自己这一年的专业历程，在盘点中突出亮点和思考，提炼自己的年度特色，定制自己的荣誉回顾表格。这样既能记载自己所得的荣誉，又能一目了然地对比每年所得荣誉的比重。坚持"老话新解"，每学期持续一个专业话题，让老师们就这一话题写出反思，通过对比每年写的反思，感受自己对专业的理解和提升。

要让教师看到自己的成长，不是只抬头看前路，也要学会回头看看自己已走过的路，这样教师才能体会到专业成长带给自己的乐趣。"回旋式反思"就是让教师时时回头，并在回顾中发现自己，认可自己，放大自己，最终让发光发亮的自己带给专业成长高额的"利息"。（李建华：河北省张家口市宣化区幼儿园园长）

😊『 案例评析 』

本案例用"保值、增值、赢利"作为关键词，解读了作为园长应如何积极创设条件，督促教师主动反思以实现专业成长，同时将自己的"专业银行"做大做好。

教师也是普通人，有着普通人的夙愿和期望，在不懈付出努力的同时也希望有所回报。给教师成长一些世俗的解释吧，让教师在"保值"的同时获得职业认同感，在"增值"的专业成长中拥有做教师的小得意，在不断反思不停回顾中看到梦想会生出"利息"，真正乐享专业成长这个"银行"带来的财富。（李建华：河北省张家口市宣化区幼儿园园长）

33 具有明确的建立教师专业发展共同体的意识。

『 **政策视线** 』

《中华人民共和国教育法》："实行教师资格、职务、聘任制度，通过考核、奖励、培养和培训，提高教师素质，加强教师队伍建设。"

《关于幼儿教育改革与发展的指导意见》："制订幼儿教育师资培养、培训规划，加强幼儿教师培养、培训机构的建设。"

《国务院关于当前发展学前教育的若干意见》："多种途径加强幼儿教师队伍建设。加快建设一支师德高尚、热爱儿童、业务精良、结构合理的幼儿教师队伍。"

《教师教育课程标准》："了解教师专业发展的阶段与途径，熟悉教师专业发展规划的一般方法，学会理解与分享优秀教师的成功经验。"

《幼儿园工作规程（修订稿）》："幼儿园工作人员应当贯彻国家教育方针，具有良好品德，热爱教育事业，尊重和爱护幼儿，努力学习专业知识和技能，提高文化和专业素养，为人师表，忠于职责，身心健康。"

芬兰《幼儿保育和教育国家课程指导》提出，"幼儿教育和保育"中最核心的资源是工作人员。教育者共同体和教育者个人的强烈的专业意识是保持"幼儿教育和保育"高质量的条件。

『 **典型案例** 』

教师专业发展共同体的建立

幼儿园教师专业发展程度直接影响着幼儿的全面发展状况和幼儿园课程实施的质量。在教师的专业知识构成中，学科专业知识、条件性知识（教育学、心理学等）是可以通过密集型培训而达到的，唯有实践性知识需要通过日积月累的实践才能获得。

一、为每一位教师搭建专业化成长的平台

首先，园长或教育管理者要关注普通教师的话语权，注重发挥学习、备课和观摩的集体效应，建立以引领成长为目的的发展性评价办法。在评价过程中，设立不同的发展目标，关注每一位教师的点滴进步与变化，不能用一把尺子衡量所有的教师，要让每一个教师都能感受到园长的关注和期待。例如，幼儿园以班级为单位开展的班级保教工作质量评价工作，其整体评价除了依据《纲要》《指南》外，还要依据该班级幼儿在原有发展水平基础上的实际发展程度、班级课程开展情况等方面内容，并设立不同级别的班级幼儿发展评价标准。所对应级别的班级都有不同程度、层次的要求。教师以班级为单位，根据自身的发展程度，自主申报班级相应级别。申报后，以班级、年级组为单位的自评方与以教研室为单位的他评方围绕幼儿发展、班级课程，以现场辩论的形式来举证、论证并提出合理化建议，最终由专家、家长、他班教师构成的第三方，结合被评价班级的论证依据进行汇评，确立班级级别。在评审过程中，班级教师、教学研究人员均获得了相应的发展。班级教师在收集资料、调整课程的过程中，自觉选择科学有效的观察方式，更好地了解儿童；结合幼儿年龄特点、发展规律，积极探索适宜本班幼儿发展的课程与教学方式；做到了实践与理论的相互结合。教学科研人员以专业理论知识为依据，运用科学、全面的观察方式，记录、分析幼儿行为，反观班级课程与教师行为，从而寻找出班级的核心问题，并给予建设性的意见与建议。班级教师、教学研究人员之间相互推进、相互补充，最终全面促进了幼儿园教师的专业发展。

其次，园长要注重创设幼儿园的和谐文化氛围，从而调动幼儿园教师自主化发展的积极性。幼儿园文化具有强大而持久的作用，幼儿园的教育理念一旦成为全园教师的共同信念，就会体现在每个教师的价值取向、期望、态度和行为之中，体现在幼儿园的各项活动中。同时，园风文化要注重激励机制的建立，激励

教师积极进取，使教师有一种责任感、荣誉感，不怕困难，追求卓越，自觉完成幼儿园各项任务并取得理想效果。例如：幼儿园始终遵循"以幼儿情感发展为核心"的教育理念，并将这一理念全面传达给幼儿及全体教职员工。幼儿园注重教师的情感体验，组织开展"教师论坛""辩论赛""阳光谈心室"等形式多样、内容丰富的活动。幼儿园为教师创造自由、轻松的心理环境，引导教师结合自身的经历进行思考与分析，逐渐认识情感对于人类发展的重要作用，体验幼儿园保育工作与教育工作之间辩证统一的逻辑关系。

二、探索促进教师专业化成长的有效方法

首先，帮助教师养成反思的好习惯。我们要帮助教师在教学活动后养成反思的好习惯，在反思中学会有针对性地对教育活动进行诊断，在诊断中提升教学质量。如何提升教师的教育活动的诊断能力呢，我们主要采取了以下几种方式。

记录课堂、诊断课堂。为了了解自己的教学状态，教师需要通过录像或录音的方式记录下自己的课堂，在教学活动结束之后观看自己的课堂录像或听取自己的课堂录音，以此分析教学活动中的优点和不足，从而逐步改善自己的教学方式方法，获得良好的教学活动设计、组织实施和评价能力。

积极探讨，在评价中诊断课堂。自我观察与评价毕竟有其局限性，为了提升课堂效益，提高教学质量，每次在公开课或听课活动结束后，我们会将一个教学情境的片段印发下去，让每位教师就这一案例展开诊断，形成诊断报告，进而进行集中讨论、分析。我们组织教师集体观看教学活动的录像，对整节活动进行全面诊断，并形成诊断报告，进而进行集体讨论分析，其中优秀诊断报告的作者将在全园或全组教师业务学习时进行发言。教师要在其他教师的评价和讨论中，诊断自己活动中存在的问题和不足，分析和思考有效或低效教学活动背后的原因，自觉地追问"我为什么这样做""今后怎样做更好"，从而提升对教学行为的理解，为教学质量的提高提供依据。

师幼交流，在沟通中诊断课堂。幼儿是课堂教学的重要参与者，幼儿在教学活动中的表现是对教师教学活动是否优异的最好诠释。因此，在提倡多元评价的同时，评价者要针对幼儿在教学活动中的种种表现进行观察并评价。通常教师可以在幼儿午休或教学活动期间，以参与者的身份与幼儿进行交流，通过谈话和观察去探知幼儿对活动的兴趣及其在活动中的想法和观点，从而达到对该教学活动整体的、客观的诊断。

其次，通过课题研究促进教师专业成长，调动教师共同参与课题研究的积极性。一般在课题的研究过程中，我园园长、教研室与教师平等互动，把握课题研究的方向，以年级组、班级为单位，进行课题的研究与实施，为教师创造自主、开放、和谐、互动的大空间。在研究过程中，教研室定期进入年级组，给予教师积极的支持、指引、帮助与服务，使教师有更大的发展空间，创造性地开展研究。大力提倡团队的力量，强调集体意识、集体荣誉对个人及团队发展的重要作用，共同营造自由、开放、宽松、和谐的研究工作氛围。教师的主观能动性及创造性被完全激发和释放出来，对教师的专业成长起到了保驾护航的作用。

与教师共同参与园本课程的开发。教师是课程开发的关键因素。我园在园本课程的开发过程中，将新疆少数民族文化与中华民族传统文化相融合，以少数民族幼儿维汉双语发展为核心目标，重视让幼儿把握民族文化的特色及其折射出的民族精神，重视在多元文化教育中对幼儿进行比较、鉴别、创新等能力的培养，从而促进少数民族儿童身心健康和谐发展。民族文化中关于幼儿教育的内容很多，教师们根据班级幼儿的年龄特点及兴趣点，将这些内容筛选、整合后形成民族文化教育资源模块，建立了"幼儿园维汉双语整合式课程"主题课程资源库，为我园课程建设奠定了良好的基础。由此可见，教师是园本课程开发中最为重要的课程资源，教师的素质决定了课程资源的适用范围，决定了课程资源开发与利用的程度。

在任何一项教育改革中，教师队伍都是一个不可或缺的关键因素。只有关注教师专业成长，研究教师专业化成长的策略，才会引导教师重新审视、定位自己的角色，使教师真正走向学习者、研究者与教育者三位一体的专业化成长道路。

（刘宾：新疆乌鲁木齐市妇联幼儿园园长）

『 案例评析 』

通过为教师搭建专业化成长的平台，探索促进教师专业化成长的有效方法，真正将尊重教师、信任教师、发挥教师主体地位、调动教师主动性的理念落实到实际的工作中，从认识层面、具体执行层面阐述了教师专业发展共同体的理念。教师专业共同体是建立在教师专业化浪潮的基础之上，以学校为基地，以教育实践为载体，以共同学习、研讨为形式，在团体情境中通过相互沟通与交流最终实现团体成长。它是以求知和育人为基本活动内容的教师专业发展模式，其本身代表了一种共生意识与智慧，是对教师个人主义文化的匡正与补充。（刘宾：新疆乌鲁木齐市妇联幼儿园园长）

（二）专业知识与方法

34 　　把握保教人员的职业素养要求，明确幼儿园教师的权利和义务。

『政策视线』

　　《中华人民共和国教师法》："教师应当忠诚于人民的教育事业。""遵守宪法、法律和职业道德，为人师表。"

　　《中华人民共和国教育法》："教师享有法律规定的权利，履行法律规定的义务，忠诚于人民的教育事业。"

　　《中华人民共和国未成年人保护法》："各级人民政府和有关部门应当采取多种形式，培养和训练幼儿园、托儿所的保教人员，提高其职业道德素质和业务能力。"

　　《国家中长期教育改革和发展规划纲要（2010—2020年）》："提高教师地位，维护教师权益，改善教师待遇，使教师成为受人尊重的职业。严格教师资质，提升教师素质，努力造就一支师德高尚、业务精湛、结构合理、充满活力的高素质专业化教师队伍。"

　　《国务院关于当前发展学前教育的若干意见》："加快建设一支师德高尚、热爱儿童、业务精良、结构合理的幼儿园教师队伍。"

　　《幼儿园工作规程（修订稿）》："幼儿园工作人员应当贯彻国家教育方针，具有良好品德，热爱教育事业，尊重和爱护幼儿，努力学习专业知识和技能，提高文化和专业素养，为人师表，忠于职责，身心健康。"

　　法国政府要求母育学校（法国学前教育的主要机构）的教师首先应该做到的

是必须了解儿童，真正关心儿童，了解儿童发展的个别差异；其次应注意使儿童形成群属感，促使其社会化。法国政府还要求母育学校的教师具有扎实的普通文化知识基础、关于不同活动领域的若干学科的知识以及教学能力。

澳大利亚《早期儿童教育与保育全国质量标准体系》提出，提高教师员工资质要求，以确保教师和员工具备帮助儿童学习和成长的技能。提高教职员工的资质是很重要的，因为研究显示有高资质的教职员通常更能使儿童取得更好的成绩。高资质的教职员意味着对健康和安全问题的更好了解，以及更有能力组织带领活动，鼓励儿童，帮助他们学习和成长。

『 典型案例 』

提升保教人员的职业素养

幼儿园保教人员的职业素养影响着幼儿园的教育教学质量，为提升保教人员的职业素养，我们幼儿园进行了积极的探索。

一、帮助教师在日常保教工作中提升职业素养

幼儿在园的一日活动由幼儿自发自主的游戏、教师组织的教学活动及日常生活活动三大块组成，每一块的组织与实施要点有所不同。如孩子的自发游戏，需要教师为幼儿提供适宜的、操作性强并具有挑战性的材料。有些孩子，特别是男孩子，喜欢搭积木，不怎么喜欢玩表演游戏，针对男孩子的这一特点，教师可考虑在表演区放一些皮带、警察帽子、消防员服装、"灭火器"等男孩子感兴趣的服装或道具，并在班级创设一个积木区，提供各种积木和辅助材料，满足男孩子搭建积木和深入探索的欲望，甚至可以设置木工区，提供真实的锤子、锯子、木块等，让他们有更直接的体验，接受更多的挑战。

在幼儿游戏的过程中，教师需观察幼儿与材料、同伴互动的情况，通过判断找到适宜的介入时机，引导幼儿将游戏引向深入。每个孩子的学习方式、学习速度和兴趣爱好各不相同，如三岁左右的孩子还不懂得分享，当孩子间为争抢玩具发生冲突时，教师最好的处理方式是再投放相同或类似的材料，而不是用说教的方法去教育孩子懂得分享和谦让。

在组织集体或小组活动时，教师需要正确把握幼儿的原有经验，通过有效提问与幼儿充分互动，观察幼儿与材料、同伴互动的情况等多种形式帮助幼儿获得在自由游戏和日常生活中无法自然习得的经验。

日常生活中蕴含着丰富的学习机会和教育价值，这就要求教师精心组织好每一个生活环节。如针对过渡环节的组织与实施，教师要分工明确，同时还需要储备一些专门用于过渡环节的手指游戏或儿歌，让过渡环节变得更加有趣，还要避免不必要的集体行动和消极等待，这就需要教师在组织的时候提前考虑让孩子分组或轮流入厕、喝水，不要让所有孩子在同一时间朝同一方向移动等。

在一日生活的组织与实施中，教师每天都会面对这样或那样的问题，教师应将日常的保教工作作为专业成长的主阵地，通过实际工作提高专业水平。

二、引导教师梳理实践经验并提供交流展示的平台

每个教师的工作经历、教育背景、专业特长、从教时间、兴趣爱好、个性特征各不相同，在教育实践中自然会存在着差异性和多样性，有些已经形成了自己的教育风格和特色，如有的擅长组织集体教学，有的擅长音乐，有的擅长美术，还有的擅长灵活运用各种方式培养幼儿一日生活的常规等。

但即使是经验十分丰富的教师，若一直仅凭着经验处理工作中的问题是远远不够的，如何鼓励和帮助教师将实践经验进行梳理、提炼、总结并推广，是管理者需要认真考虑的。管理者应该留心观察每位教师的智能优势并给出相应的建议，同时提供专业上的引领和支持，帮助其对实践经验进行提炼和总结。

我园有一位工作了近十年的教师，特别擅长利用自己的音乐特长在小班刚入园时帮助孩子养成良好的常规。一日生活中，她经常以音乐作为信号，在每个活动开始前，伴着丰富的肢体动作和夸张的表情，用简单明了的指令提出要求；还会将一些要求编进歌曲或儿歌当中，发现幼儿好的行为时及时表扬并强化。经过一段时间后，这个班的常规明显好于其他三个平行班。

针对这位教师的优势，我建议她从环境创设、一日生活安排、区域常规建立、家长配合及组织小窍门等几方面对自己的经验进行梳理、提炼和总结，并建议其在梳理的过程中查找相关的资料，为她的实践找理论依据。经验梳理完成后，我先请她在年级组进行分享，之后在全园教师会上分享，并利用向片区开放半日活动的机会同片区的教师进行专题分享。

发现每一位教师的特长，引导她们梳理经验是促进教师专业成长的有效途径之一。我园根据不同教师的实践优势，建议她们梳理出了各类专题经验，并为她们搭建平台，让其在全园教师中进行分享，与来自全国各地的同行交流，甚至到贫困地区幼儿园进行帮扶。教师们将多年的积累和沉淀毫无保留地与大家分享，充分展示了自己的专业能力，这个过程让她们体验到了专业成长带来的价值感

和幸福感，激发了她们不断提升专业能力的热情。（凌春媛：广东省深圳市彩田幼儿园副园长）

 『 案例评析 』

幼儿园保教人员的职业素养影响着幼儿园的教育教学质量，但就目前的状况而言，幼儿园教师社会地位不高、劳动强度过大、安全责任过重、案头工作过多、工资待遇偏低、缺少安全感和归属感等等，都让保教人员处于一种高压力的状态，极容易在日常教育教学行为中产生职业倦怠。我们幼儿园从日常保教工作和梳理实践经验方面给予教师引导和帮助，并为教师搭建了交流展示的平台，以此激发教师求发展的内在动力，让其自动自觉自发自主地投入到工作当中，并能在工作实践中不断提升专业能力和职业素养，享受专业成长带来的成就感和幸福感。（凌春媛：广东省深圳市彩田幼儿园副园长）

35 熟悉幼儿园教师专业发展各阶段的规律和特点，掌握指导教师开展保育教育实践与研究的方法。

『 政策视线 』

《幼儿园管理条例》："幼儿园应当以游戏为基本活动形式。幼儿园可以根据本园的实际，安排和选择教育内容与方法，但不得进行违背幼儿教育规律，有损于幼儿身心健康的活动。"

《幼儿园教育指导纲要（试行）》："教育活动的组织与实施过程是教师创造性地开展工作的过程。""教育活动内容的组织应充分考虑幼儿的学习特点和认识规律，各领域的内容要有机联系，相互渗透，注重综合性、趣味性、活动性，寓教育于生活、游戏之中。""教育活动的组织形式应根据需要合理安排，因时、因地、因内容、因材料灵活地运用。"

《关于幼儿教育改革与发展的指导意见》："幼儿园要建立促进教师专业水平不断提高的机制。要鼓励教师立足教育实践，开展日常教研活动，不断提高教师素质。""教育部门要建立社区和家长参与幼儿园管理和监督的机制，建立科学的评价体系，加强对幼儿园教育实验和科研的管理和指导。"

《中小学和幼儿园教师资格考试标准》："能根据教育目标和幼儿的兴趣需要和年龄特点选择教育内容，确定活动目标，设计教育活动方案。""掌握幼儿健康、语言、社会、科学、艺术等领域教育的基本知识和相应的教育方法。"

《幼儿园教师专业标准（试行）》："制定自我专业发展规划，爱岗敬业，增强专业发展自觉性；大胆开展保教实践，不断创新；积极进行自我评价，主动参加教师培训和自主研修，逐步提升专业发展水平"。

《幼儿园工作规程（修订稿）》："教育活动内容应当根据教育目标、幼儿的实际水平和兴趣确定，以循序渐进为原则，有计划地选择和组织。教育活动的组织应当灵活地运用集体、小组和个别活动等形式，为每个幼儿提供充分参与的机会，满足幼儿多方面发展的需要。教育活动的过程应注重幼儿的主动探索、操作实践、合作交流和表达表现。"

世界幼儿教育联合和国际儿童教育协会制定的国际性幼儿教育大纲提出："给有不同天赋和能力的儿童提供充裕的学习材料，以锻炼他们解决问题的能力，培养他们的思辨性思维，促进他们创造力的发展"。

『典型案例』

善于研读游戏现场

游戏是幼儿成长的基本方式，幼儿教师应善于研读游戏现场，在游戏中解读幼儿，与幼儿心灵共鸣，优化游戏的功能。

一、对幼儿教师保教工作中游戏素养三个发展阶段的反思

我园教师保教工作中游戏素养的发展大致经历了以下三个阶段。

第一阶段：从"教师游戏儿童"走向"儿童在游戏"。在充分保证了游戏时间后首先出现的问题是：幼儿要么不知玩什么，要么有材料玩不起来。我们对游戏现场进行了反复研读，发现游戏材料都是教师按主观意愿准备好的，与幼儿喜不喜欢、需不需要无关。儿童只能在这样的环境中"有什么就玩什么"，此时的游戏还是"教师游戏儿童"，而不是"儿童在游戏"。

于是，我们开始在班级创建多样的游戏区角，并投放了大量区角游戏材料，孩子们有了更多的选择游戏材料的空间，游戏也就逐步有了游戏的样子和味道。儿童游戏起来了，教师的游戏素养得到了第一次提升。

第二阶段：在丰富多样的游戏中舒展幼儿心灵。幼儿游戏起来了，但时常会听到这样的声音："哎呀，没有玩过瘾。"我们再次研读游戏现场，发现孩子们的游戏多为规则游戏，游戏材料结构性较强，孩子们无法在游戏中充分选择和自由创造。

于是，我们开始对班级区角进行大改造，增加自主度更高的区角，重拾中国传统游戏，自创园本特色游戏，游戏种类极大地丰富起来，满足了幼儿的心灵需求，激发了幼儿游戏的兴趣。"一物多玩""想象替代""合作分享""自主建构"等游戏品质得以展现，教师在为幼儿提供"丰富的玩耍形式"中，使自己的游戏素养得到再一次提升。

第三阶段：在回应幼儿游戏需要中引导幼儿发展。丰富的游戏让幼儿呈现出了快乐、多样的玩耍状态，可在欣喜之余却听到这样的声音："唉，没有我特别想玩的游戏。"这一声音引发了我们的思考：为什么在如此丰富的游戏中，还是没有孩子特别喜欢玩的游戏呢？我们又一次研读儿童的游戏现场，发现教师预设的游戏与儿童的真实需要之间有一定差距，我们还需进一步读懂和考虑"儿童需要"。

于是，教师们通过对幼儿游戏的观察、记录和研讨来解读儿童的游戏行为，通过倾听游戏现场儿童间的对话来发现儿童的兴趣和游戏需要，在追随儿童游戏需要的过程中回应幼儿内心的呼唤，实现教师游戏素养的又一次提升。

二、对培育幼儿教师与幼儿心灵共鸣的游戏素养策略探究

1. 分享策略：小故事分享大智慧。

用故事解读心灵，在故事中走进孩子。我们每周开展一次"游戏中的教育故事分享"活动，教师们用故事记录游戏中的幼儿言行、表情、情绪及其变化、发展等，在故事中分享幼儿游戏的创意与智慧，分享对幼儿心灵的解读与发现，对教育的反思与改善，并不断将之集合成群体智慧，形成本园共享的知识体系。

如老师在晨间活动时发现平日好动的果果安静地在娃娃家切"水果"，并尝试着将切好的西瓜玩具装进从隔壁美工区取来的塑料杯里，但因杯子小反复多次都未成功而十分沮丧。老师"静阅"了这一情况，取了一些大的、质量好的杯子放在了娃娃家的储物柜里。下午游戏时，果果利用新杯子开始玩自创果汁游戏。接下来的几天，老师又敏锐地体会到孩子的交往意愿，与孩子们一起在娃娃家创设喝饮料的情境，通过隐性助推将个体游戏发展为群体游戏。"娃娃家自制果汁"游戏在班级里流行起来，小朋友们做起了卖果汁的生意，教师又为孩子们

提供了更充足的操作空间和与孩子们身高匹配、便于孩子们相互交流的柜子，"娃娃家"变成了有模有样的果汁商店。后来老师又发现有客人不断端着果汁杯到隔壁图书区桌边喝，于是老师合并了图书区和娃娃家，孩子们边喝果汁边阅读图书，图书室变成了一个温馨的书吧。

我们的教育故事主要分为四大类：一是"发现孩子的玩"，这类故事主要是用教育的眼光敏锐地观察和捕捉孩子们的游戏方式，并解读其玩耍背后的发展价值；二是"在玩中发现孩子"，这类故事主要是发现孩子们各种玩法背后所隐含的游戏品质与生命特质；三是"支持孩子的玩"，这类故事主要是运用各种教育策略为幼儿的玩耍提供支持；四是"在玩中支持孩子"，这类故事主要是帮助孩子们在玩耍中实现多元化个性特质的发展。

2. 研究策略：读懂幼儿游戏需要。

我们通过"案例式教研"，集群体智慧帮助大家读懂幼儿需要。A老师在组织"创意泡泡"游戏时，发现孩子们能想象出不同的造型来表现泡泡，玩得不亦乐乎。观察到这一现象的她认为孩子们一定喜欢玩泡泡水，于是在班级提供了泡泡水，但没有孩子来玩。她很困惑，又为孩子们提供了许多玩泡泡的工具，仍然没能引发孩子们的玩耍兴趣。研讨中，她向大家提出自己的困惑。大家共同观看了此班孩子的泡泡表演游戏和泡泡区材料后发现，孩子们真正感兴趣的是表演不同造型的泡泡，于是她开始反省和调整自己的游戏支持方案。

教师们在案例的分享交流中有了进步，观念和行为进一步升华，教师团队解读幼儿的能力进一步提升。

3. 创造策略：创设新游戏，与幼儿心灵深度共鸣。

创造性设计游戏的能力，是指根据幼儿的实际发展需要，设计出新的、适合幼儿心灵发展的游戏的能力，包括对原有游戏的改造和自创新游戏两种能力。

幼儿喜欢的游戏不是一成不变的，也不是每个游戏都适合所有幼儿的心灵需要，这就需要老师不断调整，创设新游戏。如根据现代儿童的生活经验，将传统游戏"狼和小兔"进行改良，拓展出不同的游戏玩法，可以将这个本是培养幼儿躲、闪、跑能力的体育游戏与科学游戏结合，通过让小兔回到对应形状的家中巩固对图形的认识；还可与音乐游戏结合，在说唱中展开狼和小兔的对话。这样的创新设计将传统游戏与现代儿童联系，在激活幼儿游戏兴趣的同时丰富了传统游戏的育儿功能。再如老师们在电玩游戏"愤怒的小鸟"中得到启示，制作出电子游戏中的射击图并将目标动态化，将传统游戏中的弹弓、泼泼枪作为瞄准射击的工具，促进了现代游戏与传统游戏的结合，有利于更好地培养幼儿的健全心灵。

我们还开展自创游戏比赛，通过交流评比，让教师们相互借鉴游戏设计经验，开拓自己的游戏设计视野。不管是个体还是团队，都在这样的比赛中提升了自己的自创游戏设计能力，提升了与幼儿心灵共鸣的游戏素养。（余琳：四川省成都市第十六幼儿园园长）

 『 案例评析 』

案例的第一部分来自园长的实践反思，呈现了在实践工作中分析归纳出的幼儿教师游戏素养的三个发展阶段，即从"教师游戏儿童"走向"儿童在游戏"，在丰富多样的游戏中舒展幼儿心灵，在回应幼儿游戏需要中引导幼儿发展。案例第二部分是园长有效经验的呈现，展现了本园在培养教师游戏素养方面的三个策略，即分享策略、研究策略、创造策略。（余琳：四川省成都市第十六幼儿园园长）

36　掌握园本教研、合作学习等学习型组织建设的方法以及激励教师主动发展的策略。

『 政策视线 』

《关于幼儿教育改革与发展的指导意见》："幼儿园要建立促进教师专业水平不断提高的机制。""要实行教师聘任制，建立激励机制，提高教师队伍的素质和水平。"

《教师教育课程标准》："教师是反思性实践者，在研究自身经验和改进教育教学行为的过程中实现专业发展。""教师是终身学习者，在持续学习和不断完善自身素质的过程中实现专业发展。""在日常学习和实践过程中积累所学所思所想，形成问题意识和一定的解决问题的能力。"

《幼儿园教师专业标准（试行）》："开展园本研修，促进教师专业发展。""幼儿园教师要将《专业标准》作为自身专业发展的基本依据。制定自我专业发展规划，爱岗敬业，增强专业发展自觉性；大胆开展保教实践，不断创新；积极进行自我评价，主动参加教师培训和自主研修，逐步提升专业发展水平。"

《幼儿园工作规程（修订稿）》："幼儿园应当建立教研制度，研究解决保教工作中的实际问题。""参加业务学习和保育教育研究活动。""定期总结评估保教工作实效，接受园长的指导和检查。"

『典型案例』

园本教研"四部曲"

在新的理念下，教师专业能力的重点在变，教师的核心能力在转型，相较于传统教研，今天的园本教研研什么？同时，教师的专业发展就在日常专业生活中，那么新理念如何进入教师专业生活，且能生活化、常态化？对教师的专业生活怎么去教研？园本教研以园为本，那么真问题、有价值的问题在哪里？是什么？

我们实践出园本教研"四部曲"，拟提升教师的专业理念。

一、找出来——到常态工作中找真问题

通过教研管理人员下班级观察教师常态工作和电教老师下班级常态摄像采集资料，我们对采集到的教师常态实录资料进行解读、分析、反思，发现核心问题是教师的"师本位"。

园本教研研什么？即"研生""研学"。当教研时研读了儿童这本书后，教师会真切感受到儿童是值得尊重、必须尊重的。只有把儿童放进教师的眼中、心中，才能唤醒教师沉睡的"第三只眼"，去解决教育的常态和本色问题。

二、看过来——在观察中学习细描儿童的专业技能

我们结合区内传统工作，开展区级青年教师"新苗赛"半日活动观摩，以往观摩看教师，此轮观摩我们侧重看儿童。所有观摩教师每次选择 2 ～ 3 名儿童进行半日追踪观察，记录并讲述儿童的言行体验。活动持续了一个月，我们看了、讲了一个月的儿童。这是一个由量变引发质变的过程，教师群体完成了从勾勒儿童到细描儿童的转变。

我们看到，园本教研是能"掘金"的。教师的一点点变化让我们认识到：教师对儿童自发的感动、怜悯、惊叹等情感像金子一样宝贵，这些是教师真正尊重儿童的基础和土壤。同时，在常态工作中，我们陷入言而无"行"的怪圈。尊重儿童，做一次秀容易，难在自觉做、一直做，要让整个教师群体都自觉做、一直做则更是难上加难！

对于教师来说，对教育的信念和责任影响教师的执教本性。我们尝试通过培养教师内心对职业、对儿童的负疚感，促进其教育信念和责任感的建立，从而保障其在常态工作中自觉践行新理念。

三、调过来——在换位体验中启迪尊重儿童的专业信念

尊重的基础是理解，深深的理解是感同身受，博爱的理解是悲天悯人。理解的基础是能换位和移情。

标本要同治，"为别人着想""心怀感恩""己所不欲，勿施于人"，换位体验的教研应需而生，成为这一阶段园本教研的主要工作。因此，我们的园本教研"慢"下来，但拓展开了，旨在帮助大家调换角色，理解幼儿。这一过程虽然没有解决太多显性的"教"的问题，但像春雨润物细无声一样，儿童及儿童的需要被放进了教师的心里。但这仅仅是起点，还需要园本教研引导教师去思考怎样按"儿童的大纲"支持幼儿学习，怎样让自我建构的过程变得更有效。

四、跳出来——在常态工作中开展以儿童发展为本的专业实践

我们要从为教师需要而教的传统框框里跳出来，重新学习和构建为儿童而教的专业思想和行为。有了之前教研的启发和蓄势，这一阶段园本教研的主要工作是引领教师们深度思考和建构：关注儿童什么？支持儿童什么？怎样支持？

在日常工作中，老师们品读儿童"荒谬背后的合理"，惊叹于儿童神奇的学习能力。我园园本教研不做"大跃进式"的拔苗助长或"口号式"的自欺欺人，而是根据教师的实际水平和专业成长要求，一步一个脚印，扎实、真实、求实地继续推进。（曾琴：四川省成都市第三幼儿园园长）

『 案例评析 』

如何将幼儿发展所需要的活动还给幼儿？对此，我们一直在思考能否以园本教研推动教师观念的转型。本案例从园本教研实践的"四部曲"出发，探索以园本教研推动教师观念转型的方法。教师教育理念的培养，不是一蹴而就的，不是一个活动、一次讲座就能达成的。要让新的教育理念去引领、改变教师的日常教育教学行为，在教研过程中重视教师的真实感悟、真实水平，追求不愤不启、不悱不发的境界，通过"找出来""看过来""调过来""跳出来"四部曲帮助教师主动发展。（曾琴：四川省成都市第三幼儿园园长）

（三）专业能力与行为

37　　了解教师专业发展的需求，鼓励支持教师积极参加在职能力提升培训，为教师创造并提供专业发展的条件和环境。

『 政策视线 』

《中华人民共和国教师法》："不断提高思想政治觉悟和教育教学业务水平。"

《中华人民共和国教育法》："实行教师资格、职务、聘任制度，通过考核、奖励、培养和培训，提高教师素质，加强教师队伍建设。"

《关于幼儿教育改革与发展的指导意见》："制订幼儿教育师资培养、培训规划，加强幼儿教师培养、培训机构的建设。"

《国务院关于当前发展学前教育的若干意见》："建立幼儿园园长和教师培训体系，满足幼儿园教师多样化的学习和发展需求。""各地五年内对幼儿园园长和教师进行一轮全员专业培训。"

《学前教育督导评估暂行办法》："加强幼儿教师队伍建设，核定并保证公办幼儿园教职工编制，落实并提高幼儿教师待遇，加强幼儿教师培养培训等方面的情况。"

《幼儿园教师专业标准（试行）》："根据学前教育改革发展的需要，充分发挥《专业标准》引领和导向作用，深化教师教育改革，建立教师教育质量保障体系，不断提高幼儿园教师培养培训质量。"

《国务院关于加强教师队伍建设的意见》："幼儿园教师队伍建设要以补足配齐为重点，切实加强幼儿园教师培养培训，严格实施幼儿园教师资格制度，依法落实幼儿园教师地位待遇。"

《幼儿园工作规程（修订稿）》："负责工作人员的思想工作，组织业务学习，并为他们的学习、进修、教育研究创造必要的条件。"

英国学前师资的职后培养为了不断更新保教人员的专业知识，提高保教人员的教育能力，英国学前教育机构作出了保教人员在职必须定期参加专业培训的决定。有的学前教育机构要求全日制教师制订个人职业发展计划。

『 典型案例 』

在单元课程建构中实现教师的专业成长

我国儿童教育家、儿童心理学家陈鹤琴先生的教育思想"活教育""幼童本位"，是我们园单元课程实践建构的文化之根与灵魂。在陈鹤琴教育思想中，我们园的教师汲取着教育的智慧，并将其转变为课程实践的行动。我们的单元课程实践经历了三个阶段，通过一次次的传承与超越，让理念与行为逐步趋近。我们单元课程的实践建构过程，是中国化、科学化、大众化的幼儿教育之路的探寻过程，在"让儿童活泼泼地成长"的同时，实现了教师的专业成长。单元课程的再构成为了教师专业成长的孵化园。

一、教师在单元课程第一阶段的实践中转变理念

单元课程实践研究起步时，正值市场经济转型时期，人们对"不能输在起跑线上"的误读以及独生子女政策带来的早期教育狂潮，影响了学前教育机构的科学教育方向。针对当时幼儿园分科教学模式的弊端以及忽视儿童的现象，鼓幼单元课程研究团队提出"社会中心、生活教育、主动学习"等改革实践设想，梳理出以时间为节点，以儿童发展需求、发展因素为坐标体系，整个的、融为一体的、有系统的、渐进的课程编制思想，以此架构单元的目标、内容、方法、师幼关系、评价等，构成完整的教育体系。

在课程实施中，我们鼓励老师冲破幼儿园围墙的大门，带领孩子们到自然中、到社会生活中，实现"大自然、大社会，都是活教材""做中教、做中学，做中求进步"的"活教育"理想。除教学活动外，单元课程努力挖掘生活活动、游戏活动、体育活动中有价值的线索，发现可用的社会、生活资源，将教学活动移入游戏与生活之中，并通过社会实践活动，发现更多的学习线索，获得更多的单元生成可能性。

社会实践活动作为儿童学习的通道，帮助儿童搭建起通向学习目标的桥梁，

将发展的主动权还给孩子，从而真正实现儿童在原有基础上的适宜发展，单元课程正发生着重大的转变。

在这一阶段的课程实践中，全园90%的老师都参与了课程用书的编写。课程实践，是教师教育行为的感性收获，而课程用书的编写，则是教师教育理念的理性提升。

二、教师在单元课程第二阶段的建构中迎接挑战

第一阶段问题的化解与特点的呈现，让单元课程在幼教界获得好评。随着教师专业水平的提高和国外幼教理论的融入，我们发现了一个大问题：我们似乎仅考虑了"教"，忽略了儿童的"学"；仅注重预先"设计"，忽略了儿童的新的兴趣点。

为避免活动内容与班级儿童发展不相容，我们又增加了二次备课的设计要求。二次备课就是在课程组提供的设计好的以"教"为主的单元基础上，再次以儿童的"学"为调整方向，第二次的调整要完成两项任务。一是课程组提供的单元每学期最多使用70%，另外至少30%的单元需要班级教师根据本班儿童的发展与需求自行拟定，体现出班本特色。二是如果使用课程组提供的单元内容，实施者也要根据本班儿童的发展需要至少调整1/3的内容，以适应儿童学习的需求。如何设计依据本班儿童发展与需求，弹性设计30%以上的部分，成为单元课程第二阶段建构中教师面临的挑战。

单元课程强调拓展性。我们要求教师要敏锐地捕捉儿童在游戏中、一日活动中的同伴交往、师生互动的资讯，发现其中有价值的信息，形成适宜班级儿童学习的新的单元，我们把这部分内容叫作生成单元或扩散练习的内容。这在我们鼓楼幼儿园基于儿童的生成式的拓展上，已成为教师自觉的行动。

单元课程还提出"分层指导"的观念，就是通过小组教学、目标分层制定、分层材料提供、差异化的指导等，让每个孩子都能体验成功的快乐，并在原有水平上有所发展。课程成为了教师与孩子共同探求新知的过程。

在这一阶段的课程实践中，全园所有的教师都参与了课程用书的编写。从理念到行为，我们园的教师再次实现了飞跃。

三、教师在单元课程第三阶段的实践中不断成长

第三阶段的课程实践目前正如火如荼地进行，其课程设计的核心均围绕着儿童。如果说第二阶段的课程设计的"单元网"是带着孩子前后左右探索、寻找最合适的学习方向的话，我们希望发展到第三阶段的"单元网"变成四处弥漫、变

化莫测的"单元云"，让"五指活动"犹如云中的小水滴，任意地融入任何想融入的水珠中，将最合适的、最有意义的内容带进儿童的心灵。

我们通过改造活动室、调整环境、提供材料等，创设丰富的游戏环境，建造儿童借助游戏成长的空间。我们认为，游戏的材料可以给予儿童丰富的刺激，使儿童萌发操作、探究的兴趣，儿童在自己决定用什么方式玩、怎样玩的过程中，形成对自己有价值的经验，并以此为线索，萌发更多的兴趣，获得更多的经验。

单元课程鼓励儿童"做"和"玩"，注重学习情境对"做"和"玩"的支持，倡导儿童实现探究式的多感官学习，以获得多样化的经验。我们借助角色扮演区、积木区、美术制作区、益智区、科学区、表演区、阅读区、生活区等丰富的游戏环境来创设，让儿童在尝试探索中感受游戏的乐趣，体味主动学习的快乐，获得有价值的成长。

我们提倡让儿童动手操作，通过探索式的操作与体验，获得对事物的认识与态度，增加儿童利用新经验扩散练习的机会，使儿童利用想象力积累更加丰富的经验，教师也由显性指导改为隐性指导，调动全体儿童参与活动的主动性与积极性。

单元课程的建构过程，是教师教育观、儿童观、课程观的蜕变过程，教师的团队研究精神，让课程研究有了生命的轮回，有了不断前进与发展的基础。（崔利玲：江苏省南京市鼓楼幼儿园园长）

『 案例评析 』

在学前教育理论不断丰富的今天，教师的职后研修、培训决定着他们能否实现与时俱进的成长，决定着他们能否成为幼儿园课程实施的主力军。有经验的园长不仅能借助园本研修、培训，为教师的专业成长摇旗呐喊，还会借助团队情境研修，给不同层次的教师上油、打磨，为不同教师的专业成长搭建平台，激发园本研究的活力。本案例介绍了以课程研究促进教师专业成长的具体实践——园长依据教师团队的发展实际，努力创设"天时、地利、人和"的环境，这既有普适性，又有前瞻性。其实，这对教师成长的帮助类似于"最近发展区"，教师在园长的引领下，借助课程建构的媒介，在发现问题、解决问题中，实现了层层跨越式、阶梯式成长。（崔利玲：江苏省南京市鼓楼幼儿园园长）

38

建立健全教师专业发展激励和评价制度，构建教研训一体的机制，落实每位教师五年一周期不少于 360 学时的培训要求。

〖 政策视线 〗

《中华人民共和国教师法》："各级人民政府教育行政部门、学校主管部门和学校应当制定教师培训规划，对教师进行多种形式的思想政治、业务培训。"

《关于幼儿教育改革与发展的指导意见》："制订幼儿教育师资培养、培训规划，加强幼儿教师培养、培训机构的建设。""要依据《教师资格条例》的有关规定，实行幼儿园园长、教师资格准入制度，严格实行持证上岗。要实行教师聘任制，建立激励机制，提高教师队伍的素质和水平。"

《国家中长期教育改革和发展规划纲要（2010—2020年）》："严格执行幼儿园教师资格标准，切实加强幼儿园教师培养培训，提高幼儿园教师队伍整体素质。"

《国务院关于当前发展学前教育的若干意见》："建立幼儿园园长和教师培训体系，满足幼儿园教师多样化的学习和发展需求。""各地五年内对幼儿园园长和教师进行一轮全员专业培训。"

《国务院关于加强教师队伍建设的意见》："实行五年一周期不少于360学时的教师全员培训制度，推行教师培训学分制度。采取顶岗置换研修、校本研修、远程培训等多种模式，大力开展中小学、幼儿园教师特别是农村教师培训。"

《幼儿园工作规程（修订稿）》："负责工作人员的思想工作，组织业务学习，并为他们的学习、进修、教育研究创造必要的条件。"

新加坡《幼儿园质量评估标准》提出，教师是教学中的关键因素。如果幼儿园能够提供强有力的支持，使教师们接受上岗培训，让他们理解幼儿园的相关计划，获得持续的在职培训与发展，营造全员参与的氛围和健康的工作环境，不断提高专业水平，便能向儿童提供最好的服务，幼儿园也将充满活力。

1992年，英国政府发布教育白皮书，规定新任教师要有1/5的时间进修，正式教师每七年轮流脱产进修一次，力求在任何时间内，都有3%的教师能够带薪进修。

教师专业发展的基地

幼儿园既是幼儿成长的场所，也是教师专业发展的基地。我园作为江苏省首批示范性实验幼儿园，一贯重视教师队伍建设，重视园本培训，近十年来通过课题引领，逐步建立起一套行之有效的教研训一体的管理模式，培养出一大批在省市区有影响力的特级教师、学科带头人和优秀教师。

一、领导重视，制度先行

我园建立了以特级教师崔利玲园长为责任人，以市学科带头人陈静副园长为执行人，以省特级教师史莉、市学科带头人何凯黎、朱水莲等为核心团队的校本研修领导小组，构筑了"一把手"牵头、各领导分工明确、教师全员参与的组织网络和运行机制，使校本研修工作有了一个较为完善的组织保障。园领导班子在讨论制订学校的五年发展规划和学期工作计划中，都把教师队伍建设和园本研修放在重要位置，不仅对培训工作作出具体部署和安排，还保证必要的经费投入。幼儿园的几位园长不但对园本培训工作提出工作思路和策略，还结合自己的研究专长为教师开设专题讲座和进行教研活动现场指导，为教师的专业发展提供直接的帮助。

为了更加有效地督促、检查校本研修工作，我园从 20 世纪 90 年代起就陆续制定了《教育科研制度》《教科研工作评价表》《论文交流制度》《拜师结对制度》《教科研协议书》等一系列与研修相关的规章制度，并在《教师考核细则》《教师岗位职责和工作细则》中对于不同层次的教师提出了不同程度参与幼儿园教科研的要求，使研修工作有章可循，同时加强了监督，提高实效，进而使我园园本研修工作规范化和制度化。

二、立足全员，分析需求

成人学习理论提醒我们，成人的学习动机主要来自内在需要，在培训方案的制订和展开培训时，园所要更加关注教师作为学习者的主体地位。幼儿园教师群体存在着个性、年龄、工作经验、专业技能和理论水平等多方面的差异，因而她们在成长过程中必然有不同的发展需求。鼓楼幼儿园管理者像教师对待幼儿那样，善于观察、了解、研究每一个教师的实际经验水平，揣摩教师的发展需求，根据教师的不同特点采取不同的措施，为其提供成长的条件，创设主动发展的空间，促进其在原有水平上的提高。

通过数据调查、访谈、日常教育教学观摩交流和利用 SWOT 工具进行优劣势分析后，我们概括出本园教师的专业发展需求主要表现在以下几个方面：（1）新手教师需要熟练掌握班级日常管理方法，了解幼儿心理发展特点、个体差异，熟悉园本课程的教育教学方法；（2）青年教师需要进一步积累教育教学和班级管理的经验，摸索和形成自己的教学特色；（3）骨干教师和专家型教师需要在原有基础上进一步提升自己的专业素养，并为本园教师发挥引领示范作用，扶持年轻教师快速成长。同时，随着园所规模的不断扩大和办园经验的丰富，全体教师需要不断深入学习幼儿园的历史文化，继续传承和发扬陈鹤琴先生的"活教育"思想，并抓住"活教育"思想中"活"的灵魂，持续推进幼儿园的教育教学质量提高和教育科研领域研究的深入。

三、统筹安排，分层推进

从 2000 年起，我们通过制定《鼓楼幼儿园"一三五"工程规划》，从学历进修、培养目标、师德水平、业务能力和培养途径五个方面入手，为教师量身打造发展平台，搭建了一支有层次、有发展的绿色梯队。

工作年限	学历要求	目　标	教育思想师德水平	业务能力要求	培养途径
一年	学前大专或本科	做合格的幼儿教师	热爱幼教工作，对幼儿有爱心，具有集体荣誉感。	熟悉幼儿园的教育教学，了解幼儿园的工作常规。	■ 年级教研组 ■ 青年教师教研组 ■ 师带徒
三年	本科在读	园级骨干教师	有科学、正确的儿童观和教育观，关心幼儿，尊重幼儿，对工作有热情和激情。	熟悉幼儿园各科教学方法，尝试独立带班。	■ 年级教研组 ■ 青年教师教研组 ■ 师带徒
五年以上	本科毕业或研究生在读	区级骨干教师	积极参与幼教课程改革实践活动，敬业爱生，有为幼教事业作奉献的精神。	基本掌握教育教学的原则与规律，能独立带班，并参与幼儿园及区级科研课题的研究活动。	■ 年级教研组 ■ 课题教研组

培训不光是每一个教师需求，也是每一个教师的权利。我们保证每位教师一学期可以参加两个教研组的活动，并将选择培训内容和形式的权力下放给教师，教师有权力选择自己想得到的内容，采取自己认为适宜的形式。主体性与责任心有着密切的联系，教师在获得主体地位后必然要树立起责任意识，对自己的工作负责、对自己的将来负责，这就激发了教师内在的成长动机。鼓楼幼儿园在开展教师培养的过程中比较重视发挥教师本人的主动意识，这使得教师培养的有效性得到提高。每学期初，幼儿园园长会组织教科室主任、工作室负责人、各教研组组长、课题组主持人以及年级组组长参加园本培训计划务虚会，共同商讨制订本学期的工作计划以及想要达到的目标。这些计划事先都在组里征询过组员的意见，经讨论通过后才上报主管部门审核。计划一旦获准，组长们还会制订出每一次活动的具体方案，确保活动高效、务实。

　　四、拓宽渠道，灵活多样

　　除了保证每位教师每学年不少于360个校本学时培训之外，我们还积极争取省、市、区各级各类培训的机会，选派合适人员参加高层次的研修活动，为骨干教师的进一步成长提供开阔眼界、拓宽视野的机会。在上级主管部门的支持下，幼儿园定期选派优秀教师赴意大利、法国、美国、德国、日本等发达国家的教育机构考察学习和交流；为特级教师、市学科带头人、优秀青年教师提供参加国培、省培或市级骨干教师培训的机会。

　　传统的面对面培训方式总是难以解决工学之间的矛盾，让园长左右为难。网络培训因为不受时间、空间和参与人数的限制，越来越受到教师们的欢迎。鼓楼幼儿园2004年作为子课题单位，参与了南京市规划课题"幼儿园教师网上培训的组织与管理研究"的研究，在专家的指导下，积累了比较丰富的网上培训经验。我们以幼儿园的网站为平台，把老师们关心的热点话题"幼儿园游戏""环境创设""特殊儿童教育""师生关系""家园共育""儿童保健"等作为专题，放在幼儿园网站的论坛里，引导教师、同行、家长以及其他关心教育的人士共同参与话题的讨论，在交流中提高认识，提升能力。如在"师生关系"专题中，我们请一位老师负责收集相关的案例，再拿到课题组让全体组员进行筛选，选择出最经典的案例发布在论坛上，然后请每一位教师把自己的观点用跟帖的形式呈现给大家，最后再由发帖的组员进行总结性评述。我们在新网站中，将增加可在线播放的视频，如名特优教师的示范课、教研活动现场、青年教师说课评课、专家讲座等，通过及时传递，让教师更方便快捷地了解幼儿园教育教学改革的信

息。（陈静：江苏省南京市鼓楼幼儿园副园长）

 『 案例评析 』

　　"完善培训培养体系，做好培养培训规划，优化队伍结构，提高教师专业水平和教学能力"，是《国家中长期教育改革和发展规划纲要（2010—2020年）》中提出的提高教师业务水平的要求。幼儿园作为教师培养的基层单位，也应通过分类、分层的方式，构建具有园本特色的教师研训模式。分类，是将不同岗位人员归类；分层，是综合年龄、职称、专业成就，依据不同的专业水平将教师分成若干层级。本案例介绍的"制度先行、立足全员、分层推进、灵活多样"的教研训一体的管理机制，将教师分类、分层交织在教研训的网络中，根据教师的不同特点和发展空间，采取不同的务实措施，为促进教师持续地专业成长，促进教师队伍的整体提升提供了有力的保障。（崔利玲：江苏省南京市鼓楼幼儿园园长）

39

　　培养优良的师德师风，落实教师职业道德规范要求和违反职业道德行为处理办法，引导支持教师坚定理想信念、提高道德情操、掌握扎实学识、秉持仁爱之心，不断提升教师的精神境界。增强保教人员法治意识，严禁歧视、虐待、体罚和变相体罚等损害幼儿身心健康的行为。

『 政策视线 』

　　《幼儿园管理条例》："严禁体罚和变相体罚幼儿。"

　　《幼儿园教育指导纲要（试行）》："教师的态度和管理方式应有助于形成安全、温馨的心理环境；言行举止应成为幼儿学习的良好榜样。"

　　《中华人民共和国未成年人保护法》："托儿所的教职员工应当尊重未成年人的人格尊严，不得对未成年人实施体罚、变相体罚或者其他侮辱人格尊严的行为。"

　　《幼儿园教师专业标准（试行）》："热爱学前教育事业，具有职业理想，践行社会主义核心价值体系，履行教师职业道德规范。关爱幼儿，尊重幼儿人格，富有爱心、责任心、耐心和细心；为人师表，教书育人，自尊自律，做幼儿健康成长的启蒙者和引路人。"

《国务院关于加强教师队伍建设的意见》："开展各种形式的师德教育，把教师职业理想、职业道德、学术规范以及心理健康教育融入职前培养、准入、职后培训和管理的全过程。加大优秀师德典型宣传力度，促进形成重德养德的良好风气。研究制定科学合理的师德考评方式，完善师德考评制度，将师德建设作为学校工作考核和办学质量评估的重要指标，把师德表现作为教师资格定期注册、业绩考核、职称评审、岗位聘用、评优奖励的首要内容，对教师实行师德表现一票否决制。完善学生、家长和社会参与的师德监督机制。"

《幼儿园工作规程（修订稿）》："幼儿园工作人员应当贯彻国家教育方针，具有良好品德，热爱教育事业，尊重和爱护幼儿，努力学习专业知识和技能，提高文化和专业素养，为人师表，忠于职责，身心健康。"

南非《早期儿童发展服务纲要指南》提出，儿童的需要和儿童权利是所有服务和规定之核心。建立准则的基本原则是：以儿童为中心！首先，儿童应得到全面的发展，重视他们社会的、情感的、智力和身体发育等各个方面的均衡发展。其次，必须尊重儿童的权利。儿童的权利建立在联合国公约的相关要求，以及南非国家宪章中关于非洲人权和非洲儿童权利的基础上。第三，严格的问责制。作为保障机制，政府、部门、机构与家庭有责任提供适当、有效和高效的服务。

『 典型案例 』

晶晶的故事

新学期开学，大二班迎来了一名插班朋友，她的名字叫晶晶。她比班上的小朋友矮一头，没上过幼儿园，生活还不能自理。原来，晶晶两岁时得了一种叫幼儿特质性关节炎的病，她的妈妈为了让她能和正常孩子一样接受正常教育，决定让还在治疗中的她坚持上一年幼儿园。我们要做的就是帮助晶晶适应群体生活，消除自卑心理，为入小学作好心理准备。

一、制定个性化的培养方案

为了保证晶晶享受到与正常孩子一样的教育资源，能够身心健康地发展，我们制定了一些具体的因材施教措施。班级教师根据实际情况初步制订了一个关于照顾晶晶一日生活的方案，从晶晶的座位、周边伙伴、入厕盥洗，再到如何上下楼参与户外锻炼，我们都作了缜密的安排。晶晶的座位被安排在了出入方便且离老师比较近的地方，尽量安排一些能力强、有爱心、会照顾人的小伙伴在她周围，每天上下楼都有保育员老师抱着她走在班级的队尾。班里有一个小朋友是晶晶的邻居，我们就充分利用同伴资源，让其在生活上多照顾晶晶，介绍班级活动和游戏，帮助她尽快熟悉一日生活常规。另外，我们与晶晶的家长进行交流，从幼儿园的一日生活培养目标、内容、活动方面，初步制订了照顾晶晶的方案，对于孩子可能遇到的困难，我们也进行了沟通。

二、创设良好的班级教育环境

我们创设关爱、接纳、包容、等待的班级教育环境，日常生活中多与她沟通交流，蹲下来和她说话，经常抚摸她的头，抱抱她，关爱地询问她一些生活和游戏中的事情、感受、困难，鼓励她多参加小朋友的游戏活动，并给她宽松自主的活动氛围。

在此基础上，我们把晶晶的身体情况向班级小朋友作了简单的介绍，引导全班小朋友在生活、游戏中帮助她，照顾她，友好地与她交往、游戏，结成互助伙伴，为晶晶的幼儿园生活提供方便。通过教师潜移默化的影响及言传身教，我发现我班的小朋友也有了很大变化，爱心与责任意识逐渐在班里升温。现在的孩子都来自独生子女家庭，没有照顾别人的经验与意识，通过与晶晶的交往，我发现其他小朋友也在成长。小朋友们在喝水、入厕、排队、游戏时主动把晶晶安排在前面；游戏时，有小朋友主动拉着晶晶的手照顾晶晶，和晶晶一起游戏，这使晶晶充分感受到了来自教师、同伴的关爱。晶晶在幼儿园情绪愉快，每天都能坚持来幼儿园。家长向我们反映，即使是去做治疗，晶晶也要求家长治疗后把她送到幼儿园，因为老师喜欢她，小朋友也喜欢她，她喜欢班集体，喜欢小朋友，她在班集体里感受到了快乐、关爱。

三、尊重幼儿意愿，帮助幼儿体验成功

由于晶晶行动不便，保育员老师每天都要抱她上下三楼。一天，晶晶对老师说："老师，能让我自己上下楼吗？医生让我慢慢锻炼，妈妈说我可以走在队伍后面。"老师尊重晶晶的意愿，跟随她的步伐，在她身边做好保护。在户外游戏时，晶晶只能做一些单独的锻炼，竞赛类游戏都不敢参加。一天，玩户外游戏"过河"，晶晶小声音地对我说："老师，我也想和小朋友一起玩！"我把她的愿望告诉了小朋友们，小朋友们都说可以请她参与游戏，晶晶高兴极了，在游戏中调动自己全身的力量尽量往前跳，晶晶以自己的速度和运动方式参与体育锻炼，得到了小朋友们的掌声。晶晶在幼儿园的生活中感受到平等与尊重，她的胆怯心理逐渐得到改善。

在生活上，晶晶得到了小朋友的帮助，充分感受到集体的温暖，渐渐地，她也有了帮助小朋友、帮助老师做事情的愿望。看到小朋友做值日生工作，她说："老师，我也想当值日生。"老师问她："你想做什么工作？""我想给小朋友发餐具，发餐巾，发主食！"我们尊重了晶晶的愿望，让她承担力所能及的事，让她在为其他人服务的同时，发展了数的概念，为入小学储备了经验。（谢鸥　李艳红：北京市棉花胡同幼儿园）

是花儿，总会开放

自然界中，不同的花朵生存所需要的阳光、水分、土壤等皆不同，要做到尊重幼儿个体差异、因材施教，则需要关注以下因素：

在教育内容上，教师要兼顾群体需要和个体差异，要为不同发展水平的幼儿提供适宜的"工作任务"。如美工区里，有的孩子负责绘画，有的负责涂色，有的则负责作品展示，大家自得其乐并相互学习，每个幼儿都有成就感。

在教育目标与要求上，要难易有别，确保每一位幼儿在经过一定的努力后能够达到目标。如同样是练习平衡能力，有的幼儿只能走20厘米的平衡木，而对于平衡能力强的幼儿，老师则可以要求他们走15厘米的平衡木。

在教育策略上，要关注个体差异，对不同发展水平的幼儿给予不同的引导，同时在形式上尽量多采用小组教学，实行分层指导；积极开展区角活动，保证幼儿自由、自主选择的机会。

在教育评价上，要用发展的眼光看幼儿，多作纵向比较，少作横向比较，让每一个幼儿都能够体验到成功的喜悦与自豪。

在环境创设上，可准备丰富的、操作难易程度不等的玩教具供幼儿自主选择。如同样是剪圆，可以在提供彩纸与剪刀的同时，提供绘有圆形并提前打好小孔（方便幼儿剪）的彩纸若干，让环境这一隐形资源引导幼儿去挑战自我，不断提高。（公桂兰：山东省济南市槐荫区实验幼儿园书记）

『 案例评析 』

尽管幼儿的发展都会按照一定的规律，但在生活中，我们发现，其实不同的幼儿发展的速度、发展的优势领域、最终达到的水平存在着非常显著的差异。但是，我们要相信，是花儿，总会开放。因此，我们要耐得住性子，静待花开！每个人都有不同于他人的优势发展领域，如有的人语言天赋高，有的人运动天赋强，有的人具有令人赞叹的艺术天赋，而有的人虽五音不全却具有缜密的逻辑思维。所以，我们要承认并尊重这种差异，要为每一名幼儿，包括有特殊需要的幼儿提供积极的支持和帮助，因人施教，让具有不同个体经验的幼儿能够在一个公平、多元的环境中获得良好的发展。（公桂兰：山东省济南市槐荫区实验幼儿园书记）

40 维护和保障教职工合法权益和待遇，关爱教职工身心健康，建立优教优酬的激励制度。

『 政策视线 』

《中华人民共和国教师法》："各级人民政府应当采取措施，加强教师的思想政治教育和业务培训，改善教师的工作条件和生活条件，保障教师的合法权益，提高教师的社会地位。全社会都应当尊重教师。""教师在教育教学、培养人才、科学研究、教学改革、学校建设、社会服务、勤工俭学等方面成绩优异的，由所在学校予以表彰、奖励。"

《关于幼儿教育改革与发展的指导意见》："认真执行《中华人民共和国教师法》，幼儿教师享受与中小学教师同等的地位和待遇。依法保障幼儿教师在进修培训、评选先进、专业技术职务评聘、工资、社会保险等方面的合法权益，稳定幼儿教师队伍。"

《国务院关于当前发展学前教育的若干意见》："依法落实幼儿教师地位和待遇。切实维护幼儿教师权益，完善落实幼儿园教职工工资保障办法、专业技术职称（职务）评聘机制和社会保障政策。对长期在农村基层和艰苦边远地区工作的公办幼儿教师，按国家规定实行工资倾斜政策。对优秀幼儿园园长、教师进行表彰。"

《国务院关于加强教师队伍建设的意见》："依法保证教师平均工资水平不低于或者高于国家公务员的平均工资水平，并逐步提高，保障教师工资按时足额发放。健全符合教师职业特点、体现岗位绩效的工资分配激励约束机制。"

《幼儿园工作规程（修订稿）》："负责工作人员的思想工作，组织业务学习，并为他们的学习、进修、教育研究创造必要的条件。""关心工作人员的身心健康，维护他们的合法权益，改善他们的工作条件和福利待遇。"

📖『典型案例』

年终考核

学期将要结束，寒假即将到来，对于幼儿园管理者来讲，对全园各个机构、组织、人员的学期与年度评估也拉开了序幕。年度评估工作是一项琐碎、复杂的工作，需要大量的资料作支撑。评估科学、合理，能起到鼓励先进、营造积极气氛的作用，反之，则会导致人心惶惶，影响教师第二年工作的热情。

一、评估的内容

幼儿园的上级主管部门很多，不同部门有不同的考评要求，如教育局要求考评所有在岗人员，进修学校要求考评骨干教师，人事部门要求考评"三名工程"人员，工委要求考评园领导……

一年下来，幼儿园对于员工也有很多需要了解的地方，如业务素质、保教工作、家长工作等，工会的巾帼文明岗还要考评女同志，教科室要考评教育科研人员……

不同的考评年终一起汇集而来，使得管理者手忙脚乱。

如果对每一个项目都进行一次专项评估，我们既没有时间也没有精力。为了简化评估环节，我们的做法是将评估的内容大致分类，按类评估考核：

需要填写表格的，如个人年度考核、专业技术人员业务考核、个人师德评估等；需要撰写书面文字材料的，如"三名工程"人员、骨干教师等；需要民主评议的，如对园领导的评议、家长满意度调查、先进评选、班组专项检查等。

二、评估的方式

凡属第一类评估，我们就采取当事人自己填报，园考核小组按照园三级考核标准核对并综合评价的办法，较快速地完成评价过程，并将材料归入个人业务档案；如属第二类，园考核小组要在当事人个人评价的基础上，依据当年的各项记录进行综述，并给出评价的结果（合格或不合格）；如属第三类，考核小组就要在全园教工（家长）中采取无记名投票的方式产生评价结果，必要时个人要述职

（园长述职述廉、个人一年综述等），幼儿园考评小组将评价结果汇总、记录备案后，上报相关主管部门。

以上评价的标准依据三级评价体系，一级是我园各岗位工作职责与规范要求，二级是年度幼儿园规范化补充条款（每年变化，特指幼儿园目前存在的、急需改善的主要问题），三级是各种专项检查的分值统计结果（如备课、开课、常规组织等）。第一级为对各专业技术人员的基本要求，在幼儿园的一般性评价中应该做到全体通过；第二级为奖励标准线，是幼儿园高标准的要求，对达到或违背的人员，教工大会会给予相应的奖惩；第三级为奖励性评价，分值高的奖励，分值低的不处罚。前两级为柔性评价，第三级为量化评价。第三级评价的结果会制约第二级或第一级评价的结果，只有第三级评价得高分，第二级、第一级才能有较高的评价（如班级安全或出勤评价低，就不能申报先进班组）。

有些幼儿园所有评价项目完全采取打分的评价办法也非常好，比较科学，如我园在个人师德评价中采用的就是打分的办法。但是如果所有的评价均采用记分式，一定需要一个专门的人员来精确计量每位教师上班是否迟到，迟到几分钟，什么时间段扣几分，等等。这样不仅烦琐，也容易让员工对评价产生抵触情绪。所以，我个人认为，幼儿园的评价只是一种手段，是通过民主与集中的方式欣赏员工的进步，适当的柔性评价更能起到鼓励先进、鞭策后进的作用。

三、评价的结果

评价的结果有二：一是奖励，二是劝诫或停止奖励（以不奖励代替处罚）。我们将民主评议时的结果换算成分值，标准的2/3为奖励线。对凡是年终考评为优秀等级的人员进行红榜公示，并按照幼儿园制定的奖励性绩效工资奖励办法，给予物质奖励或荣誉奖励。如果考评结果不理想，幼儿园考评小组会以谈话的方式帮助员工分析不足，改进工作。如果员工评价分值低于评价标准的2/3，考评小组不仅要帮助该同志制订个人整改计划，还要停止对其进行与考评相关的各类奖励。

因为评价的结果直接与经济利益相关，考评小组在评定中必须非常慎重。对个别不能享受奖励的人员（幼儿园声誉的直接影响者），交谈时应该有具体的材料，帮助其明白自身工作中的不足，使其有具体的改进方向。

为了让绝大多数员工享受奖励，我们设立了众多的三级评价项目，如班级幼儿出勤、卫生、安全、家长满意度、班级环境、游戏等等，奖励政策向一线人员倾斜，以体现幼儿园特有的性质。

园长每学期（年）要对全园所有幼儿进行发展调查，一来判断教师评估的准确性，二来评估教师的教育质量，为合理配备教师和进行业务扶持提供依据。

四、配套的奖励机制

实行以岗定量的分配机制。从2000年起，鼓楼区六所教办园根据教育系统幼儿园的岗位要求和各园园内工作的需求，多次研讨各岗位的设置、工作职责与规范，并在各园开展岗位技术含量的调查，在此基础上形成了《鼓楼区以岗定量的月奖励办法》。我园专门召开了三次主题为"规范出效益、岗位作贡献"的教工大会，在让教工讨论办法的同时，努力让全体员工做到"工作内容清楚、工作职责明确、工作过程到位、工作成效明显"。新的分配办法将个人工龄、岗位、兼职、职称、荣誉与收入挂钩，实现了从幼儿园的实际需要出发设立岗位，以岗位责任为重点，根据责任大小、难易程度和劳动强度确定分配系数，新的评价机制用管理责任和技术含量拉开了教师之间的收入差距，为想干的人增添了动力，给偷懒怕苦的人增添了压力。

设立教育教学考核奖。2004年，鼓楼区财政拨专款设立了教育教学考核奖，奖励为鼓楼教育作出贡献的各类人员。因为考核奖以人头下拨，教育局要求各单位制定相应的奖励方案，拉开差距，实现鼓励先进的目的。我们在办法中将奖励与出勤、实绩挂钩，通过个人述职、群众评议、考核小组评议，按15%的比例产生区"优"人员，以20%的比例产生园"优"人员，并用红榜公示。35%的高覆盖率让众多员工产生了争先的希望，营造了认真工作、勤于反思、善于创新的良好氛围。现在，该奖项已经被保留在奖励性绩效工资方案中。

成立奖教基金。2012年，江苏万全集团针对我区教办园设立了"万全幼儿教师奖励基金"，旨在助推促进更多爱生爱教的优秀幼儿教师成长，通过将企业文化与教育文化交融，为学前教育事业营造更加良好的发展环境，推动鼓楼幼儿教育事业尽快向优质均衡方向发展。评选条件为：在幼儿园基层工作，在本区从事幼儿教育工作一年以上；热爱幼儿教育事业，具有高尚的职业道德；坚持以人为本的教育理念，在促进幼儿全面、健康、和谐发展等方面成绩突出。奖项包括优秀教师奖、优秀服务奖、优秀支教奖、优秀班组长奖、优秀教研奖、优秀管理奖等，每年9月召开专题表彰会，六所幼儿园轮流组织并主持表彰活动。此奖励覆盖面广，奖励力度大，激发了保教人员优质服务、回馈社会的热情。（崔利玲：江苏省南京市鼓楼幼儿园园长）

『 **案例评析** 』

　　在管理中，规章制度为幼儿园正常、快速运转奠定了基础，激励机制则让教职工在幼儿园快速运转的同时，感受尊重、获得满足、享受幸福。激励机制以正向奖励为主，通过榜样的示范引领、精神的鼓励渲染，形成争先创优的良好风气。当然，好的激励机制需要有明确的目标、思路、措施和具体的考核办法，具有导向性、实用性和可操作性。如本案例中的"以岗定量的月奖励办法"，充分发挥奖励性绩效工资的奖励作用，"将个人工龄、岗位、兼职、职称、荣誉与收入挂钩，实现了从幼儿园的实际需要出发设立岗位，以岗位责任为重点，根据责任大小、难易程度和劳动强度确定分配系数"，最终实现"为想干的人增添了动力、给偷懒怕苦的人增添了压力"。(崔利玲：江苏省南京市鼓楼幼儿园园长)

第五章
解读专业职责 "优化内部管理"

（一）专业理解与认识

41

坚持依法办园，自觉接受教职工、家长和社会的监督。

〖政策视线〗

《幼儿园管理条例》："幼儿园应当以游戏为基本活动形式。幼儿园可以根据本园的实际，安排和选择教育内容与方法，但不得进行违背幼儿教育规律，有损于幼儿身心健康的活动。"

《关于幼儿教育改革与发展的指导意见》："教育部门要建立社区和家长参与幼儿园管理和监督的机制，建立科学的评价体系，加强对幼儿园教育实验和科研的管理和指导。禁止在幼儿园从事违背教育规律的实验和活动。"

《国家中长期教育改革和发展规划纲要（2010—2020年）》："加强学前教育管理，规范办园行为。制定学前教育办园标准，建立幼儿园准入制度。完善幼儿园收费管理办法。严格执行幼儿教师资格标准，切实加强幼儿教师培养培训，提高幼儿教师队伍整体素质，依法落实幼儿教师地位和待遇。"

《国务院关于当前发展学前教育的若干意见》："加强幼儿园准入管理。完善法律法规，规范学前教育管理。严格执行幼儿园准入制度。各地根据国家基本标准和社会对幼儿保教的不同需求，制定各种类型幼儿园的办园标准，实行分类管理、分类指导。县级教育行政部门负责审批各类幼儿园，建立幼儿园信息管理系统，对幼儿园实行动态监管。""充分发挥城市社区居委会和农村村民自治组织的作用，建立社区和家长参与幼儿园管理和监督的机制。"

《教育部关于建立中小学幼儿园家长委员会的指导意见》："完善学校科学民

主的决策机制，保障家长委员会有效参与学校管理。完善科学的评价机制，保障家长委员会对学校工作实施有效监督。"

《国务院关于加强教师队伍建设的意见》："完善学生、家长和社会参与的师德监督机制。""完善重师德、重能力、重业绩、重贡献的教师考核评价标准，探索实行学校、学生、教师和社会等多方参与的评价办法，引导教师潜心教书育人。"

《幼儿园工作规程（修订稿）》："贯彻执行国家的有关法律、法规、方针、政策和地方的相关规定，负责建立并组织执行幼儿园的各种规章制度。"

在美国，教育幼儿是一种高度专业化的职业，必须由训练有素并持有证书的人来承担。任何一所学校都只能聘任持有效资格证书的教师，否则就要负法律责任；任何一个应聘的教师都必须持有效资格证书才能任教，否则也要负法律责任。

『 典型案例 』

依法治园

依法治园是新时期加强民主政治建设的一项重要措施，也是幼儿园"内强素质，外树形象"的自我需要，更是加强幼儿园领导班子和师资队伍建设的有效措施。近年来，我园坚持"以建为主，以评促建，标本兼治，纠建并举"的指导思想和"谁主管，谁负责"的原则，积极开展依法治园活动。

一、注重建设，打造精品

我园严格按省级示范性幼儿园标准配齐人员。坚持严格按省级示范性幼儿园的标准，适度超前，积极创设幼儿园环境。园内设施、设备、教玩具配备在高起点的基础上，严格按省级示范性幼儿园标准适度超前，把电脑网络、多媒体等现代化设备运用到孩子们的游戏活动中。大家用爱心与智慧，为孩子们营造一块沐浴七色阳光的净土。如：在班级创设教育环境上，老师们充分利用活动室、走廊的三维空间，创设出主题鲜明突出、动态多样、美观大气、充满童趣的教育环境，让环境蕴涵教育契机；遵循潜在的规则，餐具、照片等的摆放均给幼儿以明显的暗示，将餐具、照片等的摆放规则蕴涵在明确的环境当中，给幼儿"律"的概念，突出体现了环境的暗示性、教育性。

以创建"平安先行学校"活动为契机，为师生创设安全温馨的环境。建立起完善的幼儿园安全管理长效机制，进一步完善幼儿园安全制度和预案。通过明确责任、落实措施及有计划、有目的的安全教育，不断增强师生安全意识、法律意识，提升人防、物防、技防水平。认真制订并执行安全工作计划，重点加强了对园舍、教学生活设备、食品、消防、交通等重点部位的检查，全方位、多层次地做好安全每日巡查、每周抽查、每月综合检查等，有检查项目、时间、内容和检查人员记录，将检查中发现的每一处安全隐患登记在案，并及时落实整改措施，实现无重大伤亡事故、无火灾事故、无食物中毒事故、无责任交通事故、无刑事案件的"五无"目标。

二、执行政策，依法维权

依法办园是我园的立园之本和开展一切工作的前提。我园一贯坚决贯彻执行党的教育方针政策，能做到及时、认真传达并积极落实。例如，在厦门市教育局、财政局下达《关于建立学前教育资助制度的通知》后，我园第一时间以书面形式将该政策传达给每一位家长，保证每一位家长的知情权，确保每一个困难家庭都能有畅通的获得资助的渠道，切实将党的教育惠民政策落到实处。

我园注重并实行民主管理，积极调动各部门参与园务工作，建立了以党、政、工、保健、教师代表为核心的园务会，定期商议园务工作；又以工会为基础落实教职工大会制度，讨论并制定幼儿园的各项规章制度，定期召开教职工大会，对幼儿园的工作建言献策。教职工大会建章立制，园务会检查落实。通过园务公开、党务公开等形式规范幼儿园招生、收费、教材使用、基建、干部任免、评优评先等工作，激励全园教职工积极参与幼儿园管理，促使她们树立了主人翁的意识，也使幼儿园的政风、行风评议工作落到实处。

三、规范收费，严之又严

我园在收费管理上做到"五个严格"：一是严格按照市教委、市物价局规定的收费标准进行收费，幼儿学费由银行统一代收，坚决禁止擅自设立收费项目、扩大收费范围、提高收费标准以及搭车收费的现象。二是严格实行"收支两条线"和银行代收制度，健全报销审批制度和采购审批制度等财务制度。对于所收取的幼儿学费，能按照规定如实上缴，每月能预先规划开支情况，并制作好预算表，呈报教育局审批，在教育局的统一管理下，有计划、有目的地使用经费，使之用在刀刃上。三是严格规范代办项目和代办费管理。做到"随时发生，随时收取，多还少补，不得盈利，及时结算"和"取之于生，用之于生"，及时在"园务公开栏"公布代办费的开支情况和每周幼儿食谱，接受家长的监督。四是严格执行"政府采购制度"。继续抓好幼儿园物品采购工作，严格执行重大物品的购买必须在园务会上讨论通过，并上报教育局审批，通过政府来采购的制度；一般物品的采购按规定在正规商店购买，并以正式发票为凭据，发票必须由本人、验收人、园长三人签名方可报销，有效地杜绝贪污受贿现象的发生。五是严格做好幼儿园收费情况的自查自纠工作，积极接受区教育局的专项检查。

四、教育公平，精益求精

作为省示范园，我园在招生、促进教育公平上始终如一地严格自律，力求精益求精、榜样示范。首先，我园实行阳光招生，积极维护招生规定片区内幼儿的受教育权利。在年年生源爆满的情况下，我园的招生工作能严格按照上级文件精神有条不紊地开展。通过周密的计划安排、细致的入户调查，满足片区内符合条件的幼儿的入园需求；对于挂户口和寄户等不符合入园条件的幼儿家长，耐心做好劝解动员工作。其次，我园在保证幼儿入园机会公平的同时，严格将班额控制在教育局规定的范围内，保证合理的师生比，努力维护幼儿享受优质教育的权利。我们还不断推进教育教学改革和课程研究，努力为每一位幼儿创造适宜其个性、社会性发展的教育环境。（江旭琳：福建省厦门市实验幼儿园园长）

『 案例评析 』

近年来，随着幼儿园教育体制改革的不断深入，幼儿园办园格局呈现出多元化的趋势，给幼儿园管理工作带来了新的挑战。我们园作为省级示范性幼儿园，在幼儿园管理工作上应具有独特的思路、尝试探索的胆略和智慧。多元化办园并不等于自由办园，依法办园始终是幼教改革与发展的必然要求，也是实现教育为人民服务的重要途径。作为幼儿园的管理"一把手"，园长必须先转变管理观念，以良好的法律、法制意识指导幼儿园的办园建设、管理方式和教育教学行为。（江旭琳：福建省厦门市实验幼儿园园长）

42

崇尚以德治园，注重园长榜样示范、人格魅力、专业引领在管理中的积极作用。

『**政策视线**』

《中小学教师职业道德规范》："忠诚于人民教育事业，志存高远，勤恳敬业，甘为人梯，乐于奉献。"

《中小学和幼儿园教师资格考试标准》："熟悉教师职业道德规范，能评析保育教育实践中的道德规范问题。了解幼儿园教师的职业特点与职业行为规范，能自觉地约束自己的职业行为。有爱心、耐心、责任心。"

《幼儿园教师专业标准（试行）》："热爱学前教育事业，具有职业理想，践行社会主义核心价值体系，履行教师职业道德规范。关爱幼儿，尊重幼儿人格，富有爱心、责任心、耐心和细心；为人师表，教书育人，自尊自律，做幼儿健康成长的启蒙者和引路人。"

《国务院关于加强教师队伍建设的意见》："建立健全教育、宣传、考核、监督与奖惩相结合的师德建设工作机制。开展各种形式的师德教育，把教师职业理想、职业道德、学术规范以及心理健康教育融入职前培养、准入、职后培训和管理的全过程。加大优秀师德典型宣传力度，促进形成重德养德的良好风气。研究制定科学合理的师德考评方式，完善师德考评制度，将师德建设作为学校工作考核和办学质量评估的重要指标，把师德表现作为教师资格定期注册、业绩考核、职称评审、岗位聘用、评优奖励的首要内容，对教师实行师德表现一票否决制。"

《幼儿园工作规程（修订稿）》："负责工作人员的思想工作，组织业务学习，并为他们的学习、进修、教育研究创造必要的条件。"

『**典型案例**』

做一名彰显魅力的园长

一名优秀的园长就像一个标杆和希望，为团队的发展指明了前进的道路与方向。彰显魅力体现为她对团队自然的吸引力、影响力、感染力和号召力。那么，如何才能做一名彰显魅力的园长呢？

一、播爱种善，德字当先

孔子曰："其身正，不令而行；其身不正，虽令不从。"这里强调了一个领导者要有较高的德性和优秀的品行。一个内心充满爱和善良的人是最美的人。优秀的园长要率先垂范，用高尚的情操感染人，用优秀的品格影响人，用身行示范引领人，成为教师们工作中和生活里的楷模；要用"自重、自省、自警、自励"的道德自律要求约束自己，时刻保持对工作、对个人高度负责的严肃态度，不为金钱所惑，不为物欲所动，不为利益所驱，不为人情所扰；要善于营造氛围，预见未来，注重实践，追求卓越，保持高风亮节，慎独慎行、慎始慎终。

我们青幼的历届园长都来自一线，都是教师中的翘楚。她们对幼教事业的热爱，与人为善的品行以及工作的卓越表现被幼儿、家长及同事充分认可，成为青幼的领头人，更是青幼人的骄傲。

二、勤学善思，开拓创新

在幼儿园中，园长不仅是一名管理者，更应该是幼儿园中教育的专家、学科的带头人。只有园长带头进行专业学习，提升幼教理念，提高管理水平，幼儿园整体的育人理念、教育水平才能得到提升。张春炬园长就是一位勤思善学的典型，正是她的进取和创新，引领着青幼团队不断向前发展。

张春炬园长在工作中一直注重自身专业素养的提高。近些年，她不断尝试课题研究，以课题引领自身专业成长。她先后主持了河北省教育科学"十五"规划重点课题"优化幼儿园教师、幼儿、环境互动关系的研究"、河北省教育科学研究"十一五"规划课题"幼儿园制度执行力的研究"、河北省教育科学研究"十一五"规划课题"幼儿园教师成长档案袋的实践与研究"、中国学前教育研究会"十二五"研究课题"新媒体与家庭教育互动方式的研究"、河北省教育科学研究"十一五"规划课题"流程在幼儿园管理中的应用研究"。她还主编并出版了《幼儿园管理决策与实践》《幼儿园管理创新与执行力》《孩子入园，你准备好了吗？》《幼儿园一日活动指导》《幼儿园教师的家长工作技巧》等书籍，受到业内同行的认可与好评。

我园管理者带头进行课题研究，发现管理中的问题，在课题进展中不断地学习，提高分析问题、解决问题的能力，增强管理工作的预见性和创造性。如在开展省级课题"幼儿园制度执行力的研究"和"流程在幼儿园管理中的应用研究"中，参与课题的管理者在不断完善幼儿园管理的同时，也将理论应用于实践，在实践中发现问题，在解决问题中不断创新，进一步优化了过程管理，使工作更加有章可循、有条不紊。我园在面对保定周边县实施"名园名师幸福带动工程"和"影子工程"等时，带教周边地区的幼儿园管理者，邀请他们深入我园，参与管理，实地体验学习。我园还与西藏幼儿园结成友好对接姐妹园，通过师资互换，实现相互交流、共同提高。

三、诚心诚信，人本管理

"以人为本"的管理模式相对于传统的管理方式而言，是更高层次的管理方式。这要求把人作为组织管理的出发点，理解人，尊重人，充分发挥人的积极性、主动性和创造性。人本管理理论的运用与探索，使我园在管理中受益良多。我园"以人为本"的特色管理模式，为幼儿园的持续发展提供了有力的保障。

在幼儿园中，不同年龄段的教师在工作中所期望得到的价值感是不同的。年轻教师需要更多的价值肯定、自我发展的空间和机会；中年教师多为业务骨干，她们更看重责任，注重发挥传帮带的作用；老教师更看重自己对职业的奉献被认可、被尊重。面对这种现状，我园有的放矢地安排教师的工作，设置科学合理的考评机制，进一步激发不同层次教师的工作热情。

科学制定考核标准。依据各岗位工作职责，结合不同时期的业务工作和队伍建设情况及阶段性的中心工作，综合目标的导向性、可考性、合理性、竞争性、激励性功能，精心研制考核内容，设定分数，尽量使其内容全面且重点突出，分数合理且具有导向作用。

优化设定考核方式。坚持以公开、透明的原则优化设定考核方式。按照个人自查、群众互评、领导打分、总结公布的程序进行，个人先对自己的工作进行自查总结，考核小组根据自查情况，采取听（员工自述）、看（总结）、查（考查）、评（互评和领导评）的方式严格考核，并将考核结果进行公布，做到民主、公正、公开，使教师清楚地知道自己哪些工作做得好，哪些工作做得差。为确保考核有实效、实绩，必须坚持绩效考核与师德工作同抓，把教师职业道德修养等纳入绩效考核。建立教师成长档案，制作考勤、考绩表册等，为科学、客观考核提供有力参考。

丰富公开奖励细则。大胆探索，不断丰富考核结果兑现的载体，动真的，干实的，来硬的，以期收到良好的综合效应。在与经济待遇挂钩方面，我园把年终考核的成绩与下一年的聘任工资部分的档次直接挂钩，同时，坚持将考核结果与评先评模、职称晋升、兑现工资等挂钩，让优秀教师不仅得实惠，而且得荣誉，使其名利双收。在与队伍管理挂钩方面，切实落实岗位聘任、待岗转岗等有效的队伍管理措施，使其成为兑现绩效考核的有效载体，促进绩效管理综合效能的发挥。（李芳：河北省保定市青年路幼儿园）

『 案例评析 』

大家都说"人是营造和改变环境的主宰者",在幼儿园中,无论是物质环境的营造,还是精神环境的创设,都离不开教师的思想和创造。作为教师团队的带头人,园长在幼儿园文化创设过程中起到了非常重要的作用。园长不单单要能引领教师树立正确的人生观和世界观,自身还应该是一位品德高尚、大公无私、爱园如家、关心教师如姐妹的大家长。园长不但承担着促进整个园所发展、教师进步、幼儿成长的重任,更肩负着培养祖国未来接班人的重要历史使命。因此,作为园所的第一责任人,园长更应该时刻严格要求自己,用品德影响人,用言行教育人,用情感感化人。(李芳:河北省保定市青年路幼儿园)

43

尊重幼儿园管理规律,实行科学管理与民主管理。

『 政策视线 』

《关于幼儿教育改革与发展的指导意见》:"防止'应试教育'的消极因素向幼儿教育渗透,全面实施素质教育。要尊重儿童的人格尊严和基本权利,为儿童提供安全、健康、丰富的生活和活动环境,满足儿童多方面发展的需要;尊重儿童身心发展的特点和规律,关注个体差异,使儿童身心健康成长,促进体智德美等全面和谐发展。"

《教育部关于建立中小学幼儿园家长委员会的指导意见》:"对学校工作计划和重要决策,特别是事关学生和家长切身利益的事项提出意见和建议。对学校教育教学和管理工作予以支持,积极配合。对学校开展的教育教学活动进行监督,帮助学校改进工作。"

《国务院关于加强教师队伍建设的意见》:"教师管理制度科学规范,形成富有效率、更加开放的教师工作体制机制。""建立健全教职工代表大会制度,保障教职工参与学校决策的合法权利。完善中小学学校管理制度,发挥好党组织的领导核心和政治核心作用,健全校长负责制,实行校务会议等制度,完善教职工参与的科学民主决策机制。"

新加坡《幼儿质量评估标准》提出，高水平的幼儿园行政管理，应当具有合适的制度和程序，以便进行高效的运作和沟通，管理顺畅，减少投诉。该标准包含三个维度：运行、财务管理、科学技术的运用。

『典型案例』

科学管理、民主管理、规范运行

科学管理、民主管理是幼儿园健康运行的保证，规范运行是提升园所内涵的基础。园长不仅要有深厚的专业知识，还应该具备一定的管理意识和能力，熟知相关的国家政策法规——确保园所愿景、发展规划的制定建立在客观、科学的基础之上，还要保证园所制度有效运行。

一、规范运行是基础

园长们开玩笑时会说："幼儿园园长就是居委会老大妈！"的确，孩子们的吃喝拉撒，老师们的情绪情感、工作状态等等似乎不是那么容易理清楚的。常言说"麻雀虽小，五脏俱全"，再小的幼儿园也会面临如何保障制度运行，园务公开如何实施等一系列问题，规范和民主似乎是一对矛盾。在实际工作中，虽然幼儿园制度名目繁多，一旦需要时却找不出合适的条款；园务委员会更是形同虚设。

党的十八大提出要依法治国，对于幼儿园来说，依法治园也是每个管理者应遵循的原则。在实践中，园务委员会或教职工代表大会修订各项管理制度；在修订的过程中，从不同的视角审视刚性制度，只有让大家关注制度的合理性，熟知制度的内涵意义，才能发挥制度的保障作用，让幼儿园管理科学化、规范化。

以我园为例，2008年教职工代表大会通过的管理制度共四部分104条，经过每年的讨论、修订，截至2014年，幼儿园的管理制度分为四篇十二部分183条。制度的完善不是靠领导班子成员每年制定的，而是通过教职工代表收集提案，共同研究、讨论。讨论中会不断有争执、辩论，但恰恰是这些不同的声音让管理者们在决策时更加慎重，让决策更能推动工作。

二、科学管理是保障

要使幼儿园的管理水平迅速提升，科学的管理方法是必要的。这里说的科学管理包含三个层面：能管人、会管事、善用钱。在实际中，有的园长运用上级赋予的权利管住了人；有的园长遇到稍微困难的事情就退避三舍，更有甚者连家长都不愿意见；还有的园长奔波在买玩具、买教具的途中……如何让自己成为一名有管理技巧和方法的园长呢？

"能管人"要求园长能摸清全体教职工的"家底"，把教职工合理分类：对有远大志向的教职工要引导其树立近期目标，为他们提供平台和机会，发挥每个人的潜能，让这些教师全力以赴向着事业目标迈进；对一部分所谓"没追求"的教职工，了解其生活现状，知晓他们的生活圈，鼓励他们多和积极的教职工交往、做朋友，当他们有一点收获或成绩时，多肯定、多鼓励；对个别工作消极的教职工，园长更应该和他们做朋友，了解他们的价值观、世界观，用自己的真诚唤醒他们，让这些教职工感受到来自园长的关心，从而激发其工作热情。

"会管事"要求园长做好计划、组织、实施、反馈这几个管理程序的协调和统一。实际中，很多的园长有这样的体会：明明计划好的事情，总是因为这样或那样的原因不了了之了；当了多年园长，回头一看，好像自己什么也没有做，为什么呢？例如每个幼儿园都有园所的五年规划，大多数幼儿园的五年规划是由领导班子完成的，一线教师不关心，甚至不愿意知道五年规划里都有什么。记得我园在制定"十二五"规划时用了近一年的时间，"三上三下"反复修订和讨论，这样一来，老师们对"十二五"规划中的内容基本耳熟能详，其中"截至2015年12月31日一线教师本科学历达标率100%"一条在2014年就已经全部实现，用老师们的话说："我们要跑到规划的前面！"

"善用钱"要求园长具备一定的财务知识。在当前形势下，园长首先要明白财务纪律和要求，懂得"收支两条线"的深层次含义，按照国家、省市相关要求，用好"一支笔"。在使用经费时，要发挥最大经济效益，把钱用在刀刃上；在物资采买、招投标活动中有"红线"意识；在保教费、伙食费管理上做到账目清晰。

三、民主管理是胸怀

德国的哲学家雅思贝尔斯说："教育就是一棵树摇动一棵树，一朵云推动一朵云，一个灵魂唤醒另一个灵魂。"这个哲理不仅仅对孩子们有用，对教职工同样有用。在幼儿园老师的心目中，园长是一所幼儿园的精神所在。园长的言行举止对园所文化、团队精神有至关重要的作用。

幼儿园中的老师大多数都是女同志，常言说"三个女人一台戏"，要将这么多台戏都管好、唱好，园长需要具备宽广的胸怀、理智的情感。

宽广的胸怀让园长能听得见一线教职工的心声，能看见孩子在幼儿园的真实表现，能理解家长不同的需要。例如我园一位老教师在平时工作中经常找园长

"打小报告"，我每次都认真听她陈述，分析她说的现象哪些是要修正的，哪些是她误解的。她对某位主管领导有意见，我每次都会告诉她那位主管领导在园长面前从来没说过她不好。终于有一天，这位老师真诚地对我说："看来你说得对，我真的误会她了。她对工作的认真是我达不到的！"时间久了，老教师们明白和年轻人相处的时候要多看到她们的优点和进步，我们这个集体才能真正和睦。

理智的情感让园长处理事情时不武断、决策时不冲动、对职工更公平。对教职工做到一碗水端平，给不同的教职工提供一样的平台，让每个人都能感受到来自管理者的关心和温暖。例如我园每学期不仅有教师的公开教学，还会安排厨师展示，门口的橱窗里会悬挂厨师的级别、拿手菜式，同时每年还会开展不同的厨艺比拼，让家长委员当评委。每到赛季，厨师们跃跃欲试，工作之余会不断尝试新的菜品。因此，2010年伊始，我园每周都会制定新菜谱，而不再是单双周食谱，医生也按周进行营养计算，调控膳食。（兀静：陕西省西安交通大学幼儿园园长）

『 案例评析 』

幼儿园的管理和大学、中学、小学的管理有极大的差异。幼儿园教师群体中以女性居多，幼儿园的课程以游戏为基本活动方式方法，幼儿园的管理大多以班级为单位。在实践中，园长需要有长远的战略意识，不断提升自身领导能力，以此打造一支师德高尚的优秀团队，为学前教育事业作出自己应有的贡献。作者在本案例中运用自己管理幼儿园的实际经验，阐释了管理规律、科学管理和民主管理的内涵。在实践中，大家都会有这样的体会：规范的管理可能会让教职工抱怨制度的冷酷和无情，对人文关怀的强调有时会让园长不知何去何从……本案例从规范管理、科学管理、民主管理几个层面巧妙化解了"刚性"与"人文"这对矛盾，用管理目标调动全员参与内部管理，用科学的管理机制明确岗位职责，用民主的决策程序让园所不断发展。（兀静：陕西省西安交通大学幼儿园园长）

（二）专业知识与方法

44 　　掌握国家对幼儿园管理的法律法规、政策要求和园长的职责定位。

『政策视线』

《幼儿园管理条例》（略）

《幼儿园教育指导纲要（试行）》（略）

《中小学幼儿园安全管理办法》（略）

《托儿所、幼儿园卫生保健管理办法》（略）

《幼儿园收费管理暂行办法》（略）

《学前教育督导评估暂行办法》（略）

《幼儿园教师专业标准》（略）

《3—6岁儿童学习与发展指南》（略）

《幼儿园工作规程（修订稿）》（略）

『典型案例』

走规范化管理之路

　　十年前，我园接受了现代学校行政制度和人事制度建设的实验研究任务，力求在人事、行政制度管理等方面寻找一种新的适应社会主义市场经济的人事管理模式，逐步建立和形成与社会主义市场经济相适应的、充满生机、具有自我发展、自我约束和自我完善功能的幼儿园内部管理体制和运行机制。此研究帮助我们进一步优化队伍，让教职工弄清"自己的责任、义务与权利""遇到问题怎么去处理""如何适应不断变化的社会要求"这些敏感而现实的问题，从而促进教师的专业化成长，以适应时代要求，提高幼儿园管理效能，使老园焕发青春。

在人事行政改革和幼儿园行政制度逐步调整的过程中，我们主要做了以下几件事。

一、完善管理制度

经过多年的科学化管理，幼儿园员工自主管理的意识和水平有了很大的提高，他们爱岗敬业，集体荣誉感强，工作效率和质量都较高。但是，随着时代的发展，整个社会对于幼儿园的要求越来越高，我们发现管理工作中存在不足：人事制度的改革存在重形式的现象，管理者缺乏对人、财、物的真正支配权，制度管理改革力度不大，岗位分工还不够明确，传统的分配观念依然存在等。针对这些情况，制定适切的规章制度，成为管理的重点工作之一。

我们根据幼儿园的岗位设置和工作需要，针对幼儿园的 13 个岗位制定了详细的上岗条件和规范的工作细则，将相关要项按办学方针、岗位细则、规章制度、评估细则、激励机制等汇集成册。制定规范、细则的过程中，我们力图用一种正向的表达方式，同时以激励的措施取代消极的惩罚，这也是鼓楼幼儿园长期以来形成的一种良好的文化影响。规范、细则也力图具体再现教育过程，在帮助教师了解制度与要求的同时，获得参考要项。规章制度，旨在让教师了解制度的来源，在制度制定和人事调整的过程中，自觉遵守与主动适应规范要求，以促进工作的开展。这为加强规范管理、明确岗位责任提供了依据。

二、让规范变习惯

幼儿园的工作可以被形容为"麻雀虽小，五脏俱全"，孩子在园的吃、喝、睡、学、玩，每一项都不可缺少。幼儿园的安全保障、生活照料、情感氛围、教学质量，任何一项"瘸腿"，幼儿园都将失去大量的生源以及社会信誉。所以，精细管理、规范工作是树立与维护品牌的主要策略。

规范如同教学一样，随着社会的发展而发展，随着社会的变化而变化。2000年，我园首次提出规范化的要求，并专门召开了两次有关规范化工作的教工大会，强调"工作规范化、工作制度化"，帮助大家明确：我们谈规范化，不是说我们不好、不规范了，而是随着管理中各项标准不断完善与改变，我们的工作与现行的标准相比又有了差距，需要不断调整，需要大家将被动的执行变为自觉的习惯。

应该说，幼儿园各个部门、各个岗位的所有工作都应被纳入规范之中，都应该随时代的发展而变化。故此，我们结合幼儿园每年的计划和工作流程，让各岗位确立了每月工作的重点，期望通过每月解决几个重点工作，实现全方位规范各方面工作。

规范化的工作一般有两个标准依据：一是幼儿园原有的、仍在执行的、形成规章制度的条例、要项、办法、要求等。如我园在 2004 年将历届教工大会通过的章程、细则、制度、办法组合后编制成《幼儿园教师必备手册》，并将之发给所有人员，供大家对照自己的岗位学习、参照；二是上级各主管部门最新的标准与要求，如儿保的消毒、儿童护理要求，教研室关于教师二次备课的要求，政府关于"三要八不准"的要求，评估院关于省优质园评估标准，教育局关于"三名工程"的标准等。当上级的新标准与幼儿园原有的标准有差异时，就是规范化工作需要调整和修正的时候了。（崔利玲：江苏省南京市鼓楼幼儿园园长）

『 案例评析 』

幼儿园的园长负责幼儿园的全面工作，园长既要遵守国家的有关法律法规，还要对幼儿园的人、财、物、事承担责任。一所好幼儿园，不仅要有先进的办学理念，还要有既谋划大事也关注小事的行动。本案例中的"工作规范化、工作制度化"，就是对细节的重视，管理者借助"工作规范化"要求，将国家对各类人员的岗位规范逐月分解落实，重点突破，层层推进，以"精细管理"提升保教质量水平，维护品牌，形成充满生机，具有自我发展、自我约束和自我完善功能的幼儿园内部管理体制和运行机制。制度、检查、评价、激励是一条螺旋上升的管理线，以岗位规范和岗位能力为要求，以月规范化重点为检查内容，将检查与评价、激励结合，将问题与制度完善结合，管理就在不断修正中显出思想与品位。（崔利玲：江苏省南京市鼓楼幼儿园园长）

45
　　　熟悉幼儿园管理的基本知识，了解国内外幼儿园管理的先进经验。

《幼儿园管理条例》(略)

《幼儿园教育指导纲要（试行）》(略)

《中小学幼儿园安全管理办法》(略)

《托儿所、幼儿园卫生保健管理办法》(略)

《幼儿园收费管理暂行办法》(略)

《学前教育督导评估暂行办法》(略)

《幼儿园教师专业标准》(略)

《3—6 岁儿童学习与发展指南》(略)

　　南非《早期儿童发展服务纲要指南》提出，园长需要确保中心工作人员的相对稳定和发展，有效管理，控制教职工的流动与变化。稳定的教师与工作人员队伍是教育机构开展正常工作的基本保障，也有益于儿童早期的良好发展，人员的变化往往使孩子不快乐，缺乏安全感。让每一个工作人员充分了解和理解他们的工作内容，能够支持和理解日常工作程序。所有工作人员在满足基本就业条件的基础上得到适当的培训，这样工作起来更有自信、更好。培训可以通过专门的培训机构开展，也可以以在岗培训的方式，发挥小组讨论和实践反思的相互作用，以及参加研讨会和相关的会议。

『 典型案例 』

青幼流程体系

　　作为幼儿园，如何落实国家的相关政策，提升自己的教育教学管理水平、树立自身的优质教育品牌，成为每个幼儿园的管理者当前急需解决的问题。我园从 2005 年开始，就提出了"精细化管理"的理念，经过这些年的探索与研究，我们认为"精细化管理是一种意识，一种观念；是一种认真的态度，更是一种精益求精的文化"。

　　幼儿园的工作性质比较特殊，教师在有限的时间和精力内必须时时刻刻关注幼儿、关注日常生活中的教育。当我园针对各项工作内容制定出不同的流程，形成"青幼流程体系"后，这些流程可以清晰地告诉每个教职工应该"先做什么、再做什么、最后做什么，出现问题向谁反馈"等，用秩序代替条框束缚，用方法代替主观判断，能节约教职工大量的时间和精力，同时也便于管理者从各环节入手，加大对质量的监督和结果的把控。

一、用流程保证教学研究的开展

一个好的流程，既要源自一线，又要服务一线，既要有简化工作程序、节约执行时间的功能，又要能尽可能多地调动可用资源，共同完成任务。近些年来，我园在教育教学中，致力于幼儿社会化的研究，并组织了很多开放性外出活动，如走向植物园，走到军营、工厂、医院等，让幼儿在丰富的环境资源中获取知识，主动建构经验。因此，我们针对这项工作绘出"外出活动管理流程"（如右图），这不但能将保护幼儿生命安全渗透到各个环节，还能融合适合幼儿身心特点的教育内容，使工作人员行动有序，时间得到保证。

二、用流程解决工作中存在的问题

从工作中发现的问题入手，分析问题、研究问题，从服务幼儿、服务管理的角度建立流程，逐步弥补管理中的不足和漏洞，对流程管理有着重要的专业价值。

如我园里曾经发生过这样一件事。一天，园长在例行检查库房时发现地上堆放着一大批掉了把儿的幼儿喝水杯。库管员解释说，这都是班级教师要求退库的杯子。园长仔细看了这些杯子，发现它们都是最近十几天新购买回来的。于是，她认定幼儿园采买的物品鉴定与入库工作存在着问题。园长马上给后勤园长打电话，将负责主任、采购员和班级教师代表请到库房，现场办公，排查问题的原因。

经调查，发现如下问题：一是采购大宗物品，采购员未留好招标样品；二是采购员、库管员均未对水杯质量和样品进行抽检；三是问题发生时并未第一时间联系供货方进行调换；四是未及时征求班级教师对物品的使用意见；五是出现问题未及时向主管领导汇报。

查找到了原因，园长和相关工作人员共同修订了"物品验收工作流程"（见下页图），并修改了制度，将留样、抽检、调查使用情况等重要环节通过流程进

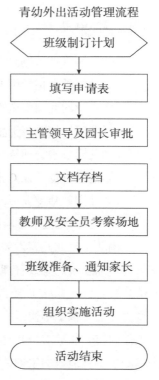

青幼外出活动管理流程

班级制订计划

↓

填写申请表

↓

主管领导及园长审批

↓

文档存档

↓

教师及安全员考察场地

↓

班级准备、通知家长

↓

组织实施活动

↓

活动结束

行了把控，以避免类似问题再次发生。

三、用流程提升幼儿园管理品质

"标准化管理"的目的在于提炼规范要素，形成操作规范，以便最后能够收到即使是一个能力不太强的人，只要按照操作规范去做，也能达到基本的服务水准的效果。流程是完成工作"标准化管理"的重要途径。我们认为，只有"标准化管理"才能让我园的任何工作都实现"标准化"，只有每个教职员工在工作时都严格按照流程操作，才能保证我园的教育教学管理水平。

1. 保教工作流程化。每一项教育服务都有其实施过程，为确保我园保教工作实施质量，我们精心设计了"青幼一日保教工作流程"，明确班级教师、保育员及幼儿在园一日活动的所有内容，并明确每个角色每日在园先做什么、后做什么，每项具体任务由谁来

物品验收工作流程

```
┌─────────────────────┐
│     厂家送来样品       │
└─────────────────────┘
           ↓
┌─────────────────────┐
│     验收小组验收       │
└─────────────────────┘
           ↓
┌─────────────────────┐
│     采购员留样         │
└─────────────────────┘
           ↓
┌─────────────────────┐
│    库管员接受货物       │
└─────────────────────┘
           ↓
┌─────────────────────┐
│   库管员按留样验收货物   │
└─────────────────────┘
           ↓
┌─────────────────────┐
│    合格的物品入库       │
└─────────────────────┘
           ↓
┌─────────────────────┐
│  不合格的物品拒绝入库    │
└─────────────────────┘
```

做。把每一项任务以及工作目标，尤其是责任人之间的关系描述清楚，以确保我园保教工作的高质量和高效率。

2. 教科研工作流程化。教科研工作是幼儿园工作的重要内容，它直接关系到幼儿园的教育质量。为此，针对我园的教科研工作，我们制定了"课题申报流程""课题结题流程""青幼园本教研上岗流程""青幼培训流程"等流程规范，明确了我园教科研工作的质量管理目标和操作技术标准，使每一项目的程序清晰，行动指向明确，行为操作规范。

3. 后勤管理工作流程化。幼儿园后勤管理工作的主要职能就是提供保障性服务，这是幼儿园各项工作的基础与保障。由于幼儿园后勤工作的性质和特点，只有精细化的管理才能有效地保证教职工高效地完成工作任务，保证幼儿的安全和利益，保证幼儿园的各项活动顺利进行。为此，我们针对我园的后勤管理工作，根据岗位的不同，分别制定了园办室、党办室、医务室、财务室、门卫室、档案室、伙房、库房工作流程，量化工作内容，建立完善的监管与评价体系，真正做到责任到人，有效提高了执行与管理的操作性和规范性。

总之，流程管理除了要能够提高幼儿园的执行力，提高幼儿园不同部门的工作效率，降低不同部门的运营成本以外，也可以通过提高保教质量，来打造

优秀的幼教品牌，吸引社会及家长更多的关注，实现组织效益最大化，使幼儿园能更好地在竞争中求生存，在变化中求发展。（李芳：河北省保定市青年路幼儿园）

 『 案例评析 』

园长不仅是幼儿园的管理者，更是带领园所发展的领头人。现代社会高速发展，各种行业竞争激烈，作为教育服务机构的负责人，园长必须把握时代脉搏，不仅要熟悉幼儿园管理的基本知识，还要通过各种途径了解国内外幼儿园管理的先进经验，善于分析和整合各方面的信息，用发展的眼光对现代幼儿园教育审时度势，并在此基础上确定自己园所的管理策略、途径和方法，从而让园所的管理不断提升，更快发展。在以上的案例中，将流程管理纳入幼儿园管理体系，是对企业管理的一种借鉴，同样也是对园所管理的一种创新。它不仅仅呈现了流程的运用方法，还代表了管理理念的更新。（李芳：河北省保定市青年路幼儿园）

46 掌握幼儿园园舍规划、卫生保健、安全保卫、教职工管理、财务资产等管理方法与实务。

『 政策视线 』

《幼儿园管理条例》："幼儿园应当建立卫生保健制度，防止发生食物中毒和传染病的流行。""幼儿园应当建立安全防护制度，严禁在幼儿园内设置威胁幼儿安全的危险建筑物和设施，严禁使用有毒、有害物质制作教具、玩具。""幼儿园发生食物中毒、传染病流行时，举办幼儿园的单位或者个人应当立即采取紧急救护措施，并及时报告当地教育行政部门或卫生行政部门。""幼儿园的园舍和设施有可能发生危险时，举办幼儿园的单位或个人应当采取措施，排除险情，防止事故发生。"

《中华人民共和国未成年人保护法》："学校、幼儿园、托儿所应当建立安全制度，加强对未成年人的安全教育，采取措施保障未成年人的人身安全。学校、幼儿园、托儿所不得在危及未成年人人身安全、健康的校舍和其他设施、场所中进行教育教学活动。""教育行政等部门和学校、幼儿园、托儿所应当根据需要，制定应对各种灾害、传染性疾病、食物中毒、意外伤害等突发事件的预案，配备相应设施并进行必要的演练，增强未成年人的自我保护意识和能力。"

《国务院关于当前发展学前教育的若干意见》："强化幼儿园安全监管。各地要高度重视幼儿园安全保障工作，加强安全设施建设，配备保安人员，健全各项安全管理制度和安全责任制，落实各项措施，严防事故发生。相关部门按职能分工，建立全覆盖的幼儿园安全防护体系，切实加大工作力度，加强监督指导。幼儿园要提高安全防范意识，加强内部安全管理。"

《幼儿园工作规程（修订稿）》："幼儿园的安全管理""幼儿园的卫生保健""幼儿园的工作人员""幼儿园的经费""幼儿园的管理"。（略）

『 典型案例 』

资源共享和统一管理

我园在多元化办学过程中，逐渐扩大了办园规模，在扩大的办园规模中让各园所共享教育教学的保障性服务，确保实现统一管理、资源共享、共同发展。我们尝试在幼儿园里实行社会化服务的运作，通过社会化服务的运作，保证各园所的标准统一、项目统一，充分利用人力资源，避免重复劳动，最大限度获得效益，最终实现对幼儿园保障性服务工作的统一管理。

一、幼儿园社会化服务中的资源共享

1. 园财务管理一本账。幼儿园的财会人员统一管理两校区四个公办园所的经费来源、支出以及经费预算的编制和实施。各园所统一收费标准，统一管理全园人员经费（发放教工工资、奖金和福利）和共用经费（办公费、培训费、设备购置费、房舍修缮费等），统一管理两校区的幼儿伙食账，做到两校区幼儿伙食费专款专用。

2. 全园大宗采购统一管理。每年 10—11 月，幼儿园行政会按照各园所教育教学的需要，统一协商下一年度教育教学设备添置计划，统一为各园所集中采购各类设备，最后由总务主任按照计划分配表，为各园所调配相应的保教设备，确保各园所的教育教学设备配备完全相同。幼儿园食堂食品（米面、食用油、蔬菜、肉类等）主要通过教育局统一招标采购。两校区食品采购员根据每周带量食谱和幼儿出勤人数，计算出每天食堂中各种食物的用量，本部采购员负责汇总，统一将食物订单发送给供货商，供货商负责幼儿园两个校区食品的统一配送，本部采购员负责统一索证、统一结账。

3. 全园资产监管一个平台。借助"教育资产监管网"的平台，建立了鼓楼幼儿园教育资产监管系统，将幼儿园四个园所（本部、亲子园部、聚福园部和瑞园部）共同纳入全园资产管辖范围。资产管理员对四个园所固定资产的购置、验收、维修、转移、处置以及每学年资产责任人的变更等统一进行网上监管和现场核对，做到全园资产账账相符和账物相符。

二、幼儿园社会化服务的管理途径

保育保健管理

1. 指导和检查卫生保健制度的落实。各园所的保健老师按照卫生保健的统一规范要求，负责指导全园卫生保健工作，分管园长定期检查卫生保健制度的落实情况。通过建立"鼓幼保健交流园地"网络平台，各园所保健老师共同探讨幼儿园卫生保健工作，统一规范管理。每月后勤园长召开一次全园保健老师会议，汇总反馈上一阶段卫生保健工作，商议工作中出现的共性和个性问题，布置下一阶段任务；每月通过幼儿园"安全卫生保健简报"汇总各园保育保健管理的经验与建议；每学期园长在全园教工大会上对全园卫生保育保健工作进行总结。

2. 统一对家长进行卫生保健宣教。保健老师针对平时工作中家长特别关注的问题，根据季节的变化，通过幼儿园网站中的"卫生保健"专栏，向家长宣传卫生保健相关知识，全园家长在网上都可以和保健老师互动，通过问答的形式，及时解决家长在健康育儿方面的问题。各园所的家长都可以上网看这些宣教，资源共享，及时解决各园所家长的困惑。

食品安全管理

1. 制订统一的带量食谱。各园所的保健老师按照幼儿膳食营养的要求轮流负责制订每周带量食谱，食谱制订由保健老师、伙委会成员（食品采购、炊事员、财会、班级保教人员）通过网络平台共同参与完成，全园小朋友共享一个带量食谱，幼儿食谱统一公布在幼儿园网站的保健专区，各园所的家长都可以通过幼儿园网站看到孩子在幼儿园每天吃什么。各园所的伙委会成员定期将各班级小朋友的进餐情况拍成图片，放在网上的交流平台中，让大家分享各园所炊事员烹饪的色香味形俱佳的食品、班级老师的午餐管理以及小朋友的进餐情况等。

2. 借助"鼓幼保健交流园地"，伙委会成员共同管理师生伙食。幼儿园伙委会成员由后勤园长、会计、两校区保健老师、食品采购员、炊事员代表、教师代表、保育员代表和家长代表组成。他们每天通过"鼓幼保健交流园地"讨论师生伙食问题，每月集中召开一次现场会，共同商讨全园幼儿伙食的营养、安全以及伙食费收支情况。两校区保健人员就食物营养计算的结果分析总结（共享）食谱改进的措施和食品卫生要求；会计公布每月两校区幼儿和教师伙食费的开支情况，分析账面幼儿伙食费盈亏原因，伙食账统一管理；食品采购员提供食品供货来源、索证情况；保教人员代表和家长代表根据儿童进食的喜好，对存在的问题质疑，提出建议；伙委会所有成员共同考察食品供货来源、评价食谱的合理性、调查烹饪的色香味形；后勤园长协调伙委会成员的意见，就如何改进师生伙食工作达成一致的意见，对重大问题作出集体决议。

校园安全管理

1. 统一安全制度和应急预案。在分园成立之前，幼儿园就建立了较为完善的《保教人员安全工作常规》《安全检查制度》《消防安全措施》《消防管理条例》《门卫制度》《防治疾病常规》等规范性制度。随着幼儿园办学规模的扩大以及近年来社会各界对校园安全的日益关注，幼儿园修改细化了便于全园共同执行的安全制度，如校园安全管理制度、门卫安全管理制度、值班安全管理制度、财会安全管理制度、仓库安全管理制度、水电安全管理制度、食品安全管理制度、卫生防疫管理制度、技术防范管理制度、安全检查制度等。增加了各种突发事件的应急预案，如预防和控制传染病应急预案、预防食物中毒应急预案、预防火灾应急预案、预防地震应急预案、集体外出活动应急预案、扫雪防冻预案等。建立完善的安全制度，奠定校园安全的基础。

2. 统一活动组织和应急演练。每一次组织全园小朋友外出进行社会实践活动，如春秋游、到农村、参观云锦博物馆和农科院等活动，幼儿园均为两个校区的所有班级统一租用车辆，统一上报外出活动审批表以及应急预案，交警大队负责审核所有外出活动的车辆和驾驶员的行车资质，教育局负责最后审批备案，确保全园幼儿社会实践活动安全有序地开展。另外，每年全园师生在同一时间、不同园区共同参与"512地震逃生演习"和"119消防逃生演习"，之后各班老师将本班小朋友演习的过程（包括活动相片）传到幼儿园网站，让不同园区的家长可在同一个网站看到自己的孩子和其他班级小朋友在幼儿园参与的安全防范演习。

3. 统一配备安保人员和安全硬件。在原有校园专职门卫的基础上，依托区校园保安大队。区教育局为辖区所有公办幼儿园配备了专职校园保安，我园的两个校区四个园所共进驻了四名专职保安，他们统一着装，统一配备警棍、钢叉、防身用辣椒水等警械。四个园所分别在食堂、大门内外、教学楼出入口、幼儿户外游戏区以及围墙等重要通道统一安装了视频监控和报警电话，校园安全防卫能力得到提高。（麦宁：江苏省南京市鼓楼幼儿园后勤主任）

『 案例评析 』

鼓励名园通过举办分园、集团办园、联合办园的方式扩大优质教育资源，是缓解"入园难"的捷径。但园所增量会带来优质教育资源的稀释，要想实现总园、分园的品质共升，社会化服务是趋势之一。教育教学质量可以通过园所间教师流动来保持，后勤管理可以通过社会化共享来维系。本案例就是借助园所内的社会化平台，在后勤服务人员数量不变的前提下，实现资源共享和统一管理，让新的园所迅速走上规范化的轨道，降低了建设高品质新园所需投入的成本，避免了浪费，充分挖掘了幼儿园人、财、物的潜力，提高了服务质量和效率。园所间的社会化管理，是根据国家托幼机构人员配备的要求，最大化地实现人尽其用。从管理一所园到管理若干园，园长需要的不仅是专业的水平，还有责任与担当。

（崔利玲：江苏省南京市鼓楼幼儿园园长）

（三）专业能力与行为

47

　　形成幼儿园领导班子的凝聚力，认真听取党组织对幼儿园重大决策的意见，充分发挥党组织的政治核心作用。

『 政策视线 』

　　《国家中长期教育改革和发展规划纲要（2010—2020年）》："加强学前教育管理，规范办园行为。""制定学前教育办园标准，建立幼儿园准入制度。完善幼儿园收费管理办法。严格执行幼儿教师资格标准，切实加强幼儿教师培养培训，提高幼儿教师队伍整体素质，依法落实幼儿教师地位和待遇。"

　　《国务院关于当前发展学前教育的若干意见》："必须坚持政府主导，社会参与，公办民办并举，落实各级政府责任，充分调动各方面积极性。"

　　《国务院关于加强教师队伍建设的意见》："建立健全教职工代表大会制度，保障教职工参与学校决策的合法权利。完善中小学学校管理制度，发挥好党组织的领导核心和政治核心作用，健全校长负责制，实行校务会议等制度，完善教职工参与的科学民主决策机制。"

　　《幼儿园工作规程（修订稿）》："幼儿园党的基层组织应当发挥政治核心作用。园长应当充分发挥共青团、工会等其他组织在幼儿园工作中的作用。"

『 典型案例 』

找寻问题的症结

　　2010年，我的人生经历了一大转折。这一年我告别12年的教研员生涯来到了幼儿园，担任起了园长的职位，这是一个全新的挑战。本该按部就班、安于现状的年纪，却又有一个新的岗位需要去适应，这绝对需要勇气和信心。因为做了十年的幼儿教师而爱上了孩子，因为做了短短两年的园长助理而初尝基层管理之辛苦，因为教研员生涯而感受到了教育研究的无穷魅力。人的每一段经历都在人生的路程上刻画出印记，而这一次的园长生涯又让我有了如下思考。

一、以虚心包容，走稳传承之路

这是一所我在20多年前曾经实习过的幼儿园，是我从事幼儿教育工作的起点，我对其有着特殊的情感。

好在老园长还没有离开幼儿园，继续担任幼儿园党支部书记。对于我这个园长岗位上的"新兵"而言，老园长可以帮助我更快地适应幼儿园文化环境，了解幼儿园特色，学习做好幼儿园管理工作。当年我实习时的指导老师现在是这所幼儿园的副园长，在过去20多年的教育生涯中我们并没有什么交集，她在这所幼儿园成长，也在这所幼儿园做管理，对幼儿园的一切都很了解，从她身上我又有了很多需要学习的地方。我、书记和副园长，这个新的领导班子，每一个人都有需要调整和适应的部分，无论是心态还是作为，我们都需要彼此适应和相互影响。

"一个好校长便是一所好学校"，那么"一个好园长便是一所好幼儿园"。我意识到我的心态和行为决定了我们新的领导班子融合的方式，也决定了幼儿园未来发展的方向。在我看来，开心、简单且没有心理负担地工作比什么都重要，这需要每一个领导都为之努力。虚心和包容成为我们每一个领导班子成员的行为准则，传承和稳定成为幼儿园当前的重要任务。我们开始思考在传承中的发展，借助"十一五"总结以及"十二五"规划，认真分析幼儿园的优势与不足，积极谋划幼儿园的未来发展蓝图。在校园环境初具风格，校园文化初显特色，健康、电教传承久远的背景下，行政、党团、工会积极借助规划制定这一推手，紧密领导班子，调动骨干力量，围绕如何在特色的基础上推进特色新发展、如何在特色的基础上追求内涵向纵深外延扩展，展开讨论，献计献策，确立了以幼儿园园本课程建设为核心，孕育"生命成长"，唱响"绿色"文化，开启幼儿园生命启蒙课程研究，共同描绘和憧憬幼儿园未来的发展，以新的起点、新的面貌开启新的希望、新的征程。

二、以开诚布公，过磨合之路

随着时间的推移，领导班子成员还在不断调整，老园长、老书记即将退休，新的副园长通过竞聘上岗，加入到领导班子队伍中，这一切使得管理的方式和过程又发生了一些变化，全体员工开始逐渐适应管理带来的一些变化。2010年开始，事业单位绩效改革推进，奖励分配制度发生了较大的变化，这关乎每一个员工的切身利益；同时，工作节奏加快，工作任务累加，工作方式转变，工作要求细化，面对一系列的变化，幼儿园各个层面的教职员工的态度和行为影响着幼儿园的管理和发展。

三、以公平公正，坚定发展之路

依法办园是管理幼儿园的基础。规范幼儿园管理，推动幼儿园可持续发展，就要自觉接受党组织的监督，接受社会的监督，接受家长的监督。首先，管理要做到公平和公正。我们在进行干部选拔、招生工作、职称申报、论文评比、技能大赛等工作时，都成立相应的领导小组和工作小组，规范操作，结果公示，这一切确保了管理工作的公开、透明、公平、公正，也受到了全体教师的肯定。遇到关乎个人发展的问题时，我们及时向教师宣传各类评优晋级的评分标准，鼓励教师抓住各级赛课、公开教学、论文评选、课题申报等机会，积累工作成果资料，让教师明确自己的成长需要自己努力。同时，提前公布近期对外开课机会，鼓励教师申报参加，组织主动申报教师逐一备课、试教，召集有经验的教师一同帮助其提出修改建议。

其次，管理要发挥党团工会的合力。党员教师是我园的核心和骨干，我们在党员中倡导和开展"践行生命成长启蒙教育，做引领型教师"系列活动，对党员教师提出做"师德标兵业务精英"，在"传帮带"中传承与发展，让年轻的党员教师更快地成长起来。幼儿园近期一直围绕生命成长启蒙课程来构建，着力梳理与之相对应的校园文化、课程文化、人文文化，努力创造一个有利于幼儿成长、有利于教师发展、有利于家长发展的和谐健康环境，以富有生命力的绿色和谐校园文化精神引领内涵发展，提升办园质量，以课程整体建构带动教师发展，提升办园特色，以幼儿教师共同成长提升办园品位。

在"践行教育理想，勇于实践创新"中，青年党员主动承担省市规划课题、"课程试点班"、"健康宝贝"户外混龄健康大活动等各项活动，在实践中成长，在研究中创新，争做师德标兵、业务精英。在"做实拜师结对，传承创新发展"中，党支部和团支部精心策划了青蓝工程师徒结对会、最佳师徒表彰会等活动。树立了园荣我荣的思想，增强了群体凝聚力，激活了"生命成长"的意识，凸显了教育回归本源。党团员们成为了课题研究的先锋，展现了教育创新力。（陈学群：江苏省南京市第二幼儿园园长）

『 案例评析 』

"三个臭皮匠，顶个诸葛亮。"在幼儿园，班子成员就是"臭皮匠"。遇事召开班子成员会（行政会或中心组会），听取班子成员的意见和建议，已成为众多园长民主管理的方式。但是，这种民主管理还不到位，因为参与者少，层次单一，决策的质量不高。如果园长是一位长者，碍于情面，年轻的助手们更难发出真声音、说出真建议，重大事项决策的正确性就会打折扣。教师是幼儿园的主体，幼儿园要发展，就要信任教师、依靠教师，积极引导教职工参与管理活动。要在民主管理的同时提高决策的科学性，要广泛听取各方意见，让教职工有知情权、参与权、话语权，集思广益，在争辩、冲突中听取不同的声音，汲取各方智慧，为正确决策提供支持。幼儿园的管理不是一两个高素质的班子成员就能完成的，幼儿园应有一大批有责任、有理想、有行动的高素质人员。在实施过程中，案例中的幼儿园以党支部为堡垒，以党员为旗帜，以所有教职工为对象，组织开展丰富多彩的活动，展现了教育创新力。（崔利玲：江苏省南京市鼓楼幼儿园园长）

48 建立健全幼儿园管理的各项规章制度，严格落实教师、保育员、保健医、保安、厨师等岗位职责，提高幼儿园管理规范化、科学化水平。

『 政策视线 』

《幼儿园管理条例》（略）

《幼儿园教育指导纲要（试行）》（略）

《中小学幼儿园安全管理办法》（略）

《托儿所、幼儿园卫生保健管理办法》（略）

《幼儿园收费管理暂行办法》（略）

《学前教育督导评估暂行办法》（略）

《幼儿园教师专业标准》（略）

《3—6岁儿童学习与发展指南》（略）

《幼儿园工作规程（修订稿）》（略）

『 **典型案例** 』

以"五常法"规范全园管理

有了工作要求，人们才能对自己所从事的行业标准有最基本的了解；有了工作要求，大家才能在自己的岗位上尽心尽力，各显其才。我们园用"五常法"要求规范全园管理。"五常法"是用来创造和维护良好工作环境的一种有效技术，包括常组织、常整顿、常清洁、常规范、常自律五个方面的内容。

一、构建"青幼五常法工作管理小组"

由园长牵头，成立由业务及后勤园长、保教主任、后勤主任、保健医、食堂班组长、班级教师代表、"五常法"管理员等有关人员组成的"五常法"工作管理小组，负责监督指导全园的"五常法"活动。其职责主要包括以下内容：一是宣传"五常法"管理的新理念；二是制定"五常法"活动规章制度及细则；三是布置"五常法"活动的工作任务；四是检查"五常法"活动的实施情况；五是指导"五常法"活动的实际操作；六是修订"五常法"活动的措施计划；七是完善"五常法"活动的规则内容；八是总结"五常法"活动的开展情况。通过以上工作，有效推动"五常法"活动稳步持久地进行，确保"五常法"管理制度严谨、计划周密、措施完善、运作条理、执行有效。

二、建立起规范化和制度化的标准

为有效达成"五常法"管理的目标，我们引导教师正确掌握并灵活运用"标签法""量化指标法""颜色区别法""故障地图法""定位法"等，对已分类的各种物品贴上合适的标签，并制定相应的衡量教职工执行"五常法"成效的标准。

三、深入指导各处室工作

根据为不同部门设立的"五常法"标准，我们重点做了以下几个方面的指导：一是提示教师改变传统的观念，果断抛弃一些目前不用的废旧材料（特别是容易收集的材料），以便腾出更多的空间放置每天必须要用的物品；二是提高教师执行"五常法"的能力。首先，我们会认真地寻、查、找、摆，将发现的具有典型性、突出性的问题及原因记录下来。如：不知道要拿的东西放在哪里；因为存放地点放置的物品太多，没有相应的标签，难以找到想要的东西；需要的物品没有合适的运输通道等。其次，我们会根据找到的问题和教师进行研讨，并共同寻求方法来解决问题。如：按照物品的品种、材质、用途等，给每一件物品命名，且每一种物品只能选用一个名字；对储存空间统筹安排，画线定位，规范放置，将物品按照使用频率分类等；建立相应的物品存放目录表，上面标明物品存放的地点，具体存放的架子或柜子等，以此来帮助教师提高自己运用"五常法"管理班级物品的实践能力。

四、细化不同人员负责的区域

为了能够有效达成"常清洁"的目标，我园根据不同岗位及人员的工作职责，清楚地划分出每个人应负责清洁的区域，绝不留下死角，避免责任不清、互相推诿的情况发生。我们认为只有不断地创设优质的空间环境、整洁的卫生环境、温馨的学习环境、童趣的游戏环境，才能全面充分地体现厚重的园所文化底蕴，展现教职员工的整体素养及精神面貌，打造良好的团队形象。

五、提高教职工的自律能力

在"五常法"管理中，最高境界是常自律。为此，我们经常通过培训、研讨等形式，向教师反复提出按照规定做事的必要性，使之逐步养成自觉自律的习惯。如散会后要主动帮助整理清扫会场；随时放好自己用过或摆乱的椅子；看见掉在地上的杂物随手拣起，自觉扔进垃圾箱里；时时处处考虑为他人留下方便；坚持下班前"五常法"活动等。久而久之，大家的自律意识就会加强，自觉性就会提高，遇事就会先为别人着想并尊重别人的劳动成果，逐渐从他律走向自律。

六、适时适度开展"五常法"检查

检查是对"五常法"实施执行过程是否符合操作流程，实施结果和成效是否符合"五常法"审核标准，"五常法"活动是否能被有效实施并达到预期目标所作的客观的、独立的、经常性的评价。

1. "五常法"检查要及时。我们会在每个学期初开展对"五常法"的检查，以"五常法"管理制度和各部门审核标准作为检查的内容和依据，走进班级，重点查看工作人员是否按照"五常法"审核标准的要求教育指导幼儿，是否按部就班、循序渐进地将"五常法"管理理念渗透到一日生活工作中。

2. "五常法"检查要适度。一是我们与教师之间的沟通与交流是平等的，我们不会带着挑剔的眼光去看待教师的工作，更多的是用诚恳的语气与教师进行沟通，提醒并帮助其弥补差距；二是我们经常会用"视觉监察法"进行管理，如用红色的字母 P 来表示问题的所在和需要加以注意的地方；用绿色的字母 G 来表示良好的成果。通过巧妙利用字母，一方面暗示教师需要进行改进的地方；另一方面，在下次检查中，可以清楚看到教师的改进之处，使检查变得更加透明、公正。

3．"五常法"评价要客观。幼儿园工作具有复杂性和特殊性。各个部门的性质不同，工种不同，对各类物品功能的需求不同，物品存放的规律也就不同。为此，我们在"五常法"活动中，建立了一套针对不同部门的、简便易行的考核评价体系，不同部门应用相应的审核工作表，以实现评价的公平、公正、公开、透明。（李芳：河北省保定市青年路幼儿园）

 『 案例评析 』

我们园的"五常法"是对不同岗位人员的物品管理要求，其来源于日本的企业，现在国内的很多企业也在应用这样的管理法则。在案例中，大家可以看到这样的方式可以有效地创设各个处室及班级的环境，更有利于对幼儿进行秩序感和规则意识的培养。当然，在幼儿园除了"五常法"，还有很多其他的规则，如教师带班要求、教师在园行为规范等，它们不但完善了幼儿园的规章制度，还提高了园所的管理水平。

这些制度、要求、规范在制定的过程中，都应该遵循"从群众中来，到群众中去"的原则，从经验教训中总结出来，更重要的是从与教职工的讨论提炼中而来。另外，新规定颁布以后，还要经过教代会的讨论，在园内进行公示，试行一段时间后觉得切实可行，再正式纳入本园的管理制度中。通过这样的方式，幼儿园的各项制度更趋科学、规范，全园教职工们从心底里认同这些新规定，从而让管理变得更加得心应手。总而言之，园长在管理人的过程中如果能够合理建立、应用制度，就能真正做到"事事有人管，人人有专责，办事有标准，工作有检查，奖罚有依据"，这是一个优秀的管理者应该具备的素质和能力，也是提高园所工作效率的最有效方法。（李芳：河北省保定市青年路幼儿园）

49 建立教职工大会或教职工代表会议制度，推行园务公开，尊重和保障教职工参与幼儿园管理的民主权利，有条件具备的幼儿园可根据需要建立园务委员会。

《国务院关于加强教师队伍建设的意见》："建立健全教职工代表大会制度，保障教职工参与学校决策的合法权利。完善中小学学校管理制度，发挥好党组织的领导核心和政治核心作用，健全校长负责制，实行校务会议等制度，完善教职工参与的科学民主决策机制。"

《幼儿园工作规程（修订稿）》："幼儿园实行园长负责制，园长在举办者和教育行政部门领导下，依据本规程负责领导全园工作。幼儿园可以建立园务委员会。园务委员会由保教、卫生保健、财会等人员的代表以及家长的代表组成。园长任园务委员会主任。园长定期召开园务会议，遇重大问题可临时召集，对规章制度的建立、修改、废除，全园工作计划，工作总结，人员奖惩，财务预算和决算方案，以及其他涉及全园工作的重要问题进行审议。""幼儿园应当建立教职工大会制度，或者以教师为主体的教职工代表会议制度，加强民主管理和监督。"

◉『典型案例』

让教职工大会成为民主的大会

教职工代表大会制度，是幼儿园管理体系的重要组成部分，是教职工依法行使民主权力、参与民主管理和民主监督的基本形式。加强教职工代表大会制度建设，对于贯彻落实党的教育方针，坚持和完善园长负责制，建设现代学校制度，推进依法办学、民主治园、科学决策，维护教职工合法权益，密切党群干群关系，保持幼儿园改革发展稳定具有十分重要的意义。

一、教职工大会的组织领导，同样存在责、权、利的问题，需要明晰

教职工大会主要有三项职权，其中审议建议权是基础，讨论通过权是核心，评议监督权是关键。

审议建议权，即让教职工听取幼儿园章程草案及其他基本制度的制定和修订情况报告，听取幼儿园发展规划、教职工队伍建设、教育教学、校园建设、管理和后勤保障等重大改革和重大问题解决方案的报告，听取年度工作、财务工作以及其他专项工作报告等，提出意见和建议。

讨论通过权，即可以讨论通过幼儿园提出的与教职工切身利益密切相关的教职工绩效工资、岗位设置方案以及相应的教职工聘任、考核、奖惩办法等。

评议监督权，即可以讨论审议上一届（次）教职工大会提案办理情况报告；按照有关工作规定和安排评议幼儿园领导干部，通过多种方式对幼儿园工作提出意见和建议，监督幼儿园章程、规章制度和决策的落实，提出整改意见和建议。

二、教职工大会的领导者是党支部，组织者是工会

幼儿园党组织要定期研究教职工大会工作，协调和解决教职工大会工作中出现的各类问题。幼儿园行政要支持教职工大会在有关法律法规和政策规定的范围内开展工作，把教职工大会的执行情况纳入幼儿园依法治校工作中，同部署、同落实、同检查、同考评。

幼儿园工会是教职工大会的工作机构，负责教职工大会的日常工作，组织教职工大会，依法督查教职工大会决定、决议和提案的落实，及时向教职工通报教职工代表大会的情况。

三、处理好园长、幼儿园行政、家委会、教职工大会的关系

教职工大会是幼儿园最高权力机构，幼儿园行政是幼儿园常务机构，家长委员会是监督机构。园长有办事的决策权、用人的人事权、表彰的奖惩权和使用经费的财经权，这些权力可以让园长按照自己的办学主张、教育思想施展才华，但这些权力的运用要接受监督和约束。园长在执行权力、作重大决策时，就要充分发挥这些组织的作用，"自下而上"，最后再作决策。

30 年前，我园就开始实行科学的民主的管理，明确提出"以人为本"的管理理念，把教职工当成幼儿园的主人，一切重大事情（聘用、达标、改制……）及教工关心的、敏感的事情（表彰、分配、福利……）都经教职工大会讨论，遵循一定的民主程序，预先确定审议议题和讨论决策的办法。下面就是我园在制定绩效工资分配方案时，召开教工大会进行讨论与民主决策的过程。

南京市鼓楼幼儿园七届三次教工大会程序及主持稿

1. 宣布教工大会开始（工会委员发放方案讨论稿）

各位会员同志：

下午好！今天的教工大会由我主持。我们今天召开的是七届三次教工大会，主题是"比实绩、重贡献、激活力、争先进"。大会的议题有两项，一是奖励性绩效工资分配方案的讨论，二是工会换届选举。

2. 园长介绍奖励性绩效工资分配方案的政策及具体内容

奖励性绩效工资不是大锅饭，体现的是贡献、成绩，就和我们今天的主题词

一样——"比实绩、重贡献、激活力、争先进"，所以我们要用"求大同、存小异"的观念看待分配方案。大家已经拿到了方案的讨论稿，请大家先阅读一遍，然后由崔利玲园长向大家介绍方案出台的背景及条款的说明。

3. 分组讨论，签署意见（工会委员回收讨论稿，初步汇总意见）

（讨论前）在讨论前作一个说明，根据《中华人民共和国工会法》《职工代表大会条例》规定"职工代表大会需有 2/3 以上职工代表出席""职工代表大会作出选举或决定，必须经全体职工代表过半数同意"。今天到场的不是职工代表而是全体会员，符合要求。下面请大家填写讨论稿，并签名。

（收讨论稿过程中）工会的同志将马上汇总大家的意见，如果同意人数超过50%，本分配方案就通过，对一些有争议或大家不清楚的条款，崔园长将再次细致解释。如果同意人数不足50%，我们就根据大家的意见继续修改并报教育局审核，下次再召开会议讨论。

4. 现任工会主席做工会三年工作总结

从 2007 年 2 月起，我园工会组成了第七届委员会，七位同志当选为工会委员，他们分别是 ××、××、××、××、××……三年来，工会配合行政为全体会员组织了丰富多彩的活动，下面，由工会主席孙芳洁为全体会员作三年工作报告。

5. 宣布候选人名单

工会委员的任期为三年，现任工会委员工作已满三年，现在我们就进入教工大会的第二个议题"工会换届选举"。在选举前，我们以年级组为单位征求了大家的意见，产生了以下十位同志，他们分别是（略）。

6. 候选人依次向会员表达参选意愿

因为是差额选举，我们要在十位推荐人中产生七人。下面有请被推荐人发表选举口号，表达自己的意愿。（逐一请被推荐人发言）

7. 全体会员填写推荐表（支部委员发推荐表）

鼓楼幼儿园是一个大家庭，人人有为家庭服务和作贡献的责任与义务。工会是群众性组织，工会委员就起到为大家服务、送温暖的作用。下面，请大家根据被推荐人的发言，结合被推荐人的身体素质、热心程度、组织能力、奉献精神、政策水平，再综合考虑年龄、性别、园所的因素，选择其中的七个同志，投上神圣的一票。

8. 支部委员统计推荐表（马文彬、凌晨、缪晓方）

趁支部委员们汇总大家投票结果的时间，我们请工会主席孙芳洁宣布刚才大家对奖励性绩效工资分配方案的意见（略）。

9. 工会主席宣布绩效工资讨论结果

方案一：（通过）

主席宣布：（通过）经_____同志统计汇总，该方案有_____人同意，占到会人数的_____%，该方案通过。

绩效工资分配方案虽然通过了，但随着上级政策的变化，方案会有调整，有调整的地方在调整前将向大家及时通报。对一些有争议或大家不清楚的条款，有请崔园长再次细致解释。

方案二：（不通过）

主席宣布：（不通过）经_____同志统计汇总，该方案有_____人同意，占到会人数的_____%，该方案将继续修改，下次再讨论。

因同意人数不足50%，我们将根据大家的意见继续修改并报教育局审核，下次再召开会议讨论。

教育系统实行绩效工资是政府对教育的重视，是对教师的关怀，特别是对退休教师的关心。虽然在实行绩效工资的过程中我们将面临自筹经费的压力，但我们希望全体会员同志团结起来与领导共同分担压力，大家要比以往更出色地工作，更辛勤地付出，以我们的实际行动回报政府对教师的关爱。

10. 支部书记宣布新一届工会委员名单

刚才党支部的同志已经汇总了新一届工会委员的推荐结果，下面请党支部书记崔利玲宣布第八届工会委员名单，并对上一届工会工作作评价。

11. 宣布教工大会结束

各位会员同志们，我宣布，七届三次教工大会圆满闭幕！

（崔利玲：江苏省南京市鼓楼幼儿园园长）

『 案例评析 』

依法治园的前提是园长对依法治园有清晰、正确、坚定的认识，并愿意付诸行动。幼儿园的内部管理一般都是"自下而上"，从群众中来到群众中去。它可以让教师拥有更多的自由空间，激发教师的热情，调动教师的主动性、创造性和积极性。召开教职工大会就是让园长减政放权，削减权利清单，让园长更轻松、更专注地管理，让教师更自由、更幸福地工作。"减"，减去了以往园长渗透个人力量、经验、意志的权责；"放"，赋予了园长在科学规范管理中更加科学、客观的权责。"减"与"放"，解决了园长家长制管理中的事无巨细、亲力亲为的工作方式，让园长有更多的时间谋发展、谋大事。本案例中的教职工大会是幼儿园民主自治的产物，它将传统的金字塔式的垂直命令管理方式，改变为现代的扁平式自主参与的管理方式，找到了管理者与被管理者之间化解冲突的平衡点。（崔利玲：江苏省南京市鼓楼幼儿园园长）

50 建立和完善幼儿园应急机制，制定相应预案，定期实施安全演练，指导教职工正确应对和妥善处置各类自然灾害、公共卫生、意外伤害等突发事件。

『 政策视线 』

《幼儿园管理条例》："幼儿园应当建立卫生保健制度，防止发生食物中毒和传染病的流行。""幼儿园应当建立安全防护制度，严禁在幼儿园内设置威胁幼儿安全的危险建筑物和设施，严禁使用有毒、有害物质制作教具、玩具。""幼儿园发生食物中毒、传染病流行时，举办幼儿园的单位或者个人应当立即采取紧急救护措施，并及时报告当地教育行政部门或卫生行政部门。""幼儿园的园舍和设施有可能发生危险时，举办幼儿园的单位或个人应当采取措施，排除险情，防止事故发生。"

《中小学幼儿园安全管理办法》："学校应当遵守有关安全工作的法律、法规和规章，建立健全校内各项安全管理制度和安全应急机制，及时消除隐患，预防发生事故。""学校应当制定教职工安全教育培训计划，通过多种途径和方法，使教职工熟悉安全规章制度、掌握安全救护常识，学会指导学生预防事故、自救、逃生、紧急避险的方法和手段。"

《中华人民共和国未成年人保护法》："教育行政等部门和学校、幼儿园、托儿所应当根据需要，制定应对各种灾害、传染性疾病、食物中毒、意外伤害等突发事件的预案，配备相应设施并进行必要的演练，增强未成年人的自我保护意识和能力。""学校、幼儿园、托儿所应当建立安全制度，加强对未成年人的安全教育，采取措施保障未成年人的人身安全。""学校、幼儿园、托儿所和公共场所发生突发事件时，应当优先救护未成年人。"

《国务院关于当前发展学前教育的若干意见》："幼儿园要提高安全防范意识，加强内部安全管理。"

《中小学和幼儿园教师资格考试标准》："了解幼儿发展中易出现的问题或障碍。""了解幼儿保健、安全方面的基本知识和处理常见问题与突发事件的基本方法。"

《教师教育课程标准》："掌握照顾幼儿健康地、安全地生活的基本方法和技能。""了解幼儿期常见疾病、发展障碍、学习障碍的基础知识和应对方法。""掌握照顾幼儿健康地、安全地生活的基本方法和技能。""掌握幼儿心理健康教育的基本知识，学会处理幼儿常见行为问题。"

《幼儿园工作规程（修订稿）》："幼儿园应当严格执行国家和地方幼儿园安全管理的相关规定，建立健全房屋、设备、消防、交通、食品、药物、幼儿接送交接、活动组织等安全防护和检查制度，建立安全责任制和应急预案。"

『 典型案例 』

构筑安全铜墙铁壁　确保师生平安健康

我们园建园 20 年来，认真贯彻执行"稳定压倒一切、安全重于泰山"的思想，始终将安全工作放在首位。规范安全管理，加强安全教育，强化安全责任意识，增加安全设施投入，排查和整治安全隐患，努力做到安全管理精细化、安全设施专业化、安全教育长效化。

一、构建四级安全管理体系

我们总园有专门负责的副园长，各个分园有专门的安全员，分工负责清楚，不留安全管理缝隙。每学期开学初，我园主管部门机关事务管理局以及业务主管部门教育局都与幼儿园签订安全责任状，我们再与各年级、班级、教师签订层层安全责任状，形成局、园、年级、班级的四级安全管理体系，使安全工作横向到边，纵向到人，形成层层落实、事事到位的管理网络，不让管理出现"真空"。我们还聘请派出所的所长担任法制校长，并有专职民警负责幼儿园周边的安全保护工作及常年的幼儿安全教育。不管是全员教职工大会还是管理层会议，不管是政治学习还是业务培训，逢会必讲安全，做到安全警钟长鸣。

二、设立四道人防技术关卡

做好安全工作，人防是第一位，我园充分发挥每个教职工在安全防范中的作用，用思想和责任筑起幼儿生命安全的保护之墙。一是设立警务室，配备专职保安2名，门卫1名，名誉民警1名，负责全体幼儿和教职工进出及在园时间的安全。二是成立护导队，每天有一位园领导和两位教师代表值班，协助门卫、保安维持门口幼儿进出安全护导，检查幼儿园的安全，及时排除安全隐患。三是成立家长志愿者服务队，每天安排四位家长维持幼儿园大门口的秩序，不让不法分子接触幼儿园。四是重点关注家长接送幼儿时间段的安全保卫工作，上午送幼儿，家长不进校园，由护导老师将幼儿送到班级，下午接孩子，班主任在班级门口，不让家长和成人进入班级，不留一个空档，家长接送幼儿都必须刷卡，显示幼儿入园和离园时间以及接送人员。对于家长有特殊情况不能亲自来接孩子的，被请人要持有安全接送卡和本人身份证，由家长和老师电话联系后，班主任送孩子到门口交接，不让陌生人进入校园。

三、增加四套安全防护设施

公安部部长孟建柱说：做好学校安保工作，人防和技防都很重要。再大的困难，也要想尽一切办法去克服，绝不能让孩子们的人身安全受到威胁。对于幼儿园的安全设备设施，我们要克服困难，想方设法筹措资金来备足配齐。一是根据安全要求，我们为所有保安和门卫配齐警棍、钢叉、辣椒水、盾牌等安保器材。二是严格接送刷卡制度，送孩子入园时，家长必须刷卡后将孩子交送给老师；接孩子离园时必须刷卡，方可离园。三是增加高清监控设备，在全园原有监控的基础上，增加大门、操场、围墙等重要部位的覆盖率，使每个出入口、楼道口、户外操场、教室都有全方位监控，不放过任何角落，及时全面了解幼儿在园的情况，便于及时发现问题并迅速采取措施。四是所有围墙新装远红外报警系统，并与派出所联网，只要有情况，派出所就能及时了解信息，及时出警，有效防止不法分子翻墙入园。

四、开展四项安全防范措施

教职工的安全意识和安全知识、幼儿的自我防范能力是安全的根本保证。一是加强安全防范教育，成立防恶性事件领导小组，负责突发安全事件发生时的指挥、疏导、紧急疏散、救援、汇报等工作。当危险来临时，教师的第一反应是保护好孩子。教师们还利用故事、游戏、表演等多种形式对幼儿进行安全防范教育，提高幼儿自我防范能力。二是重新设计各类安全预案，结合幼儿园的实际状况、地理位置，专门研究制定符合我园幼儿逃生自救的实施预案，使教师和幼儿在危险来临时，有备而不慌张。三是开展多项预案演练，包括抗恶性暴力事件演练、放震疏散演练、预防食物中毒演练、预防传染病演练、消防安全演练、防雷防电演练等等，通过定期全员演练，提高幼儿的安全意识和安全能力，增强教职工的应急处事能力。四是利用校信通、校园网、家教小报、告家长书等家园联系方式，让家长了解幼儿园安全工作要求及措施，关注孩子的安全，配合幼儿园工作。

五、排查整治四项安全隐患

为确保安全万无一失，我园组织相关专业人员对所有关系幼儿安全健康的隐患进行逐一排查。一是严格排查隐患。对园内的各类建筑、水、电、气、厨房等基础设施、生活服务设施、公共活动场所等进行全面排查，消除各种安全隐患，确保不留死角。二是强化落实相关制度。指导保安、门卫、后勤等人员重新温习门卫、值班、巡逻等内部安保制度，消防与食品卫生等方面的管理制度，进一步熟悉各项安全事故应急预案。三是加强传染病预防工作。加强晨间检查、一日观察，确保无传染病幼儿入园。四是强化幼儿药物管理。对于家长带来的所有药物一律凭病历和医生的处方给幼儿服用，并由保健老师随时观察。

六、落实四项食品卫生安全

食品卫生安全工作事关全体幼儿的生命与健康，事关幼儿园的稳定和发展，食品卫生安全也是幼儿园安全工作的重要组成部分。我园认真贯彻执行食品卫生有关法律法规，不断加强食堂建设，强化食品卫生安全管理，有效防止了食物中毒和传染病的发生，保证了全体幼儿的健康。具体做法如下：一是完善食品卫生制度。在卫生监督所的指导下，我园制定了十几项规章制度，并与职工的考核奖惩挂钩，确保制度的落实；二是严格食品管理，科学地制定食谱，不进腐烂变质食品。我园每年与供应商签订食品安全合同，要求各供应商提供有效的食品合格证，确保食品入园安全的落实；三是规范操作流程，厨师要保证所有食物在兼具营养和色香味的前提下，烧熟烧透，并留样48小时。加强班级教师在幼儿餐食中的管理，严格按规范要求操作，确保幼儿吃饱吃好；四是做好食具清洗消毒工作，搞好班级就餐和厨房内外的环境卫生。执行园长在幼儿开饭前首先试吃，严防食物中毒，确保安全无误，做到万无一失。

安全是一项长期而艰巨的工作，是一项责任重于泰山的工作。但只要我们重视安全管理工作，注重安全管理细节，强化安全管理意识，落实安全管理责任，相信我们一定能为校园安全稳定工作的落实和教育教学事业的健康发展筑起一道铜墙铁壁，让幼儿健康快乐成长！（沐文扬：江苏省扬州市机关第三幼儿园园长）

『 案例评析 』

　　全方位地保护幼儿的安全，防范各种事故的发生是幼儿园工作的重中之重。在安全管理中，建章立制、防范固堤是前提，分工明确、责任到人是关键，分层管理、定期检查是重点，持之以恒、警钟长鸣是保证。建立和完善应急机制，可以提高幼儿园对各类安全事故的预防和控制能力，消除各种安全隐患和事故苗头，把幼儿园建设成管理有序、防控有力、环境整洁、安全文明的校园。本案例就规范安全管理、加强安全教育、强化安全责任意识、增加安全设施投入、排查和整治安全隐患作了细致介绍，以"防范"为重点，展示了安全管理精细化、安全设施专业化、安全教育长效化的效果。（崔利玲：江苏省南京市鼓楼幼儿园园长）

第六章
解读专业职责 "调适外部环境"

（一）专业理解与认识

51

充分认识家庭是幼儿园重要的合作伙伴，积极争取家长的理解、支持和主动参与，促进家园共育。

『 政策视线 』

《幼儿园教育指导纲要（试行）》："家庭是幼儿园重要的合作伙伴。应本着尊重、平等、合作的原则，争取家长的理解、支持和主动参与，并积极支持、帮助家长提高教育能力。""关注幼儿的特殊需要，包括各种发展潜能和不同发展障碍，与家庭密切配合，共同促进幼儿健康成长。"

《国务院关于当前发展学前教育的若干意见》："要把幼儿园教育和家庭教育紧密结合，共同为幼儿的健康成长创造良好环境。"

《教育部关于建立中小学幼儿园家长委员会的指导意见》："营造良好的家校关系。把学校准备采取和正在实施的教育教学改革措施，向家长做出入情入理的解释和说明，争取家长的理解和支持。"

《幼儿园工作规程（修订稿）》："幼儿园应当主动与幼儿家庭配合，向家长宣传科学保育、教育幼儿的知识，帮助家长创设良好的家庭教育环境，共同担负教育幼儿的任务。"

澳大利亚《幼年学习大纲》提出，与儿童家庭建立合作关系。父母和教育工作者共同合作，可以促进孩子的学习和身心安康。作为幼儿生命中最重要的人，家长定期与子女的幼儿教育工作者商谈，关心子女的学习，可以发挥家长的影响力。家长提供的资料，让教育工作者可以将幼儿在家中的经验和他们在托儿地点与其他幼儿共度的时间建立连结。

『 典型案例 』

家庭是幼儿教育的重要组成部分

视家长为幼儿园教师的合作伙伴，幼儿园教育的参与者、推动者和促进者，对于形成良好家园共育氛围极为重要。

一、家长是幼儿园科学教育不可或缺的重要课程资源

1. 认同与接纳，家长是幼儿科学探究活动的支持者、合作者。

教师与家长是教育幼儿的合作伙伴，家庭教育与幼儿园教育相辅相成，唯有双方密切配合，才能促进幼儿充分发展。教师支持鼓励家长充分重视和利用家庭资源，支持幼儿将大自然和生活中真实的事物与现象作为科学探究的生动内容，从中激发幼儿探究兴趣、体验探究过程的探究能力。如：初春时，幼儿园发起家长周末带孩子到湖边、池塘观察小蝌蚪的活动；秋天，幼儿园号召家长和孩子一起捡拾落叶，制作树叶标本、树叶粘贴画……家长经常带孩子接触大自然，有利于激发其好奇心与探究欲望。

在家园沟通的过程中，教师应明确家长并非幼儿园任务的被动接受者，而是幼儿园教育的参与者、推动者。在开展家园互动的活动中，教师可指导家长重新认识亲子互动活动，指导家长掌握亲子活动的方法、要领。如：教师可向家长介绍亲子制作活动中蕴涵的教育价值，建议家长善于抓住制作过程中的每一个环节，从制作主题的选定，到相关信息的获得，到力所能及地参与加工制作亲子作品……这些都能为孩子创造学习的机会。

2. 多形式参与，拓展幼儿科学学习的渠道与方式。

家园间科学教育的合作形式是丰富多样的，亲子开放活动、亲子节庆活动、亲子游活动、家长助教、班级与家庭间不间断的互动分享、跟踪反馈活动（如：亲子观察记录、亲子谈话记录、亲子科普图书漂流）……多形式参与的科学教育活动，使朝夕相处、面向个体的家庭教育与系统规范、面向全体的幼儿园教育有机结合，互为补充，拓展了幼儿科学领域学习的渠道与方式。

二、充分吸纳家长科学教育资源，形成合力

1. 广纳家长资源，促成多项合作。

（1）陪伴——个别指导。亲子科学探究活动中，常常是一对一或多对一的教育，家长有充足的时间和空间与孩子交流，有充分了解孩子的兴趣和学习特点的

机会，可以更好地追随孩子科学探究的兴趣点，适时调整探究进程，把握辅导的度。如：家长可以陪伴孩子拆、装旧的电动小汽车、旧手机、旧电话座机等，同时记录拆卸步骤，之后根据记录再把它装回去……在整个过程中家长还可以进行拍摄记录，并和孩子一起动手将探究过程制作成小简报，带回幼儿园与同伴分享。长期持续的家长陪伴的科学探究活动，会使孩子喜欢探究，并乐在其中。

（2）支持——集体参与。为营造家园共育的科学探究氛围，幼儿园常常发起班级亲子科学探究活动，召集家长参与。如：亲子开放活动中的科学探究，家长和幼儿一起动手装配回力车，实验验证动力装置——橡皮筋被缠绕在车轴上的圈数和车子跑出距离的关系，并在记录单上作相应记录，丰富幼儿的观察经验，并与家长、教师、同伴分享发现；支持家委发起班级全体幼儿及家长周末参观科学馆、生态园等的活动；幼儿园发起参与每年科技节的制作、展示交流活动等等。班级家长集体参与探究活动，从而营造浓浓的共营共育氛围。

（3）助教——专业指引。家长中有在各个领域从事各种工作的专业人才，教师可以挖掘家长资源，让其为教育教学服务，发动家长发挥各自优势，自愿承担助教工作，从而开阔孩子的视野、丰富孩子的经验。如：有木工技能的家长担任助教，介绍各式木工工具的安全使用法、常用木工制作技术，带领幼儿加工简单的木制玩具；在机场工作的家长助教，带领全班孩子参观机场候机楼、停机坪、安检程序、行李传输；从事教师职业的家长带领孩子们做科学小实验、小制作；妈妈助教讲科普故事等等。不同的家长人群，让孩子接收不同的信息，感受不同的教学风格，以集体参与的探究氛围影响、感召幼儿。

2. 增进互利互动，形成有效支持。

家庭幼儿科学教育与幼儿园科学教育有着共同的目标，它是幼儿园科学教育的重要组成部分。家园双方加强合作，增进互利互动，形成有效支持，能促使幼儿科学教育得到全面、全程、全方位的落实。如：班级教师带领孩子们锯开一个晒干后的葫芦，发给每一位幼儿一颗葫芦种子，发动他们在家中和家长一起播种，并鼓励幼儿在家里坚持作观察记录。同时，在班级种植角也播下葫芦种子，并在班级作集体种植观察记录。这种家庭和班级间的互动，有利于幼儿园、家庭间同步教育，对指导家庭开展幼儿科学教育大有裨益。一方面通过持续观察，家长可以了解幼儿的认知特点，从中培养幼儿的观察力、坚持性、责任心，另一方面，家长的参与使得幼儿园科学教育的内容、形式更为丰富。如：毛毛小朋友的葫芦植株长高后，爸爸给葫芦藤蔓搭了一个支架，让它可以顺着支架向上生长，毛毛来到幼儿园，欣喜地告诉小朋友这一做法。同伴间的互动学习，丰富了孩子的种植经验。

家长的积极参与和大力支持指导下的科学探究活动，拓展了幼儿学习的渠道与方式，使幼儿园科学教育的课程实施内容、形式更加丰富，落实更加有效，氛围更加浓厚。（刘红丽：广东省深圳市南山区机关幼儿园副园长）

『 案例评析 』

家庭教育是幼儿教育的重要组成部分，父母是孩子的第一任老师，幼儿接触最多、受影响最深的是父母，家庭教育具有特别重要的意义，它是一切教育的基础。教师有责任指导家长树立正确的育儿观和掌握科学的育儿方法。陈鹤琴先生在《怎样做人民的幼稚园教师》中提出"幼儿园教师就要担负起协助父母家庭教育的责任"。天性好奇、探究欲强是孩子与生俱来的特点。科学教育是孩子发现事物，概括、分类和寻求事物间关系等思维活动发生最集中的领域，我们幼儿园经过多年的积累沉淀，形成了鲜明的幼儿科学教育特色。我们通过发起家园互动、共同参与、多渠道、多形式、丰富多彩的共育活动，不断启发、带动家长抓住日常生活中随时随地发现的事物、自然发生的现象，和孩子一起展开丰富、有趣的科学探索，吸引家长参与、了解并支持幼儿园的科学教育活动，指导家庭科学育儿。（刘红丽：广东省深圳市南山区机关幼儿园副园长）

52

重视利用自然环境和社会（社区）的教育资源，扩展幼儿生活和学习的空间。

『 政策视线 』

《中华人民共和国教育法》："图书馆、博物馆、科技馆、文化馆、美术馆、体育馆（场）等社会公共文化体育设施，以及历史文化古迹和革命纪念馆（地），应当对教师、学生实行优待，为受教育者接受教育提供便利。"

《幼儿园教育指导纲要（试行）》："引导幼儿对周围环境中的数、量、形、时间和空间等现象产生兴趣，建构初步的数概念，并学习用简单的数学方法解决生活和游戏中某些简单的问题。""在幼儿生活经验的基础上，帮助幼儿了解自然、环境与人类生活的关系。从身边的小事入手，培养初步的环保意识和行为。""充分利用自然环境和社区的教育资源，扩展幼儿生活和学习的空间。幼儿园同时应为社区的早期教育提供服务。"

《中华人民共和国未成年人保护法》："爱国主义教育基地、图书馆、青少年宫、儿童活动中心应当对未成年人免费开放；博物馆、纪念馆、科技馆、展览馆、美术馆、文化馆以及影剧院、体育场馆、动物园、公园等场所，应当按照有关规定对未成年人免费或者优惠开放。"

《教师教育课程标准》："了解与家庭、社区沟通的重要性，学会利用和开发周围的资源，创设有利于幼儿发展的环境。"

英国学前教育机构的教育途径主要包括：一日活动、区域活动和游览活动。其中游览活动主要是利用家庭和社区独特的教育资源拓展学前教育空间。

日本根据《儿童福利法》的规定，在全国范围内设立了许多儿童公园、游戏场、儿童之家、儿童馆等，专供儿童游戏和学习。社区内的儿童社会教育设施与幼儿园、保育所等正规学前教育机构相补充。

『典型案例』

经验先行、探究在前

2012 年 7 月，我在教育部参加《3—6 岁儿童学习与发展指南》的审议，对《指南》中有关儿童的学习方式和特点的说明特别欣赏，"幼儿的学习是以直接经验为基础，在游戏和日常生活中进行的"。之前颁布的《幼儿园教育指导纲要（试行）》，同样有关于儿童经验的提醒："幼儿园教育应尊重幼儿的人格和权利，尊重幼儿身心发展的规律和学习特点，以游戏为基本活动，保教并重，关注个别差异，促进每个幼儿富有个性的发展。"如果我们很好地理解并落实这些理念，就能真正地关注儿童的生活和经验，关注儿童的行动和思维，关注儿童的体验和感受。

我园园本课程在实践中总结的"四步发现学习法"，就是探究在前、积累经验的策略性方法。单元课程十分关注儿童自己在活动中经验的习得，我们要求教师尊重儿童的行为和经验，学会顺藤摸瓜，尽量让孩子通过操作探索自己发表意见，再通过对不同意见的交流、讨论达成共识，得出正确的经验概念。这样，活动中所有的小结、总结都是儿童自己完成的，儿童自己带着自己往前、往深发展，教师从在前面拉的人变成了在后面推的人。这种转变不仅让儿童从被动学习者成为主动学习者，也让儿童有意识地学习、有方向地学习。

在课程的实施中，我们提出"儿童在前"，强调老师从观察儿童、了解儿童开始，沿着儿童行为、语言、态度给予的线索，根据儿童的需求与发展水平，提供适宜的教学内容与活动，从儿童的经验出发，通过环境、材料的暗示，通过间接或直接的差异化指导，让儿童在活动中主动学习、积极学习，以促进每个儿童在原有基础上尽可能多地、最大化地发展。

"儿童在前"的探究、体验需要适宜的难度。这个难度是"跳一跳，摘果子"的难度，是儿童需要努力并且可以克服的困难。难度低，会使儿童的发展平地打转，甚至可能会衰退和钝化。也可以这样说，没有一定难度的教育活动就是浪费儿童宝贵的时间和受教育的机会。经过努力获得的成功，会提高儿童的自信，激发他们再次活动的动力。但是，难度也不能超出儿童的能力范围，不能让孩子接连不断地失败，进而沮丧甚至厌恶活动。从这个意义上理解，教师需要从教学计划的实施者转向儿童发展的观察者、分析者，转向儿童活动的帮助者、支持者，转向环境材料的创设者、提供者，转向教育活动的设计者、实施者。"儿童在前"之路，需要的是相对适宜的、可前进的探寻之路，教师要为"儿童在前"的探寻保驾护航，要做儿童学习与活动的支架，就要在儿童探寻前，提前预知与化解儿童探寻之路上的仅凭儿童自身无法逾越的障碍，让儿童的探寻与教育愿景一致。

如每年4月，我园大班孩子都要到农村参加两天一晚的社会实践活动，通过到农家做客、参观蔬菜大棚、采茶、剥豆等活动，他们亲身感受到了城市生活与农村生活的差异。实践活动的前一周是探究前期，单元以《我要出差了》唤起孩子们的探究欲望，孩子对农村的疑惑、向往等，都会在班级的单元环境中呈现出来。环境中还会出现上一届小朋友在农村活动的照片，城市与乡村的图书、图片等；在接下来的一周里，孩子们都会围绕到农村这个话题，以调查表、制作、绘画的方式交流讨论，如想和谁睡在一起？要带哪些东西？农村可能是什么样子的？想妈妈了怎么办？到哪里洗脸刷牙？小狗朝我叫怎么办？通过各种活动，帮助孩子做好到农村的心理准备，使其萌发向往之情。这些准备一是让孩子们互相交流解惑，二是让成人知道孩子们的初期经验，为下面活动的难易设置、安排、个别帮助做好支持。在农村的实践单元是孩子亲身感受、探究和积累经验的过程。在农村，孩子们需要全程行走。在泥泞的乡间小路、窄长的田埂、起伏的山岭间，他们感受到与在宽敞马路上不一样的行走方式，学会坚持、顽强。第一次离开父母，独立洗漱、独自入睡，他们需要克服恐惧、孤独与不安。他们采茶、摘豆、摘草莓、到井台打水、用灶台烧火，比较了城市与农村生活方式的差异。他们闻到施肥时的臭味，看到长着皱纹的黑色的猪，发现现实与图书的差异。他们到农家做客、与农村孩子做朋友，学会了文明、礼貌、友善、热情。回园之后，孩子们通过照片、作品等，表达对农村的认知、感受，并分享与交流。到农村活动，在留给孩子无限念想的同时，也激发出他们更多的兴趣与愿望。

从游戏、活动，到儿童的尝试、体验、感受、学习，鼓幼的老师们在学习"活教育"思想的过程中，不断变换自己的教育方式，让教育过程"活"起来。（崔利玲：江苏省南京市鼓楼幼儿园园长）

『 案例评析 』

本案例从儿童学习特点出发，提出经验先行、探究在前的理念，进而介绍了活动中利用自然资源探究的具体做法。只有在管理中充分利用周边环境与自然资源，将管理成效落实在儿童的发展上，才能实现陈鹤琴先生提出的"大自然、大社会，都是活教材"的追求。（崔利玲：江苏省南京市鼓楼幼儿园园长）

53 　　　注重引导幼儿适当参与社会生活，丰富生活经验，发展社会性。

『 政策视线 』

《幼儿园教育指导纲要（试行）》："与家庭、社区合作，引导幼儿了解自己的亲人以及与自己生活有关的各行各业人们的劳动，培养其对劳动者的热爱和对劳动成果的尊重。""社会学习是一个漫长的积累过程，需要幼儿园、家庭和社会密切合作，协调一致，共同促进幼儿良好社会性品质的形成。""科学教育应密切联系幼儿的实际生活进行，利用身边的事物与现象作为科学探索的对象。"

《教育部关于建立中小学幼儿园家长委员会的指导意见》："发挥家长的专业优势，为学校教育教学活动提供支持。发挥家长的资源优势，为学生开展校外活动提供教育资源和志愿服务。"

《3—6岁儿童学习与发展指南》:"家庭、幼儿园和社会应共同努力,为幼儿创设温暖、关爱、平等的家庭和集体生活氛围,建立良好的亲子关系、师生关系和同伴关系,让幼儿在积极健康的人际关系中获得安全感和信任感,发展自信和自尊,在良好的社会环境及文化的熏陶中学会遵守规则,形成基本的认同感和归属感。"

新西兰国家课程的总原则是:授权、全面发展、家庭和社区、关系。授权,即课程要使幼儿得到学习和发展的权力。全面发展,即课程要反映幼儿全面学习和全面发展的需要。家庭和社区,即家庭和社区应成为扩展课程的有机组成部分。关系,即幼儿通过与人物、地点、事情相互作用来学习。

联合国教科文组织在《学会生存——教育世界的今天和明天》中提出,教育发展的未来模式强调要沟通教育机构与社会的联系:一方面,利用社会上各种因素来促进教育的发展;另一方面,把教育延伸、渗透到社会的各个方面,构成一个面向社会的多形式、多层次的更高形态上的大教育体系。

🔲『 典型案例 』

走出校园,生活在前

我们园的单元课程的主线是以社会为中心,走出校园,即是社会;走进社会,即是生活;走进生活,即是教育。"活教育",就是把幼儿园变成活的乐园,把校园变成生活的家园。生活教育,成为单元课程的重要实施方式。

下面,我们以大班到农村去进行社会实践活动为例,介绍我们是如何实现"做中学"的生活教育的。

一、活动前的保障准备

1.时间、地点的保障。我们要去的地点位于江浦的行知基地,行知基地作为江苏省中小学校外实践基地,有丰富的接待经验,但我园是第一所到基地学习的幼儿园,面对幼儿园的孩子,他们格外严谨、认真。我们一般在2月新学期开学时就与基地确定好时间,通常是周四周五,因为一天半不停歇的活动会消耗大量的体力,周六周日幼儿可以在家缓解疲劳。

农村的环境不同于城市,为了安全(池塘有遮挡、小道足够宽)、有趣(有鸡鸭猪狗、水井、灶台等)、有意义(与城市生活差异明显的、体现乡村生活的特色），每年去农村前，大班老师都要事先到现场，把所有的地点考察一遍，再与行知基地的老师确定具体的行程安排与行走路线。

2. 材料、人员的保障。每年在大班家长会上，我们都会提前向家长介绍活动的意义、过程、需要配合的事项，请家长做好心理准备，并帮助孩子做好独立生活的准备。出发前一周，我们还要在网站发布活动通知，同时发放纸质通知，详细介绍日程与注意事项。

出发前一周，幼儿园还要组成"到农村"活动团队，分为活动指挥团队、活动组织团队、活动保障团队。各个园所的园长就是活动的指挥者，我就是总指挥。鼓幼共有五个园所，十几个大班几百个孩子，因为同时参加活动，安全保障非常重要。活动中，进行每一个活动前，指挥团队都要碰头，清楚细节安排，排除安全隐患。

每个班级除原有的班级老师外，我们还要抽调后勤人员、实习教师、小中大班部分老师，保证每个班级的教师人数不少于六人。班级教师负责组织和管理，配备人员辅助组织，并承担拍照、上传照片、搬运被褥、看护有特殊需要的儿童等任务。

活动中，幼儿园需要采用论坛"实时播报"的方式，及时向家长传递活动的资讯。每次活动前，我们会请两位老师担任"到农村去"活动的新闻发布者，她们的任务是把在农村活动的教师通过 QQ、微信、飞信等方式发来的信息、照片等第一时间上传到论坛上，便于家长随时了解活动的进展情况，放下担忧之心。

二、活动前的经验准备

1. 心理的准备。实践活动的前一周，单元环境中会出现上一届小朋友在农村活动的照片，城市与乡村的图书、图片等。整整一周，孩子们都会围绕到农村这个话题，以调查表、制作、绘画的方式交流讨论。借助调查，老师组织孩子们一同讨论感兴趣的话题，分享对农村的间接了解。

2. 环境支持。儿童对农村的疑惑、向往等，都会在班级的单元环境中呈现出来。我们这样做的目的一是让孩子们互相交流解惑，二是让成人知道孩子们的初期经验，为下面的活动的难易设置、安排、个别帮助做好支持。

三、活动中的生活教育

大班孩子到农村去进行社会实践活动，给老师、家长、孩子都留下深刻的印象。刚参加工作不久的黄建老师写下的感言，很有代表性。

下农村的感想

工作的这三年，每年都会陪着大班孩子下农村参加社会实践活动。开始我很兴奋，因为可以陪着孩子们参加这么有趣的活动。远离了城市的喧嚣，踏着芬芳的泥土来到田间野地里，耳边萦绕着孩子的欢笑声，看着一片一片金灿灿的黄花菜，再多的烦恼也忘得一干二净；晚上则围着篝火，欣赏着孩子们表演的精彩节目，感叹着时间流逝，一晃又是一届孩子快到毕业的时候。

但渐渐地，我学会了静静地思考，多了些许感触和收获。是什么让这样的活动有了这么深刻的意义呢？是为了闻一闻乡间泥土的芬芳，是为了看一看金灿灿的黄花菜，抑或是感受一下那火红的篝火？显然都不是。当孩子们告诉我"牛粪好臭！""猪耳朵是破的！""荷花好美！""农民伯伯家真大！""我的鞋子上全是泥巴！"时，我想我找到了真正的答案。大自然、大社会是我们的活教材，我们来到这里，就是为了和孩子们一起感受这本"活教材"。

对于生活在城市里的孩子来说，他们在书本上，一定学不到牛粪有多臭，荷花有多美，农民伯伯家有多大。当他们小跑着捂着鼻子跳过牛粪，当他们呼朋唤友围着荷花惊讶地欣赏，当他们在农民伯伯家体验灶台烧火不愿换人的时候，他们一定有了上面那些问题的答案了。联想到一次次带着孩子们去超市、邮局、天文台、图书馆、云锦博物馆、奶牛场……让孩子们见到一幅幅鲜"活"的赋有动态的图景，意义远远大于这些活动表面的热闹景象。大自然和大社会为儿童学习提供了丰富的环境，大自然不仅可以激起他们学习的兴趣，还能使他们全面真切地认识到真实的世界。我愿意牵起孩子的手，走出幼儿园，到乡间、商场、超市、工厂、社区……和孩子们一起认识这个多彩的世界！

（崔利玲：江苏省南京市鼓楼幼儿园园长）

『案例评析』

教育家陈鹤琴反对把儿童的思想禁锢在书本中、把儿童的活动限制在课堂里的做法，他将那些把孩子关在教室里，不让他们与外界发生直接接触的幼稚园比喻为"幼稚监狱"。陈先生主张"新鲜的空气、明亮的日光，都是小孩子强身的要素，到了这种野外的地方，做教师的就可以随地施教，看见什么就可以教什么；小孩子看见了这些野外的景象就得到了一种深刻的印象"。刻板的、缺乏主动认知的教室内教育是"本本教育"，是"教死书、死教书"。幼儿园应该是没有围墙的校园，孩子们可以随时随地向大自然发起"进攻"。因为大自然、大社会是最真实的、最丰富的、最具吸引力的学习环境。公园、农场、风景区、社会场所等自然资源，可以让孩子们在与环境接触的同时，满足他们的好奇心和探究愿望，激发他们对自然和社会高度的热情和广泛的兴趣。儿童是活泼泼的人，他们的学习需要在生活的环境中完成。脱离了社会的学习，必然衰减社会的多元文化，缺乏现实生活教育和矛盾冲突体验，孩子就成了脱离现实的"真空人"。所以，我们要将孩子带出校园、走进社区、走进社会，在积累经验的同时提高他们的社会适应性。（崔利玲：江苏省南京市鼓楼幼儿园园长）

（二）专业知识与方法

54 掌握幼儿园与家长、相关社会机构及部门有效沟通的策略与方法。

『 政策视线 』

《幼儿园教育指导纲要（试行）》："幼儿园应与家庭、社区密切合作，与小学相互衔接，综合利用各种教育资源，共同为幼儿的发展创造良好的条件。"

《中小学和幼儿园教师资格考试标准》："理解协调家庭、社区等各种教育力量的重要性，了解与家长沟通与交流的基本方法。"

《教育部关于建立中小学幼儿园家长委员会的指导意见》："向家长通报学校近期的重要工作和准备采取的重要举措，听取并转达家长对学校工作的意见和建议。向学校及时反映家长的意愿，听取并转达学校对家长的希望和要求，促进学校和家庭的相互理解。""要尊重家长意愿，充分听取家长意见，调动家长的积极性和创造性。"

《幼儿园教师专业标准（试行）》："与家长进行有效沟通合作，共同促进幼儿发展。"

《幼儿园工作规程（修订稿）》："组织和指导家长工作。""负责与社区的联系和合作。"

美国幼儿教育协会负责对学前教育机构的质量进行评定。新的认定体系加强了认定体系的可靠性，提高了认定体系的可信度，更加强调平等与多元化，更加注重家庭和社区的参与。

美国早期保教中心提出，教师与家长的合作建立在平等的合作同伴关系基础之上，十分关注家庭优势并尊重家庭目标，充分运用社区资源，为不同家庭提供所需要的服务。中心设有家长咨询委员会，每月召开家长咨询会议，提供儿童发展信息、教养理念与具体做法。

■ 『 典型案例 』

我们的班级博客

博客是一种网络交流软件，具有快捷、方便、不受时空限制等特点。教师、家长可以根据自己的需要，在网上讨论，及时反馈孩子在家在园的情况，共同探讨教育孩子的问题。班级博客方便了原本与幼儿园进行直接沟通有困难的家长，无疑也填补了家园沟通上的不足，促进了家园共育。

一、班级博客，家园共育"大沙龙"

家长在教育子女的过程中，总会遇到各种各样的烦恼和困惑。特别是那些初为人父母时就将孩子拜托给上一辈老人带的年轻家长们，更是没有多少育儿经验，他们需要不断地汲取一些新的养料，以补充、完善自己。班级博客为家长提供了这样的一个机会。在这里，家长们不仅可以观看到老师为大家推荐的各种育儿小诀窍，还可以在热烈、活跃的气氛中提出自己的困惑，共同探讨大家关注的热点问题。由于家长之中还是有不少教子有方的人的，所以幼儿园组织家长相互探讨自己的育儿经验，从而达到家长帮助家长的目的，在提高家长育儿水平的同时，增进家庭与幼儿园、家庭与家庭之间的联系。

二、班级博客，让家长走进幼儿园

自从开通了班级博客，幼儿园家长参与教学指导活动更加积极主动了。它使家长由被动的支持者转化成主动的参与者。

在过去的家园互动中（精确地说是家园配合），家长一直处于被动服从的地位，只是一味地根据教师的要求积极配合幼儿园工作，而他们并不十分了解幼儿园主题探究活动的教育目标及活动的实施情况。现在，随着信息时代的到来，网络进驻千家万户，家长只要通过浏览班级博客，就能明确地了解最近的教学内容和具体安排。小班幼儿口齿不太清楚，家长很难从孩子的口中详细了解教学内容。但现在只要将所教的内容传到班级"博客"网上，家长就能准确感知。

在班级博客中，我们还将孩子平时在园参加的一些有意义的实践活动（如摘草莓，参观污水处理厂、图书馆等）及时传到网上反馈给家长，让家长与孩子一起边观看"活动掠影"边交流活动后的感受……就这样，家长有了参与共育的感悟。来自各行各业的家长们发挥自己职业资源的优势，带来了丰富多彩的教育素材：身为演员的宇斌妈妈组织孩子们参观了剧院，了解了我国的文化国粹；在医院工作的尤家渝妈妈带来了许多眼睛内部结构图片，并向孩子们生动形象地讲解了"眼睛为什么会近视？"……在家长们的鼎力支持下，孩子们先后参观了高崎飞机场、汽车修理厂及解放军叔叔住的军营……，学到了在园内学不到的东西，开阔了眼界，丰富了体验。

班级博客调动了家长走进幼儿园、参与教育活动的积极性，真正做到了家园互动。它不仅为家长提供了全面了解幼儿园教育内容和教育途径的机会，也使家长有机会参与到各种各样的活动中去，在参与过程中，家长除了提供相关的物质资源支持外，还学会了引导幼儿主动学习的方法。家长真正转变为课题研究的合作者。

三、班级博客，让家长与孩子零距离交流

在现代快速发展的社会中，年轻的家长们永远不停地忙碌着，繁忙的工作使他们无暇靠近孩子、了解孩子、真正有效地去帮助孩子。怎样使他们在满足孩子物质生活的同时，又能每天"蹲下身子"更接近、更平等、更仔细地去观察孩子的变化，倾听孩子的心声呢？信息化社会的到来，为我们提供了一个新的发展空间——网络课堂。针对孩子特别喜欢模仿，尤其喜欢模仿老师这一心理特点，我们在班级博客中开辟了一个"宝贝聪明屋"专栏，鼓励他们学做"小老师"。金玥是一位性格内向、爱哭鼻子的小班小朋友，自从学做"小老师"后，吃饭快了，性格开朗了，每天只要一吃过晚饭，她就会打开电脑，为爸爸妈妈、爷爷奶奶上课。金玥妈妈说，金玥长这么大，她还是第一次发现女儿能根据两张简单的图，讲出这么完整的故事。卢佳宁的妈妈则告诉我们，每天晚饭后，是她们全家最开心的时候，因为佳佳要给大家上课了。佳佳上次在幼儿园学了《小蚂蚁》，回来后跟着电脑一遍又一遍地教大家唱，就连86岁躺在床上的太婆也被她教会了……

"网络课堂"不仅满足了孩子爱模仿的心理需求，还让家长真切地感受到了孩子的发展。在进行了"海底世界"探索活动后，孩子们回到家，打开电脑，找到"树叶"的图片告诉家长：这是一条鱼，你看出来了吗？它漂在水里就像一片枯了的树叶，所以它叫枯叶鱼，仔细看，你会发现它身上还有一条分水线。在主题探究活动结束以后，小朋友回家会告诉父母他们课堂上探究的内容。有一次，佳佳妈妈反馈说：孩子以前很不喜欢吃青菜，那天放学回家后，佳佳就跟我说他们在课堂上做了蔬菜的活动，还告诉我许多吃青菜的好处呢，后来佳佳就爱上了吃青菜。主题探究活动的开展和班级博客与家庭建立了紧密的联系，孩子们每天都能开心地投入到学习活动中。班级博客，让家长真正感受到了与孩子共同度过的幸福时光，分享了孩子成长的喜悦。

四、班级博客，消除了家长和老师的距离

实现家园共育，开展主题探究活动，需要我们教师与家长以儿童发展为中心，进行经常性的双向沟通。教师要随时向家长介绍孩子在园里的生活、学习情况，进步与不足；家长也要向教师反映孩子在家里的表现与变化。双方相互商讨、沟通，取得共识，有了共识才能做到共育。由于幼儿的发展是迅速多变的，因此这种沟通应该是经常性的。班级博客则让这种双向互动的效果发挥得淋漓尽致。在新区工作的沈倪嘉妈妈来园接孩子时曾这样感慨："过去，作为母亲我一直为无法亲自来接孩子、不能及时了解孩子在园情况而感到遗憾、内疚。现在好了，我完全可以放心，你们的班级博客，让我在单位就能了解到孩子在园的学习内容，每天一回到家就能和孩子一起诵读复习，别提有多开心了。"

目前，以博客的形式与教师沟通的家长大都是年轻的父母们，他们更认可这种沟通的形式。随着信息技术越来越广泛地进入人们的生活，我们认为：班级博客不失为当今家园沟通的有效途径。不过，班级博客这个家园共育的新形式是其他家园共育形式的补充而不是替代，只有将多种形式进行有机结合，才能适应和满足更多家长的需要。（江旭琳：福建省厦门市实验幼儿园园长）

『 案例评析 』

在幼儿的成长过程中有两个重要的影响因素——家庭和幼儿园，双方都蕴含着丰富的教育资源，对幼儿的发展有着不可替代的作用。尽管幼儿大部分的时间是在幼儿园中度过的，但家庭作为幼儿出生后的第一活动场所，对孩子的发展影响深远。因此，家园共育已经成为幼儿教育中不可缺少的部分。建立良好的家园共育关系，对幼儿园教育质量的提高和幼儿的身心健康发展具有重要意义。我们园在推进家园共育的工作上，有效利用了互联网的方式，发挥其沟通便捷的优势，通过创建班级网络博客，实现了幼儿、家长与幼儿园的紧密联系。班级博客上涵盖的教育信息范围广，信息量随着逐日累积不断增大，使得家庭和幼儿园二者实现信息共享。家长和教师对这种新型的家园沟通方式给予了较高的评价。

（江旭琳：福建省厦门市实验幼儿园园长）

55 熟悉社会（社区）教育资源的功能与特点。

『 政策视线 』

《幼儿园教育指导纲要（试行）》："充分利用社会资源，引导幼儿实际感受祖国文化的丰富与优秀，感受家乡的变化和发展，激发幼儿爱家乡、爱祖国的情感。"

《关于幼儿教育改革与发展的指导意见》："幼儿园要与家庭、社区密切合作。要充分利用幼儿园和社区的资源优势，面向家长开展多种形式的早期教育宣传、指导等服务，促进幼儿家庭教育质量的不断提高。"

《教育部关于建立中小学幼儿园家长委员会的指导意见》："对学校工作计划和重要决策，特别是事关学生和家长切身利益的事项提出意见和建议。对学校教育教学和管理工作予以支持，积极配合。对学校开展的教育教学活动进行监督，帮助学校改进工作。"

《3—6岁儿童学习与发展指南》："家庭、幼儿园和社会应共同努力，为幼儿创设温暖、关爱、平等的家庭和集体生活氛围，建立良好的亲子关系、师生关系和同伴关系，让幼儿在积极健康的人际关系中获得安全感和信任感，发展自信和自尊，在良好的社会环境及文化的熏陶中学会遵守规则，形成基本的认同感和归属感。"

《幼儿园工作规程（修订稿）》："幼儿园应当加强与社区的联系与合作，面向社区宣传科学育儿知识，开展灵活多样的早期教育服务；支持社区开展公益性文化教育活动；争取社区对幼儿园工作的多方面支持。"

瑞吉欧教育体系中，社区参与教育是传统。社区管理的主要形式是咨询委员会，基本上每一所托幼机构都设有咨询委员会。每两年，家长、教育者、市民都要为幼儿园选举参加咨询委员会的代表。每一个咨询委员会再选出一到两名代表服务于市托幼机构，负责本市幼教工作。

利用社区教育资源，拓展幼儿生活空间

在实践中，我们充分利用了社区的教育资源，拓展了幼儿生活和学习的空间，丰富了幼儿的经验，使幼儿关心周围的生活，关心社区的发展，从而自然而然地融入社会，形成对自身生长环境的情感。

一、积极利用社区的物质资源，让幼儿走出教室、教材的限制

我园位于厦门市的老城区莲花新村社区内，区内街道整洁，有着浓厚的生活气息。小区内有莲花公园、超市、停车场、影剧院、图书馆、警察局等，这些都为幼儿所熟悉，因此为我园主题探究活动的开展提供了丰富的环境资源。

在主题活动"爱心社区"中，我们充分利用了小区内的环境资源，组织幼儿参观了社区内的设施，感受小区内的人文气息。如过马路的时候大家都会走斑马线；超市内大家都是不争不抢，排队付款；小区内街道整洁，小树苗生长旺盛等等，幼儿可以在轻松、愉快的情景下认识社区内便利的生活设施，感受社区优美的环境、淳朴的生活气息以及井然有序的生活秩序。通过组织幼儿参观社区环境，我们希望引起幼儿对社区的感性认知，教师通过与幼儿一起讨论，将活动室布置成一个小区，设有小区管理处、广告公司、社区棋牌室、图书馆、科技馆、超市、餐厅等。幼儿每天入园后能开开心心地扮演"爱心社区"里的一员，带着一定的角色身份在社区里工作、休闲。通过亲身的参与，幼儿将对社区的感情认知，上升为对自身的理解与认同，从而对社区产生情感，懂得遵守公共场所的秩序，爱护社区内的公共设施。

在开展"汽车"主题探究活动中，教师组织孩子参观社区内的停车场，带领幼儿认识停车场的功能，观察道路上来来往往的汽车，通过讨论，引导幼儿认识汽车的种类、功能以及需要遵守的交通秩序等。

在"花儿朵朵"的主题探究活动中，教师组织孩子到社区内的莲花公园实地观赏公园里的花朵，认识不同植物的生长情况，还带领幼儿到鲜花店去观看多种类型的鲜花，观察花朵的外形特征，通过询问店员，认识不同花儿的生长习性。

通过一系列"走出幼儿园课堂"的活动，教师调动幼儿的感官认识，使他们进一步接触活生生的生活环境，了解社区环境，加深对社区以及大自然的热爱之情，通过主题游戏的开展，主题教育变得更加生动、具体，充满乐趣。

二、充分利用社区人力资源，拓展幼儿的学习空间

在开展主题探究活动的过程中，幼儿与社区中的人的交往也是一种宝贵的资源。幼儿通过参观活动，与社区中的人接触，了解社区中的人的劳动，与社区中的人探讨问题，从而培养了发现问题、解决问题的能力。

在大班开展"服装"主题活动的时候，我们组织幼儿参观各种各样的服装店，在参观过程中，幼儿向售货员打听服装的材料和款式，记录不同款式的价格，画下服装的样式，并提出问题："衣服是怎样做出来的？""商店的衣服是从哪里进货的？"除了跟视觉上直接相关的问题以外，他们又提出了更有趣的问题："你们商店有老板吗？""那么多款式有着不同的价格，为什么你都能记住？"在幼儿与成人的交谈中，他们不断提出问题，又不断地思考解决问题的方法。每次参与社区的活动，幼儿的情绪总是非常饱满，他们通过与人的交往，慢慢明白了许多道理：懂得做个有礼貌的孩子，懂得主动向他人询问，懂得做事情应该认真谨慎……

遵循广纳贤才、社区共建的原则，我园组建了一支高素质的关工委队伍。关工委即"关心下一代工作委员会"，其成员均为社区中关心教育事业的人士。为了使幼儿园的关工委队伍实现可持续发展，我园以调查表的形式了解本园家长的现状，聘请了人大、教育、企业等单位的退休领导、教授，让他们担任关工委家教员，这批人员可以随着孩子们毕业而随时更替，适当流动，不断为幼儿园关工委队伍增添新鲜血液。根据课程的需要，我们常常邀请关工委里的成员参与课程的建设。如幼儿园关工委成员黄恒创新提出成立青年教师"知心家园"，在"知心家园"活动中，改变以往培训的方式，努力营造宽松、愉悦的氛围。以谈心交流的方式，让教师将真正的想法表达出来，谈出自己在教育工作中的需求与困惑。我们请来第二片区内的关工委主任与副主任，采用对话的形式，为青年教师答疑解惑，给予青年教师引导、帮助、信任，激发青年教师热爱事业之情。活动洋溢着热情、真诚，大家意犹未尽，久久不愿散去。在后续的"知心家园"宣传栏中，我们能围绕每一个需求与困惑提出建议，再一次给青年教师启发与引导。青年教师也在实践中尝试并反思。片区的资源丰富了"知心家园"的内涵，促进了青年教师的专业成长。

充分利用社区的人力资源，我们园进行"开门办学"的教育尝试。我们一边带领孩子到社区的自然环境、活动场所去参观学习，一边邀请社会"五老"与家长们来园分享经验，老少同筑童心梦，共同为孩子的发展创造良好的环境。

三、回报社区，发挥幼儿园的教育辐射作用

我们并不是单方面地利用社区资源，也会主动和社区之间互动互利。作为社区单位中的一员，我们园不定期举办开放活动，将园内资源向社区开放，与社区共享。比如，我园定期举行一些游园活动，为社区开展活动提供场地、玩具、材料等设备设施。幼儿园邀请有关专家、教师来园讲座，并向社区开放，宣传幼儿教育、家庭教育知识以及保育知识等。

此外，我园还积极筹办早教公益活动，园内创设了早教活动室，每周面向社区招收 0—3 岁的幼儿，开展一次公益早教亲子活动，给亲子提供交流、活动的场所，在早期教育的方法上，给父母以具体、专业的指导。通过构建社区、家庭、幼儿园"三位一体"的早期教育共同体，我们实现了让教育传递爱，让爱启迪教育，营造了和谐的社会气氛。

再如，创设社区教育宣传阵地。我们在社区承包了一块宣传栏，利用宣传栏及园报、广播等大众传播媒介向社区宣传家教知识。开办各式展览橱窗，展示幼儿的绘画作品、手工作品，既展示了幼儿的才华，也增添了社区内的文化气氛。

我们还组织幼儿到社区开展有益的宣传活动，如成立"环保小队"，组织幼儿动手把社区环境变干净；组建"爱心小队"，给福利院的小朋友送礼物，激发幼儿的爱心、同情心，也让福利院的孩子们感受到大家对他们的关爱。

幼儿园与社区间的互动，营造了良好的社区教育环境，让社区里更多的人和单位了解、认识我们，愿意加入到我们的课程建设中，支持课程的开展，实现双赢。（江旭琳：福建省厦门市实验幼儿园园长）

『 案例评析 』

社区是幼儿的生活环境，也是幼儿的学习环境。根据陈鹤琴先生的"活教育"理论，我们认识到儿童的学习不应该局限在教室里，应该让儿童走出教室，走进社会，走进自然。社区里蕴含的各种物质和文化资源正是幼儿学习的活教材，是幼儿园主题活动的重要来源。充分利用社区资源，能拓展幼儿生活和学习的空间，帮助幼儿走出幼儿园狭窄的活动范围，更多地看到、听到、触摸到、感受到外界精彩的世界，提高其探索学习的欲望。充分利用社区资源，能开拓教师和幼儿的视野，使幼儿的学习与生活有机结合和相互渗透，使课程内容更加真实、接地气，有力地保证了课程的实施。在以上的案例中，我园主题探究活动充分利用了社区的教育资源，让幼儿走出教室、教材的限制，拓展了生活和学习的

空间，丰富了幼儿的经验。（江旭琳：福建省厦门市实验幼儿园园长）

56 指导教师了解幼儿家庭教育的基本情况，掌握家园共育的知识与方法。

『 政策视线 』

《幼儿园教育指导纲要（试行）》："与家长配合，根据幼儿的需要建立科学的生活常规。培养幼儿良好的饮食、睡眠、盥洗、排泄等生活习惯和生活自理能力。""对有语言障碍的儿童要给予特别关注，要与家长和有关方面密切配合，积极地帮助他们提高语言能力。""与家庭、社区合作，引导幼儿了解自己的亲人以及与自己生活有关的各行各业人们的劳动，培养其对劳动者的热爱和对劳动成果的尊重。""家庭是幼儿园重要的合作伙伴。应本着尊重、平等、合作的原则，争取家长的理解、支持和主动参与，并积极支持、帮助家长提高教育能力。"

《中华人民共和国未成年人保护法》："父母或者其他监护人应当创造良好、和睦的家庭环境，依法履行对未成年人的监护职责和抚养义务。""父母或者其他监护人应当学习家庭教育知识，正确履行监护职责，抚养教育未成年人。有关国家机关和社会组织应当为未成年人的父母或者其他监护人提供家庭教育指导。"

《教育部关于建立中小学幼儿园家长委员会的指导意见》："把学校准备采取和正在实施的教育教学改革措施，向家长做出入情入理的解释和说明，争取家长的理解和支持。及时向学校反映家长对学校工作的疑问，帮助学校了解情况改进工作。多做化解矛盾的工作，把可能出现的问题，解决在萌芽状态。"

《幼儿园工作规程（修订稿）》："与家长保持经常联系，了解幼儿家庭的教育环境，商讨符合幼儿特点的教育措施，相互配合共同完成教育任务。"

美国法律规定家长有权了解孩子的发展，教师有责任向家长通报儿童在幼儿园的情况。此外，家长也应向教师反映孩子在家里的情况。美国的幼教机构在家长教育方面发挥了重要作用。除了帮助家长了解儿童发展的一般知识以外，幼教机构还经常根据不同类型家庭的不同需要，对家教活动进行具体指导。

品书传香，为家园共育开辟新途径

在幼儿教育蓬勃发展的今天，家园共育工作面临着新的挑战：教师队伍中加入了 1980 年代、1990 年代的新生力量，家长群体中也普遍是 1980 年代的独生子女。这一批"从小在甜水里泡大的新一代"如何为人师表、为人父母？又如何携起手来教育好孩子、搞好家园共育工作？这确实是一个值得思考的问题。在这一特殊的时代背景下，我园在常规性家园共育工作的基础上，又开辟了"品书传香"这一新型的家园共育途径。

一、品书传香，引领教师在书香中走向专业化发展的道路

李希贵老师在《为了自由呼吸的教育》一书中说道："读书，使我顿悟了教育；教育，使我顿悟了人生。""教育与读书是连在一起的……"可见，读书和教育如此息息相关，读书不仅能开启一个人的智慧之门，也能梳理一个人的教育思路。

实例一：本科毕业的刘老师 2010 年来到幼儿园，带着对幼儿教育的一腔热情当起了"孩子王"。年轻教师的朝气和活力，让班里的孩子们很快就喜欢上了她。可是，家长们却因为刘老师年纪轻和资质浅对其能力表示怀疑。为了得到家长们的信任，她多次向班主任和老教师们请教方法，一位老教师的话给了她很大的帮助："要对自己有信心，不仅要向周围的老师学经验，还要多读书呀！"从那以后，刘老师便经常阅览《早期教育》《幼儿教育》等专业期刊，从全国各地幼教同行和专家们的文章中读到了共鸣、学到了方法。她积极参加了我园的"品书传香"读书活动，经常把书中有关"如何与家长沟通""做好家长工作的艺术"等相关的经验借鉴到实践中，收到了意想不到的效果。后来，她尝试把书里的一些教育小妙招与家长们分享，帮助大家解决家庭教育上的难题。逐渐地，家长们对刘老师刮目相看，自然而然地拉近了彼此的距离，还建立起了相互的信任……从年轻教师的成长经历中我们看到：读书不仅能开阔视野、增长智慧，更能为新手教师的专业成长插上自信的翅膀，让她们在广阔的教育天地里越飞越高。

实例二：赵老师已在幼教战线上耕耘了 20 年，读书已经成为她工作和生活中不可缺少的一部分。她热爱阅读，也更加热爱观察、思考和写作。每一个孩子

的喜怒哀乐、发展变化她都看在眼里、记在心头。工作之余，她写反思，记观察日记，边读书边思考，边实践边积累，开展课题研究，撰写教育论文……20年来，她在国家、省市级刊物上发表数十篇文章；"家园共育"等课题研究成果被广泛学习和推广；所带的班级连年被评为"优秀班级"，受到家长们的高度信任和一致好评。在全园"青蓝结对"活动中，许多年轻教师都拜她为师，向她学习，她也带领着自己的学科团组不断进步……

品书传香为全园教师创设了学习、反思、传递经验的学习氛围，"好书共享""图书漂流"都是老师们自己创设出的读书沙龙活动。

二、品书传香，引导家长在书香中转变观念、不断成长

教育孩子不仅是教师的职责，更是天下父母的首要职责。但在生活中，又有多少父母是经过培训、合格后上岗的呢？家庭教育如果不能与幼儿园教育协调一致，孩子就无法得到健康、全面的发展。因此，打造书香型家庭，与书香校园携起手来共同教育好幼儿，是"品书传香"家园共育模式的价值体现，也是转变家长教育观念、传输科学教育方法的有效途径。

老师向家长们推荐了一些教育价值颇高的书：陈鹤琴的《家庭教育》、卡尔维特的《卡尔维特的教育》、尹建莉的《好妈妈胜过好老师》……家长们每品读完一本书，都会留下一些心得和体会，进行传递和交流。"品书传香"活动，就像一条家园联系的纽带，让家长们在思想火花的碰撞中，达成了教育的共识，教育孩子的态度和方法也越来越趋于客观和理性。家长们也学会了站在孩子的角度去思考问题，也能以平等的身份与孩子对话了。

实例一：杨晨小朋友比较好动，爸爸接孩子时第一句话总是问："你今天犯错误了没有？"教师开导他应该这样问："你今天有哪些进步？"家长起初不理解，于是教师就推荐他看陈鹤琴先生的《家庭教育》一书。在品读之后，他知道了喜欢受鼓励、得表扬才是孩子的心理特点。从此，他非常注意对儿子说话的语气和方式，孩子也在各方面有了明显进步。

实例二：齐齐小朋友的妈妈给她报了很多特长班，每到周末，齐齐很少能自由自在地玩。周一，班里的小朋友都在谈论着周末的快乐生活，可齐齐却沉默寡言……在读了孙瑞雪的《爱和自由》后，齐齐的妈妈感慨万分，写下了这样的心得："的确，现在我们很多家长都迫不及待地想让孩子获得知识，我们喜欢把掌握某种技能作为智力发展的标准，却往往忽视了孩子的心理成长。我很庆幸读到

了这本书，它让我的爱找到了方向……"

从家长们的字里行间、言行举止中，我真切地感受到：家长们在"品书传香"活动中成长了！现在的"品书传香"活动已经成为大家生活中的一部分，大家纷纷推荐好书、沟通育儿讯息、分享教育经验。在老师向家长推荐优秀书籍的同时，各个班级还会发动家长收集家教方面的精彩文章相互传阅，开展"美文漂流"活动，将家长传阅后写下的简短心得或感言与大家分享。

三、品书传香，让家长和老师在书香中共同成长

回顾近年来开展的"品书传香"家园共育工作历程，许多家长感慨地说："品书传香"活动让我们学会了做合格的父母，懂得了如何配合幼儿园教育好孩子。老师们也因为读书与家长结成了书友，彼此敞开心扉、以诚相待。"品书传香"得到了全园教师及家长的一致好评，在此基础上，我们又在网络上建立了"品书传香群"，举办了"家园书苑"等交流活动，鼓励大家畅谈育儿之道、沟通教育良方。将书香校园与书香家庭融为一体，让教师和家长们在品读中反思自己教育孩子的点点滴滴，在传阅中感悟教育的真谛，在分享与沟通中提升自己的教育能力。"品书传香"，让教师和家长在书香中感悟、反思、共成长！

家园共育工作在品书传香的过程中凝聚了幼儿园和家庭的教育力量，增强了教育合力，并发挥出"1+1>2"的教育能量。如何让它常态化、特色化，还需要我们不断地摸索和实践。我想，只要我们用心琢磨、大胆探索，以书香文化为切入点，合理开发教育资源，用多种形式调动家长参与家园共育的积极性，就能在教师、家长自身实现成长的同时，使家园共育工作更具时代性和实效性。（王玲：江苏省徐州市公园巷幼儿园分园园长）

『案例评析』

虽然家园共育有制度、有策略，但家长来自各行各业，在传递科学育儿理念时，常常会卡壳，陷入"僵局"。有些家长抱有这样的观念："我把孩子送到幼儿园，就是让老师教育的。如果让我教育，还要老师干吗？"甚至有家长公然向老师宣战："我无能，我耽误的是自己的孩子。你无能，耽误的是一群孩子。"确实，老师没有让家长信服的专业水平，会被心高气傲的家长鄙视。老师有了教育理念与技能，又会被家长赋予过高的期望。家园共育的实施者是幼儿园所有的工作人员，我们在对家长提出科学教育要求的同时，也要通过课题研究、互助学习等方

式帮助教师理解家园共育的意义，探寻家园共育的通道，掌握家园共育的妙招。家园共育可以让老师与家长更加相互信任，关系更加和谐融洽，老师会对自己的本职工作更加有信心，体会到共同合作的快乐！（崔利玲：江苏省南京市鼓楼幼儿园园长）

（三）专业能力与行为

57　建立幼儿园对外合作与交流机制，开放办园，形成幼儿园与家庭、社会（社区）及园际间的良性互动。

『 政策视线 』

《幼儿园教育指导纲要（试行）》："管理人员、教师、幼儿及其家长均是幼儿园教育评价工作的参与者。评价过程是各方共同参与、相互支持与合作的过程。""幼儿园教育工作评价实行以教师自评为主，园长以及有关管理人员、其他教师和家长等参与评价的制度。"

《关于幼儿教育改革与发展的指导意见》："要充分发挥示范性幼儿园在贯彻幼儿教育法规、传播科学教育理念、开展教育科学研究、培训师资和指导家庭、社区早期教育等方面的示范、辐射作用。示范性幼儿园要参与本地区各类幼儿园的业务指导，协助各级教育部门做好保育教育业务管理工作，形成以省、地、县、乡各级示范性幼儿园为中心，覆盖各级各类幼儿园的指导和服务网络。"

《中华人民共和国未成年人保护法》："全社会应当树立尊重、保护、教育未成年人的良好风尚，关心、爱护未成年人。"

《国务院关于当前发展学前教育的若干意见》："幼儿园所在街道、社区和村民委员会要共同做好幼儿园安全管理工作。"

《教育部关于建立中小学幼儿园家长委员会的指导意见》："家长委员会要针对学校教育和家庭教育的突出问题，重点做好德育、保障学生安全健康、推动减轻中小学生课业负担、化解家校矛盾等工作。"

《幼儿园教师专业标准（试行）》："协助幼儿园与社区建立合作互助的良好

关系。"

《幼儿园工作规程（修订稿）》："幼儿园应当加强与社区的联系与合作，面向社区宣传科学育儿知识，开展灵活多样的早期教育服务；支持社区开展公益性文化教育活动；争取社区对幼儿园工作的多方面支持。"

澳大利亚联邦政府颁布《加强家庭和社区的战略》，重点是通过加强社区参与以及在贫困社区提升服务来提高学前教育的学习效果。该战略计划的重要内容之一是为家长提供参考信息，并积极建立相关的养育信息的网站。

新西兰教育部 1992 年出台的《国家学前教育课程指南》强调儿童、教师、家庭、邻里、社区、社会之间的必然的内在联系，学前教育课程只有支持、加强他们之间的联系，运用家庭和社区这个"取之不尽，用之不竭"的资源，才能使儿童世界的某一方面与其他方面相匹配，实现优质化的儿童保育和教育。

『 典型案例 』

让论坛成为家园共育的新型助手

在现代经济快速发展的时期，网络已成为快速、便捷的通讯方式，幼儿园可以充分利用网络优势弥补家长工作节奏快、时间紧、与幼儿园面谈机会缺乏的不足，弥补园所距离遥远、教师之间沟通缺乏的缺憾。在网络的论坛中召开"教师家长会""家园沙龙""管理沙龙"，用网络架构串联园所，以论坛搭建桥梁，让家长了解幼儿园的管理、参与幼儿园的管理，让老师更全面地了解相互的信息，对幼儿园科学管理全局无疑来说是极好的方式。将幼儿园从平面空间变成立体通道，以此接受社会监督，寻求更多的可利用资源和合作环境，提高教育教学质量，是现代幼儿园进行家园联系的新方式，也是家园共育的新策略。

一、幼儿园与家庭都需要听到对方的声音

近年来，为了改变因教育资源不均衡造成的"入园难""入园贵"等现状，政府倡导"以示范园为龙头，促进幼儿教育优质、均衡发展""加大幼儿教育资源整合力度，形成以公办幼儿园为骨干和示范，公办、民办幼儿园共同发展的良好格局"。在此策略的号召下，很多幼儿园集团化办学，用"一园多址"满足家庭与社会对优质教育资源的需求，但也带来了矛盾。幼儿园办学地点增加了，幼儿人数翻番了，同时面对的家长也发生了重大变化。因为园所数的增加，园领导无法每天与所有的家长见面，直接听取来自家庭的声音；教师之间无法每天见面，获得各自的教育心得与感悟；家长更因工作的原因无法每天来园与教师交流，了解孩子发展的状况……

网络帮助幼儿园与家庭解决了这一难题，使家庭、幼儿园、社会对孩子的教育相互配合，形成完整、协调的教育过程，有效地促进孩子的健康成长。

二、创设家园网络互动平台

1.高速通道。在集团化管理的各个园所建校园网，接入宽带，实现了与外界的快速连接。由于通讯技术的升级换代，在使用的过程中，幼儿园还要不断对校园网以及与外界的连接进行改造，通过增加分配器、将服务器改路由器等，为校园与外界的联络提供保证。校园网的使用使幼儿园成为真正意义上的现代化幼儿园，不仅教师的日常工作效率大大提高，幼儿园的管理也日益规范、科学。

2.硬件设备。硬件设备的添置是完善网络家园沟通、园所互通的物质基础。幼儿园应为所有班级、科室配备电脑，以实现处处能上网、人人会上网的目标。网络交流需要使用影像，有条件的幼儿园可以为每个班级配备一台数码相机。为了方便网络传输，幼儿园还可购置带硬盘的摄像机，拍摄后不需编辑就可以直接在网络中发送链接，方便家长及时观看。

三、开发论坛

1.全开放论坛。封闭式论坛只能让在册的家长凭密码实名登陆阅读，既不能实现社会影响，也不能让家长畅所欲言。开放式的论坛不受地域、网名的限制，能让家长说真心话、提真正意义上有远见卓识的建议。

2.版块排列。作为家长，最关心的管理话题有三类：一是孩子在幼儿园的安全，二是教师给予的保育照料，三是孩子的学习成长环境。随着孩子年龄的增长，家长对这三类话题的关注也从前至后发生变化。为了让家长有讨论交流的场所，幼儿园可以将论坛分成四大块：园长专区、保健专区、综合专区、班级专区，这样，家长可以根据自己的需求自由选择版块，参加讨论交流。为了保证网络管理上的协同发展，除个性化版块外，栏目设立时可以将园所间的所有班组按年级组的顺序依次排列，既缩短了距离，也便于家长及时了解各园所之间的活动。

3.版块作用。在四大版块中，园长专区是发布幼儿园重大事件信息和接受家长管理建议的主要场所，保健专区是发布幼儿园保健信息和提供保健指导的场所，综合讨论区是家长之间交流讨论的场所，班级专区是各班级发布近期教育信息、提供孩子发展实况、家园沟通交流的主要场所。各版块的版主由班组长担任。在每一个专栏，登陆的家长随时可以发表自己的观点，提出自己的疑问或建议。

4. 发布信息。要让家长们愿意交流，从客人的角色中走出来，参与到交流中，幼儿园就要把发布有意义的信息作为吸引家长发言的源头。如小班新生准备入园，可以公布各班级教师名单，介绍教师的特色和风格，请家长自选教师。这样，家长关注度增加了，新生家长注册人数自然增多。

5. 回复帖子。幼儿园的工作十分繁忙，教师大多是利用业余时间上网、发帖。事实也说明，凡是教师上网时间长、发帖多的班级，家园沟通就好，家长的满意度也高。因为教师浏览帖子，可以了解本班家长的需求和关注点，及时调整教育的重点或与家长沟通，减少不必要的误会。如有一个家长发帖对孩子在幼儿园受到别人的攻击提出看法，教师就将孩子的年龄特点和现有的教育策略张贴在网上，很多家长也根据自己的理解提出对攻击性行为的看法，最后引发了全园性的讨论。众多的家长在看帖、回帖的过程中了解了科学教育的要求与规律。对于家长们普遍关心的话题，管理员和超级版主可以用置顶的方式处理，方便家长阅读。

6. 管理人员。论坛是空中的 24 小时幼儿园，需要管理与维护。管理员、版主是必不可少的人员。为了便于论坛的管理，幼儿园要在教师中选择"骨灰级"人员担任管理员，在后台管理上按照行政的要求及时操作，如新学期的版块调整等，保证了论坛的高效运行。论坛主要由三类人员参与管理，首先是由园长亲自担任的超级版主，负责按照课题研究的需要提出论坛构建、调整的设想，然后由管理员进行后台操作，最后由班组长版主具体负责本版块的互动。

7. 促进了教师的专业成长。论坛像无声的领导，评价着教师的水平，引领着教师的发展。以前，我们有众多的岗位细则、规范约束教师的教育行为，但教师并不十分看重，论坛的评价则将条例、规范推到教师的面前，将教师过去的"领导要求"变成"家长要求"，教师们更加关注论坛，关注家长的需求，了解社会的需求，规范自己的日常行为。在"关于教师的专业成长"等话题中，我们都能看到教师的成长痕迹。

网络串联已将幼儿园各个园所、幼儿园与家长、家长与家长更加紧密地联系在一起，我们期望将网络论坛变为传承陈鹤琴教育思想的新阵地，让网络论坛成为促进孩子发展、促进幼儿园发展、实现家园共育的新型助手！（崔利玲：江苏省南京市鼓楼幼儿园园长）

 『 **案例评析** 』

《幼儿园教育指导纲要》指出："家庭是幼儿园重要的合作伙伴。应本着尊重、平等、合作的原则，争取家长的理解、支持和主动参与，并积极支持、帮助家长提高教育能力。"《3—6岁儿童学习与发展指南》，更是将家庭资源的利用提升到重要的位置。陈鹤琴在《儿童教育是幼稚园与家庭共同的责任》及《学校与家长怎样联络》等文章中阐述："幼稚教育是一件很复杂的事情，不是家庭一方面可以单独胜任的；也不是幼稚园一方面可以单独胜任的；必定要两方面共同合作方能得到充分的功效。"老师、家长均有教育孩子的职责，他们要互相配合、互相支持、互相理解、共同担责。现代幼儿园管理要改变传统的家庭、幼儿园互动模式，要从"闭门办学"的状态中走出来，构建开放的机制，强调幼儿园与家庭的沟通、交换、互动和资源共享，让家长有更多的知情权、选择权、参与权。家长对幼儿园了解全面了，参与决策的概率大了，与幼儿园的协同性自然就高了，换位思考、实施家园共育也就有基础了。只有挖掘家庭中的正能量，才能让家园形成无限的活力。（崔利玲：江苏省南京市鼓楼幼儿园园长）

> **58**
>
> 面向家庭和社会（社区）开展公益性科学育儿的指导和宣传，利用家长学校、家长会、家长开放日等形式，帮助家长了解幼儿园保教情况。开展家庭教育指导，注重通过多种途径，转变家长教育观念，提高家长科学育儿能力。

『 **政策视线** 』

《幼儿园教育指导纲要（试行）》："家庭是幼儿园重要的合作伙伴。应本着尊重、平等、合作的原则，争取家长的理解、支持和主动参与，并积极支持、帮助家长提高教育能力。"

《关于幼儿教育改革与发展的指导意见》："幼儿园要与家庭、社区密切合作。要充分利用幼儿园和社区的资源优势，面向家长开展多种形式的早期教育宣传、指导等服务，促进幼儿家庭教育质量的不断提高。"

《中华人民共和国未成年人保护法》："学校应当与未成年学生的父母或者其他监护人互相配合，保证未成年学生的睡眠、娱乐和体育锻炼时间，不得加重其学习负担。"

《教育部关于建立中小学幼儿园家长委员会的指导意见》："向家长通报学校近期的重要工作和准备采取的重要举措，听取并转达家长对学校工作的意见和建议。向学校及时反映家长的意愿，听取并转达学校对家长的希望和要求，促进学校和家庭的相互理解。"

《幼儿园工作规程（修订稿）》："幼儿园应当建立幼儿园与家长联系的制度。幼儿园可采取多种形式，指导家长正确了解幼儿园保育和教育的内容、方法，定期召开家长会议，并接待家长的来访和咨询。幼儿园应当认真分析、吸收家长对幼儿园教育与管理工作的意见与建议。"

美国早期保教中心的特色服务是：与社区互动，与家庭成为合作伙伴。盎司防治基金会在 2000 年创办之初就强调"发挥家长的影响作用，家长是儿童需要的最重要的角色，通过加强家庭亲子互动，我们可以帮助家长与孩子建立良好的关系，并促进孩子的健康成长"。该中心积极倡导家庭和中心成为合作伙伴，帮助家庭促进儿童健康成长，并且以此达成彼此信任、理解一致的期望目标。鼓励中心与所在社区积极互动。

澳大利亚《早期儿童教育与保育全国质量标准体系》提出，营造一种接纳的氛围，教师与家长之间重视彼此关于每个儿童的知识；尊重彼此对每个儿童生活的贡献与角色；相互信任；彼此自由但相互尊重地交流；分享彼此对幼儿的观点与看法；参与共同决策。

『典型案例』

运用新媒体技术开展家园共育

家园互动是教师与家长之间保持经常的联系与沟通，以实现家园手牵手，家庭教育与幼儿园教育一体化的过程。

工作中，我园教师采取多种方法与策略，以实现家庭教育与幼儿园教育的同步。如通过幼儿离园、入园时的简短谈话，家访，电话访问等方式增进双方对幼儿学习特点、生活习惯等个性内容的了解；运用家长会、亲子活动、家长开放日、家长学校、专题讲座等，让家长了解幼儿园的教育教学理念、班级开展的各种活动、幼儿各方面的发展状况；向家长宣传科学的育儿知识，宣传家园共育的重要性和必要性。这样的一些途径，不但能够转变家长的一些错误教育观念，也能有效促进家长与教师、家长与幼儿之间的相互了解，最终促进幼儿的全面、和谐发展。

我们也发现传统的家园互动模式中存在着很多弊端和问题。一是幼儿园与家庭之间地位上的不平等。如家长会、家长开放日、家长学校等这些活动大多数以幼儿园教育为中心，家长只是参与和配合。二是家园互动效果有限。现在很多家长普遍都是双职工，平时接送孩子的以祖父母辈居多，造成教师与家长交流沟通的机会比较少，家园互动效果不能及时实现。三是信息具有滞后性。如有些教师需要家长为班级提供一些游戏材料，但是很多家长不能在第一时间得知这样的信息，往往在活动结束后，才了解班级的需求。四是信息具有个别性。如经常来园的、喜欢主动与教师进行沟通的家长，得到的和幼儿园有关或和自己孩子有关的信息就多，而那些忙碌的、不善于与教师沟通的家长知道的就比较少，从而影响了这部分家长与幼儿园之间教育的一致性，更不利于这部分幼儿的发展。

为此，在信息技术高度发达的今天，我们开始将家长工作的视角转向新媒体产品，让其成为幼儿园与家庭的桥梁，通过它，无数家庭了解到幼儿在园的动态，提升了家庭教育的方法和理念。

一、沟通交流的综合平台——公共网站

幼儿园网站是幼儿园向家长和社会展示的一个平台。通过这个平台，家长不仅能了解幼儿园的办学理念、办学特色、师资结构，还可以了解幼儿园的动态和各种活动，从而对幼儿园整体工作有了全面的认识。

我园于2005年创建了青幼网站，共开设了八个栏目，分别是：反映园内外最新幼教动态的"园内资讯"；交流教师教育心得和经验总结的"交谈传真"；介绍父母科学教育妙策、保育知识的"父母茶座"；针对社会上未入园的0—3岁幼儿家长开设的"亲子俱乐部"；针对幼教工作中的热点难点问题，请大家相互交流讨论的"BBS论坛"；及时反映孩子的童言趣语、美术作品、玩耍瞬间、一日作息的"快乐一天"；介绍园况、园长、各班教师的"本园概况"；关于招生通知及录取新生名单等内容的"公告栏"；另外还有"留言本""教师信箱"等栏目，每个栏目下又开设了若干个子栏目。这些栏目内容侧重点不同，各具特色，突出了幼儿园"全、新、活、趣"的特点。不论幼儿是否上幼儿园，家长都能在网站上感受到幼儿园的教育。

二、消息快速传达的桥梁——校讯通

校讯通开创性地将新兴的移动通信技术、网络技术、WAP技术和通讯终端技术引入校园，运用短信的形式，有效提高教师的工作效率，避免了祖父母辈在传达信息过程中出现的遗漏信息或者信息传达不准确的现象，使幼儿园信息能够及时送达至家长处，成为教师和家长联系的最快捷的窗口。

我们运用校讯通向家长提供的信息内容包括：一是"生活小提示"，如当秋天天气转凉时，我们会提醒家长"天气转冷，请你来园时为孩子穿上适宜的衣物"。二是"保健小常识"，如春节流行疾病爆发时，我们会告诉家长"现在正是流行感冒和手足口病的高发期，请您多给孩子饮水，注意孩子的体温"。三是"班级小通知"，如组织幼儿去植物园游玩前，我们会通知家长"我园定于本周五带孩子去植物园春游，请您提前为孩子做好携带物品及穿着服装的准备"。四是"宝宝小信息"，如在小班幼儿刚入园的时候，为让家长了解孩子在园情况，我们告知家长"您的孩子顺利地度过了幼儿园生活的第一周，大部分孩子适应得都很好，希望您能和我们及时沟通，让孩子们尽快地度过分离焦虑期"。

三、家园互动交流的媒介——QQ群

QQ群是现今网上流行的一种交流方式，运用起来灵活、便捷，能有效实现教师和家长之间、家长和家长之间的相互沟通和交流，为共同探讨育儿的方法，总结育儿的经验，促进幼儿的健康发展搭建家园互动的新平台。

我们幼儿园创设的QQ群以班级为单位，并以"双向互动"的方式，为教师和家长搭建交流沟通的平台。如关于QQ群的栏目，我们通过与家长协商，设立了"公告栏""精彩瞬间""安全工作""明星宝宝"等内容；针对幼儿近期存在的普遍性问题，我们开设了"健康宝宝大比拼"，"家长进课堂"等活动，这些内容会让家长们纷纷和教师主动交流，真正做到了双向互动，并发挥了家长的自主性，激发了家长们参与班级工作的积极性。

四、幼儿档案的收集平台——微信

我们设立了"新豆豆"微信平台，每天教师会通过教师端把幼儿在幼儿园活动的照片、视频，幼儿的作品照片上传到幼儿电子成长手册上，家长也可以通过家长端把孩子在家的信息通过照片、视频、文字的形式上传到幼儿电子成长手册上，一个学期进行一次刻盘，作为永久的保存。另外，我们还帮助家长设计自己孩子电子成长档案的内容，包括：我的自我介绍、我的作品、我的活动、我在长大、老师眼中的我、爸爸妈妈眼中的我等，使微信平台真正成为为幼儿打造成长手册的好帮手。

我园于 2011 年开始做"新媒体与家园互动方式的研究"课题，在研究的过程中，我们通过运用新媒体技术，使教师指导家长的单项活动，转变为家长与教师之间的互动沟通。这样的做法，不但使育儿成为教师、家长共同讨论关注的话题，还在无形中拉近了教师与家长之间的距离，家长与家长之间的距离，从而真正实现家园互动平台的人性化、人文化、及时化、有效化。（李芳：河北省保定市青年路幼儿园）

『 案例评析 』

向家长宣传先进的教育理念，为家长提供科学的家庭教育指导建议是幼儿园的工作之一，如何解决好家园互动的问题，如何开展好家长工作，也是幼儿园管理者需要着重考虑的问题。

本案例从分析传统的家园互动方式的优劣入手，提出了运用新媒体技术实现家园共育目的的途径。这样的创新不仅有效解决了家长与教师沟通少、沟通难的问题，还为家园共育提供了一个更为方便、快捷，更符合当前社会人群特质的交流平台。此外，运用新媒体技术开展家园共育工作，还具有以下优势：一是新媒体技术的运用不但使教师们的工作效率大幅提高，还让家长工作变得更加节能、环保；二是给予了家长更多的发言权；三是吸引社会对幼儿园给予更多的关注。（李芳：河北省保定市青年路幼儿园）

59 加强幼儿园与社会（社区）的联系，利用文化、交通、消防等部门的社会教育资源，丰富幼儿园的教育活动。

『 政策视线 』

《幼儿园教育指导纲要（试行）》："充分利用社会资源，引导幼儿实际感受祖国文化的丰富与优秀，感受家乡的变化和发展，激发幼儿爱家乡、爱祖国的情感。"

《中华人民共和国未成年人保护法》："爱国主义教育基地、图书馆、青少年宫、儿童活动中心应当对未成年人免费开放；博物馆、纪念馆、科技馆、展览馆、美术馆、文化馆以及影剧院、体育场馆、动物园、公园等场所，应当按照有关规定对未成年人免费或者优惠开放。"

《国家中长期教育改革和发展规划纲要（2010—2020年）》："充分调动全社会关心支持教育的积极性，共同担负起培育下一代的责任，为青少年健康成长创造良好环境。"

《教育部关于建立中小学幼儿园家长委员会的指导意见》："发挥家长的资源优势，为学生开展校外活动提供教育资源和志愿服务。"

《幼儿园教师专业标准（试行）》："重视幼儿园、家庭和社区的合作，综合利用各种资源。"

日本《幼儿教育纲要》指出，幼儿的生活正以家庭为主逐渐扩大到社区，因此，要注意幼儿园同家庭的联系；幼儿园的生活要同家庭、社区生活保持密切联系，以利于幼儿的成长。

『典型案例』

教育资源的整合、利用

我园的省级课题"整合性家园共育模式的研究"将"教育资源的整合、利用"作为重点。我们在实践过程中不断转变教师的观念，注重对社区教育资源的挖掘、整合与利用，丰富幼儿园的教育内容，以此形成强大的共育合力，促进幼儿园和谐发展。

一、明确社区、社会教育资源整合的重要性

《指南》的新理念引领我们反思过去的工作：幼儿园在社区资源的开发、利用上能否有新的突破？合作共育的形式能否有新的尝试？多年来，我园对公园资源利用得较多。因中心园紧邻快哉亭公园，教师每天会带幼儿在公园里游戏、散步，孩子们活动空间扩大了，认识了许多植物；但幼儿园与社区的联系还比较松散，对医院、银行、书店等社区资源利用得还不够充分。面对这一局面，我们组织教师反思、研讨，发现影响教师带幼儿去社区活动的阻碍因素有以下几方面。

首先是认识上的偏差。有些教师认为，幼儿园教育主要应该在园内施行，在教室里能解决的问题，没必要到园外去解决。还有教师认为组织外出活动大都是"劳民伤财"的，要花费许多时间和精力，往往吃力不讨好，付出大于收获。

其次是安全因素。有些教师担忧幼儿外出活动容易走失或发生意外，不像在幼儿园里开展活动时那样安全系数高。

最后是缺少应有的支持。社会上有一部分人不了解幼儿教育，不关心幼儿教育，没有认识到社区资源对幼儿发展的重要价值，不愿意将社会场所对幼儿园优惠开放，不情愿接待幼儿参观游览……

由于这些原因，雄厚的社区资源被白白浪费掉了，幼儿的社会性发展也因此受到了制约。作为幼教工作者，我们责无旁贷地要积极为幼儿创设更为广泛的社会活动领域，让孩子们感受社区、认识社区、热爱社区。于是，我园组织教师认真学习《指南》精神，进一步明确社区教育资源的重要性，放下包袱，大胆尝试，"充分利用自然环境和社区的教育资源，扩展幼儿生活和学习的空间"，给幼儿提供更多的直接体验机会，帮助幼儿形成积极的社会态度和情感……随着《指南》的贯彻和落实，我园教师进一步统一了认识：家庭和社区蕴涵了大量的、有价值的教育资源，可以有效地补充幼儿园教育的空白点，要不断挖掘和利用，使其成为合作共育的整体资源，发挥出更大的教育能量。

二、挖掘社区、社会教育资源的潜在价值

联合国教科文组织指出："加强学校和地方社区的联系是使教育和其环境相依为命发展的主要方法之一。"因此，我园主动与社区、社会机构联络，使幼儿园的教育与社区、社会生活紧密联合，形成一体化的育人机制。

1. 逐步建立资源网络。社区的教育资源有有形和无形之别，有形教育资源包括人力、物力、财力、信息、组织等；无形教育资源包括社区意识、社区归属感、良好的社区氛围、社区互助的伦理规范等。我们在研究本园的社区资源时，以总园为基点，各园因地制宜建立教育资源库。运用摄影、摄像、电脑等现代科技手段，全面登记、记载资源的数量、种类、结构、功能等信息，建立资源网络，以统筹、盘活社区的各种教育资源，规划运用。我园以良好的社会口碑积极与社区及社会各部门联系，如中心园附近的快哉亭公园、古彭广场；民富分园附近的家具城、竹林寺；西苑分园附近的气象站、消防队；华美分园附近的大学院校、大型超市……这些资源既是各园的特色资源，又可以在周末、节假日为其他分园开放，实现共用。

2. 大力整合资源优势。在运用社区的教育资源时，我们注意形成教育合力，主动与掌握优势资源的单位、街道取得联系，使社区的优势资源能及时转化为我园园本课程的优势，以增强家园共育的实效。例如，我们运用本社区的自然生态资源，尝试开展各种特色活动。"家园互动"中，许多家庭来到快哉亭公园，一起观赏美景，玩亲子游戏，孩子们在活动中真切地感受到人与自然之间亲密和谐的关系；在"家园周末游"中，老师、家长和小朋友相聚彭城广场，一起喂鸽子、看音乐喷泉、放风筝……活动中不时传来一阵阵开心的笑声。社区的优良资源为家园共育创设了温馨、和谐的氛围，让孩子们更加热爱社区、了解社区。又如，我们公园巷幼儿园西苑分园组织了"登高望远知气象"活动——走进徐州气象台。活动行程约 80 分钟，爸爸妈妈们带着孩子们根据时间、要求、行程，轻装出行。气象厅阿姨的讲解让孩子们认识了各种各样的天气现象，如龙卷风、云的家族。奇妙的大气层，神奇的人工增雨，以及雷电模拟现象让孩子们学到了好多气象知识！

3. 深化利用资源场景。我们运用不同的社会场景，对幼儿进行各有侧重点的教育。比如，利用超市、玩具店对幼儿进行自控自制的教育；利用书店、报刊亭教育幼儿热爱学习；利用车站、理发店、医院等对幼儿进行认识职业的教育；利用服装店、邮局、银行等对幼儿进行多元文化的启蒙教育……实践证明，社区资源并不像我们设想的那样难以深化利用，这是一块活资源，它在随着社会的发展而不断变化着。正如陈鹤琴先生所说的："大自然、大社会都是活教材。"我们要将社区资源这一丰厚的活教材梳理好、利用好，让它充分地为家园共育、为幼儿的健康成长发挥积极作用。

中共中央《公民道德建设实施纲要》中指出，"高尚品德必须从小开始培养，从娃娃抓起""必须把家庭教育、学校教育、单位教育和社会教育紧密结合起来，相互配合，相互促进"。通过多年的实践，我们深刻体会到：只有把幼儿园、家庭和社区的教育资源充分整合、利用起来，才能拓宽幼儿教育的空间和内容，才能更新幼儿教育的途径和方法。今后，我们还将不断地摸索、尝试，努力使家园共育更具特色、更有实效，进一步促进幼儿健康、和谐地发展。（王玲：江苏省徐州市公园巷幼儿园分园园长）

『 案例评析 』

无论什么样的幼儿园，什么样的社区，什么样的城市或乡村，社会教育资源都现实地、客观地、丰富地存在着。幼儿园管理者与教师要了解、挖掘教育资源，善于发动、运用社会教育资源，以丰富幼儿园的教育活动。社会教育资源可以以家长为源头，他们是幼儿园教育教学资源的隐形提供者。可以从周边资源单位找，通过签订社会资源合作协议，实现互帮互助。还可以利用爱国主义教育基地、中小学生教育实践基地等，使其成为适合幼儿园孩子学习的场所。本案例介绍的构建社会教育资源网络、整合教育资源优势、深化教育资源场景，就是走出校园、走进社会、利用资源、主动合作的例子。（崔利玲：江苏省南京市鼓楼幼儿园园长）

60 引导家长委员会及社会有关人士参与幼儿园教育、管理工作，吸纳合理建议。

◎『政策视线』

《幼儿园教育指导纲要（试行）》："管理人员、教师、幼儿及其家长均是幼儿园教育评价工作的参与者。评价过程是各方共同参与、相互支持与合作的过程。""幼儿园教育工作评价实行以教师自评为主，园长以及有关管理人员、其他教师和家长等参与评价的制度。"

《关于幼儿教育改革与发展的指导意见》："教育部门要建立社区和家长参与幼儿园管理和监督的机制，建立科学的评价体系，加强对幼儿园教育实验和科研的管理和指导。"

《国家中长期教育改革和发展规划纲要（2010—2020年）》："充分调动全社会关心支持教育的积极性，共同担负起培育下一代的责任，为青少年健康成长创造良好环境。"

《国务院关于当前发展学前教育的若干意见》："充分发挥城市社区居委会和农村村民自治组织的作用，建立社区和家长参与幼儿园管理和监督的机制。"

《教育部关于建立中小学幼儿园家长委员会的指导意见》："各地教育部门和中小学幼儿园要从办好人民满意教育的高度，充分认识建立家长委员会的重要意义，把家长委员会作为建设依法办学、自主管理、民主监督、社会参与的现代学校制度的重要内容，作为发挥家长在教育改革发展中积极作用的有效途径，作为构建学校、家庭、社会密切配合的育人体系的重大举措，以更大的热情，更有效的措施，创造更好的条件，大力推进建立家长委员会工作。"

《幼儿园工作规程（修订稿）》："幼儿园应当成立家长委员会。家长委员会的主要任务是：对幼儿园工作计划和重要决策，特别是事关幼儿和家长切身利益的事项提出意见和建议；发挥家长的专业和资源优势，支持幼儿园保育教育工作；帮助家长了解幼儿园工作计划和要求，协助幼儿园开展家庭教育指导和交流。家长委员会在幼儿园园长指导下工作。"

英国《教育法》要求家长更多地参与学校管理以及孩子的学习。英国法律规定在学校管理机构中必须有家长代表，地方教育当局必须为家长管理者提供训练课程。

挪威的《幼儿园法》规定，每一个幼儿园必须设一个家长委员会和负责协调家长、教学和幼儿机构关系的协调委员会。家长委员会的目标是促进家长的参与和合作，协调委员会负责幼儿园的目标、具体管理和教学实施，并促进幼儿机构和当地社区的紧密联系。

『典型案例』

家长委员会的管理

2012年2月《教育部关于建立中小学幼儿园家长委员会的指导意见》颁布，标志着中小学幼儿园家长委员会建设工作全面展开。《国家中长期教育改革和发展规划纲要（2010—2020年）》也明确提出，要"建立中小学家长委员会"，以"完善中小学学校管理制度"，并最终达到"建设现代学校制度"的目标。

一、家长委员会的构成

家长委员会是现代学校制度中必不可少的一个子系统，家长集体教育参与权的回归是家长委员会的本质所在。作为一种特殊的公民自治组织，家长委员会具有双重特征：依附于幼儿园而又独立于幼儿园。只有家长委员会与幼儿园形成目标一致的合作伙伴关系，才能真正实现推动幼儿园教育改革、促进儿童发展的目标。

1. 什么是家长委员会。家长委员会就是由家长代表成立的组织。作为与学校沟通的桥梁，它关注孩子的教育。家长委员会是增进幼儿园与孩子、家长之间沟通的桥梁。家长委员会由幼儿园孩子家长代表组成，代表全体家长参与幼儿园民主管理，支持和监督幼儿园做好教育工作的群众性自治组织，是幼儿园联系家长的桥梁和纽带。

2. 家长委员会成员的产生。家长委员会分园级家长委员会和班级家长委员会两级，班级家长委员会成员每班3人，园级家长委员会成员每班1人。

通常，幼儿园的家长委员会成员由班级老师推荐，老师凭外在的感觉找寻有能力、热心为大家服务的家长，说服他们承担家长委员会的工作。但教师的单方选择会将一些诚心为集体服务，又有时间与精力的家长排除在外，个别班级还会出现非家长委员会成员承担家长委员会工作的现象。为了让所有的家长了解家长委员会成立的信息与要求，幼儿园或班级可以通过家长会、网站宣传等形式，及时发布家长委员会招募信息，发动、组织家长成立新班级的家长委员会。因为网络24小时开放，各班家长能清楚地知道家长委员会申报的要求和家委应承担的责任、义务，了解家长委员会开展活动的最新动态，参与的主动性、积极性将大大提高。以下是费昀老师发布的家长委员会招募信息。

家长委员会成员征集了！

为充分发挥家庭教育的作用，及时改进与完善小二班各项工作，使家庭教育与幼儿园教育和谐发展，促进家园密切联系，为孩子今后发展奠定坚实基础，特成立小二班家长委员会。

请粑粑麻麻们积极报名参加哦。

家长委员会成员应具备以下几个条件：

1. 有时间，并且热心为大家服务；2. 有一定的组织能力、语言表达能力和沟通协调能力；3. 具有正面积极向上的心态，具有爱心、责任心和为孩子、为家长、为幼儿园热心服务的奉献精神。

人数：3人。

主要职责：

1. 家园和谐沟通的桥梁，携手支持班级的和谐发展，建立"彼此支持，相互信任，相互理解，互利互助"的共赢家园合作平台。

2. 积极参与班级亲子活动、传统活动和节庆活动的策划、组织工作（如后勤采购、经费结算、场地布置等）。

3. 积极协助班级处理班级自身难以解决，而家长又有优势可以发挥特殊作用的有关问题（如提供活动全程拍照等）。

二、家长委员会的管理

参与中央教科所"基础教育阶段现代学校制度的理论与实践研究"学习时，

我们发现，随着时代的发展，整个社会对幼儿园的要求越来越高，家长委员会管理中也存在不足：活动重形式和结果，家庭成员介入幼儿园教学过程少，社会及家庭资源未被充分挖掘，家长的知情权、参与权、表达权与监督权未得到保障。只有改进管理，才能让家长委员会工作适应时代需求，提高幼儿园管理效能，使幼儿园不断焕发出勃勃生机。

1. 给家长话语权、决策权。

如果将家长参与幼儿园管理活动按层级分，可以有五个层级：

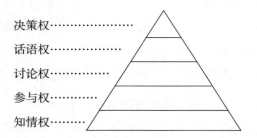

一般幼儿园家长参与园所管理时大多集中在下面的四个层级，如到幼儿园参加半日活动（知情权）、参加家长义工活动（参与权）、讨论家长学校活动内容（讨论权）、参与论坛交流（话语权），但决策层面上参与得较少。参与决策可以给家长一种心理认同感，使他们感觉自己是幼儿园中的一员，从内心认可幼儿园，从而自觉承担起相应的责任和义务。

为让家长有决策权，我们通过让家长自由选班，邀请家长参加幼儿园五年教育发展规划讨论、参加幼儿园伙委会、参加幼儿园教工大会等，让家长了解幼儿园的管理，根据现状提出自己的诉求，参与决策。

如在 2012 年教育系统行风评议活动中，幼儿园将政风、行风公开承诺在论坛置顶，接受家长和社会的监督（家长回复 23 次，浏览量 4723 次）。之后幼儿园向家长发放行风评议问卷调查，618 份问卷共收到 38 人次 21 条意见和建议。幼儿园将家长的意见、建议汇集整理成自查自纠表，积极改进工作方式。之后，幼儿园专门召开行风评议大会，家委会邀请一百多位家长代表作为行风监督员，听取园长代表幼儿园所作的行风述职报告，行风评议员现场对幼儿园依法办事、规范收费、办事公开、服务质量、清正廉洁等方面打等第评价。这样的参与方式不仅拉近了幼儿园与家长的距离，也让家长们有了大家庭的归属感。

2. 理顺家长与学校、家长会、家长委员会组织之间的关系。新小班的家长委员会组成后，因为缺乏经验，常会处于无人问津的状态，家长有了需求无处反映，最后家长委员会又成了老师主管的组织，这是一定要避免的。最好的办法就是在新小班学期开始时，由家长委员会成员牵头组织一个亲子活动，通过有趣的游戏了解班级各家庭的成员，教师搭台家长委员会唱戏，能够让家长很快认同家长委员会成员，家长委员会的纽带作用就能正常发挥了。

家长把孩子送到幼儿园，除了对幼儿园的信任外，还迫切期望了解幼儿园的各类信息；幼儿园接收了孩子，除了教育孩子外，也迫切期望知道家长对幼儿园及班级工作的意见。班级教师就可以以家长委员会为媒介，定期向家长委员会汇报班级工作状况，指导家长委员会制订工作计划，协助家长委员会开展适宜的活动。

通常，每学期家长委员会组织的第一次活动与家长学校讲座、班级家长会依次进行，因为参加活动的家长基本为父母，人比较全。在幼儿园组织的家长学校活动之后，接着召开班级家长会，班级家长会后家长委员会再继续活动。

为了让家长委员会充分发挥参与、决策的权利，对于班级家长会上的重大事项，老师需事先与家长委员会成员商议，如床铺的安排、"六一"表演的人员等，凡涉及公平性的问题和家长比较敏感的事情，请家长委员会拿出备选方案在家长会上进行讨论，以体现民主、公开的思想，避免个别家长把不满的矛头指向教师。

家长委员会组织了活动，家委或老师还要作活动记录，以分析活动的成功与不足，为下次活动调整提供依据。

3. 完善家长委员会相关制度。现代学校管理制度的研究成果表明，开放的管理方式能获取更多的教育资源，得到更准确的发展建议。家长委员会作为家长的群众性组织，人员会经常发生变化，所谓"铁打的兵营流水的兵"，孩子毕业了、入园了，家长委员会成员随之变换。因此，保障执行制度的建立十分必要。制度可以让家长委员会规范运作，也能形成更适宜的家园共育氛围。（崔利玲：江苏省南京市鼓楼幼儿园园长）

👀『**案例评析**』

家长委员会是现代学校管理制度的进步，是家长集体教育参与权的回归。家长委员会的建立，有助于完善幼儿园的决策机制，整合教育资源，实现幼儿园多维、立体的发展。作为家庭与幼儿园之间联系的桥梁和纽带，家长委员会对增进家庭和幼儿园间的信息传递，整合、提升家庭和幼儿园的教育资源起着重要的作用。只有家长委员会与幼儿园形成目标一致的合作伙伴关系，才能真正发挥推动幼儿园教育改革、促进儿童发展的目标，形成家园共育合力，起到巨大的促进作用。本案例从家长委员会组织管理的全过程出发，向我们介绍了现代学校管理制度研究中的成果，强调只有让家长享有充分的知情权、参与权、讨论权、话语权，才能使其在决策权层面自觉承担起相应的责任和义务。家长委员会与幼儿园形成目标一致的合作伙伴关系，共同分担教育的权力，能让家长带来其他领域的新思想、新观念，有助于幼儿园的管理创新，真正实现推动幼儿园教育改革、促进儿童发展的目标。（崔利玲：江苏省南京市鼓楼幼儿园园长）

参考资料

《中华人民共和国宪法》（1982 年通过，1988 年、1993 年、1999 年和 2004 年四次修订）

《幼儿园管理条例》（中华人民共和国国家教育委员会令第 4 号）

《中华人民共和国教师法》（中华人民共和国主席令第十五号）

《中华人民共和国教育法》（中华人民共和国主席令第四十五号）

《教师资格条例》（中华人民共和国国务院令第 188 号）

《幼儿园工作规程》（中华人民共和国国家教育委员会令第 25 号）

《幼儿园教育指导纲要（试行）》（教基〔2001〕20 号）

《关于加强职业培训教师队伍建设的意见》（劳社部函〔2002〕12 号）

《中华人民共和国民办教育促进法》（中华人民共和国主席令第八十号）

《关于幼儿教育改革与发展指导意见》（国办发〔2003〕13 号）

《中小学幼儿园安全管理办法》（中华人民共和国教育部令第 23 号）

《中华人民共和国未成年人保护法》（中华人民共和国主席令第六十号）（中华人民共和国主席令第六十五号）

《教育部关于加强民办学前教育机构管理工作的通知》（教基〔2007〕16 号）

《中小学教师职业道德规范》（教师〔2008〕2 号）

《国家中长期教育改革和发展规划纲要（2010—2020 年）》（中共中央、国务院印发）

《国务院关于当前发展学前教育的若干意见》（国发〔2010〕41 号）

《托儿所、幼儿园卫生保健管理办法》（中华人民共和国卫生部　中华人民共和国教育部令第 76 号）

《中小学和幼儿园教师资格考试标准》（教育部师范教育司、教育部考试中心发布）

《教师教育课程标准》（教师〔2011〕6号）

《教育部关于规范幼儿园保育教育工作防止和纠正"小学化"现象的通知》（教基二〔2011〕8号）

《幼儿园收费管理暂行办法》（发改价格〔2011〕3207号）

《教育部关于建立中小学幼儿园家长委员会的指导意见》（教基一〔2012〕2号）

《学前教育督导评估暂行办法》（教督〔2012〕5号）

《国务院关于加强教师队伍建设的意见》（国发〔2012〕41号）

《幼儿园教师专业标准》（教师〔2012〕1号）

《3—6岁儿童学习与发展指南》（教基二〔2012〕4号）

《教育重大突发事件专项督导暂行办法》（国教督办〔2014〕4号）

《教育部 国家发展改革委 财政部关于实施第二期学前教育三年行动计划的意见》（教基二〔2014〕9号）

《陈鹤琴全集》陈鹤琴著，江苏教育出版社，2008年8月

《我所知道的陈鹤琴》陈秀云编，金城出版社，2012年1月

《家庭教育》陈鹤琴著，教育科学出版社，1981年

《比较学前教育》周采主编，人民教育出版社，2010年12月

《学前比较教育》曹能秀著，华东师范大学出版社，2009年1月

《国际视野下的学前教育机构评估标准》王坚红，尹坚勤主编，南京师范大学出版社，2012年6月

图书在版编目（CIP）数据

《幼儿园园长专业标准》案例式解读／管旅华，崔利玲主编.—上海：华东师范
大学出版社，2015.11
　　ISBN 978-7-5675-4360-7

　　Ⅰ.①幼 ... Ⅱ.①管 ... ②崔 ... Ⅲ.①幼儿园—教育管理—标准　Ⅳ.① G617-65

中国版本图书馆 CIP 数据核字（2015）第 283713 号

大夏书系·全国幼儿教师培训用书

《幼儿园园长专业标准》案例式解读

主　　编	管旅华　崔利玲
策划编辑	李永梅
审读编辑	齐凤楠
封面设计	淡晓库

出版发行　华东师范大学出版社
社　　址　上海市中山北路 3663 号　邮编　200062
网　　址　www.ecnupress.com.cn
电　　话　021 - 60821666　行政传真　021 - 62572105
客服电话　021 - 62865537
邮购电话　021 - 62869887　地址　上海市中山北路 3663 号华东师范大学校内先锋路口
网　　店　http://hdsdcbs.tmall.com

印 刷 者　北京季蜂印刷有限公司
开　　本　700×1000　16 开
插　　页　1
印　　张　16.5
字　　数　260 千字
版　　次　2016 年 1 月第一版
印　　次　2023 年 7 月第十四次
印　　数　37 101 - 39 100
书　　号　ISBN 978 - 7 - 5675 - 4360 - 7 / G·8821
定　　价　45.00 元

出版人　王　焰

（如发现本版图书有印订质量问题，请寄回本社市场部调换或电话 021-62865537 联系）